湖北省社科基金一般项目（后期资助项目）（项目编号：2020218）
湖北省教育厅人文社会科学重大项目（项目编号：13ZD015）最终成果

荆州非物质文化遗产研究

卢川 著

荆楚文化研究丛书 第四辑
主　编：徐文武
副主编：李征宇　卢川

长江出版传媒
湖北人民出版社

图书在版编目(CIP)数据

荆州非物质文化遗产研究 / 卢川著. — 武汉 : 湖北人民出版社, 2024.5

ISBN 978-7-216-10846-1

Ⅰ. ①荆… Ⅱ. ①卢… Ⅲ. ①非物质文化遗产—研究—荆州 Ⅳ. ①G127.633

中国国家版本馆CIP数据核字(2024)第093529号

责任编辑：胡　涛
封面设计：董　昀
责任校对：范承勇
责任印制：杨　锁

荆州非物质文化遗产研究
JINGZHOU FEIWUZHI WENHUA YICHAN YANJIU

出版发行: 湖北人民出版社	**地址**: 武汉市雄楚大道268号
印刷: 湖北云景数字印刷有限公司	**邮编**: 430070
开本: 787毫米×1092毫米　1/16	**印张**: 12.75
字数: 212千字	**插页**: 2
版次: 2024年5月第1版	**印次**: 2024年5月第1次印刷
书号: ISBN 978-7-216-10846-1	**定价**: 52.00元

本社网址：http://www.hbpp.com.cn
本社旗舰店：http://hbrmcbs.tmall.com
读者服务部电话：027-87679656
投诉举报电话：027-87679757

总　　序

凡事贵在持之以恒，有恒则有成。凝视书橱，《荆楚文化研究丛书》映入眼帘，赫然在目，一排深邃的黑色的封脊整齐成列，井然有序；自成风格，与他书迥然有异。自2002年谋划出版这套丛书至今，已有近20年。当年呱呱坠地的婴儿，今时已是翩翩少年。20年来，丛书共出版3辑计21部著作，研究范围广泛，选题不拘一格，涵盖了哲学、文学、宗教、历史、考古、科学等各个学科领域，从不同层面研究荆楚文化的历史渊源和发展脉络，深入挖掘荆楚文化的独特内涵和价值理念，助推荆楚文化研究向深度和广度不断开掘。应该说，我们收获的远不止于此。伴随着《荆楚文化研究丛书》的不断成长，我们的收获是多层面的：培养了一批学有所成的从事荆楚文化研究的专门性人才，更进一步凝练了学科研究的方向；以科研项目为抓手，产出了一批有影响力的学术成果。

近几年来，从国家层面到地方各级政府，对荆楚文化遗产的保护和利用日益重视。2018年4月，习近平总书记在视察湖北时指出："荆楚文化是悠久的中华文明的重要组成部分，在中华文明发展史上地位举足轻重。"习近平总书记充分肯定了荆楚文化在中华文明发展史上的重要地位和关键作用，对我们是莫大的鼓励和鞭策。湖北省按照"政府主导、规划引领、考古先行、社会参与"的工作机制，全面实施"荆楚大遗址保护传承工程"，推动荆楚大遗址的保护与利用。荆州市更是围绕建设荆楚文化传承发展中心的宏伟目标，确定了创建国家级文化产业示范区、建立国家级非遗传承体验中心和国家级荆楚文化研究中心等系列举措。荆楚文化的保护传承与发展利用即将迎来一个崭新的历史时期，这对荆楚文化研究提出了更高的要求。荆楚文化研究必须顺势而上，不仅要在基础研究方面更上一个新的台阶，还要结合文旅融合发展项目加强应用研究，为建设荆楚文化传承发展中心提供智力支撑。

从学术研究的角度而言，相比于20年前，荆楚文化研究也面临着新的机遇与挑战。大量从地下新出土的文物和文献资料，为我们的研究提供了更丰富的第一手材料；更多不同学科的专门性人才涌入荆楚文化研究领域，研究队伍日益壮大；伴随着网络技术和人工智能的发展，研究手段和研究方法不断创新，为荆楚文化研究提供了源源不绝的动力。凡此种种，将极大地有利于推动荆楚优秀传统文化的创造性转化和创新性发展。

在《荆楚文化研究丛书》第4辑付梓之际，略有所感，权作此文，言不尽意，是以为序。

徐文武

2022年1月1日

目录

前　言

本质上而言，非物质文化遗产（以下简称“非遗”）与物质文化遗产是相对的概念，两者同属文化遗产的范畴。我国非遗文化是传统文化的重要组成部分，是优秀传统文化在当下的遗存。荆州非遗具有荆楚文化的特点，也最能代表荆楚文化。对地方非遗文化的研究，既是地方文化遗产保护的迫切需求，也是弘扬中国优秀传统文化的重要举措。

中华文明与西方文明的最大不同，在于文化从未断层，挖掘、保护并弘扬优秀传统文化有据可依。荆州非遗是今荆州市的重要传统文化遗存，由古代荆州人民所创造，长期流传于此、发展于此，直至当下仍具有顽强的生命力。文化即人化，是由人在一定地理空间中创造出来，不同区域地理环境对文化的形成、发展与演变，产生深刻影响。历史在不断发展，文化却浸润在地理空间、社会空间及生活空间之中。对地域文化中的非遗文化进行研究，具有清晰的历史逻辑线索和脉络。如何保护好、利用好荆州非遗文化，实质上也就是如何弘扬荆楚文化，并使之转型成为当下荆州城市文化的重要问题。

对我国地方非遗文化的研究，无疑也具有重要的政治、文化意义。在当今全球化的背景下，不同国家、民族文化交流日益深入。文化竞争也成为国家竞争的重要内容。相较于经济而言，文化体现出更重要的历史使命和时代价值。文化是国家和民族的灵魂和血脉，集中体现国家和民族的品格。地方传统文化也是城市的灵魂和血脉，反映了城市历史文化的内在品格。

2022年11月，我国申报的“中国传统制茶技艺及其相关习俗”被列入联合国教科文组织人类非物质文化遗产代表作名录。中国非遗文化也越来越受到世界各国的认可。扎实做好非物质文化遗产的系统性保护，可以满足人民日益增长的精神文化需求，推进文化自信自强。我们应更积极地推动中华优秀传统文化创造性转化、创新性发展，不断增强中华民族凝聚力和中华文化影响力，深化文明交流互鉴，讲好中华优秀传统文化故事，推动中华文化更好地走向世界。我们对地域优秀传统文化的传承、弘扬、开发与利用，有利于传统文化的创新性转型，有利于促进当下社会主义文化事业发展，有利于树立文化自信力，更有利于强化我国的文化竞争力。

非遗项目的旅游开发对城市文化建设和发展，也具有重要作用。当下，中国城市发展可能存在很多问题，其中主要问题就是缺乏个性。为了解决这一问题，只有明确城市文化、找到城市个性，大力弘扬包括非遗文化在内的传统文化，才能使城市重拾特色和个性，这也是中国未来城市发展的必经之路。

绪　论

本书旨在从历史学、民俗学和文化学的角度，对产生于荆州历史中的非遗文化进行深入研究，以揭示其与传统文化之间的紧密关系。本书将关注荆州非遗文化本体，并力图构建过去与现代文化之间断裂的层面，这种内在动机推动着我们对荆州非遗文化进行更深入的了解和研究。

一、荆州地域界定及地理环境

荆州非遗产生的地理环境是重要的物质基础。从整体上来说，荆州非遗作为荆州传统文化在当代的遗存，是活跃于古代文化中的。古代传统文化所产生的地理背景，虽然属于历史地理的范畴，但与当下荆州非遗仍有着十分密切的时空联系。对荆州地域的界定及地理环境的描述，有助于我们深入地了解荆州非遗文化所产生的历史文化背景。

（一）荆州的文化内涵

"荆州"之名有着漫长的使用历史。一般认为，荆州与"九州"记载相关。《尚书·禹贡》是最早记载"荆州"的文献，"荆及衡阳惟荆州"，荆州大致区域是荆山一带及衡山以南。"荆"为"楚，木也"。"州"，"水中可居者曰州，周绕其旁，从重川。昔尧遭洪水，民居水中高土，或曰九州"[①]。在先秦时期人们的观念之中，"荆州"还只是地理概念。

荆州在不同历史时期的行政区划的变迁，是区域政治、军事和文化的互动结果，荆州之名因而具有了政治、地理双重特征。先秦时期，荆州所在地区是楚国疆域的核心区域，北方人称楚地为"荆蛮""南乡"，楚人则自称楚都城所在地为

---

① （东汉）许慎原著，汤可敬撰：《说文解字今释》（下），长沙：岳麓书社1997年版，第1606页。

"郢",周边辖有多个县邑。秦汉时期,荆州为南郡郡治、江陵县治所在地[①]。三国时期,荆州先后属蜀、吴,设荆州南郡。隋唐时期,荆州置江陵总管,五代为南平国都所在。宋元时期,荆州称江陵府、江陵路。明清荆州置府,下所辖县多有变化[②]。整体上看,"荆州"的名称、疆域范围在历史上多有变迁并延续至今,内涵丰富且历史悠久。

今荆州市位于湖北省中南部,地处江汉平原腹地,国土面积1.41万平方千米,总人口637万,下辖荆州区、沙市区、江陵县、松滋市、公安县、石首市、监利市、洪湖市8个县市区和荆州经开区、纪南文旅区、荆州高新区3个功能区。先后被确定为国家历史文化名城、中国优秀旅游城市、国家园林城市、国家卫生城市、国家森林城市、全国双拥模范城市、中国投资热点城市,是国家级承接产业转移示范区、全国大遗址保护示范区。

(二)荆州的地理空间

了解和明确荆州非遗所产生的地理空间位置,有助于把握荆州非遗空间分布特征。关于文化和地理的关系,冯天瑜先生曾经有过一段生动的描述:"如果把各民族、各国度有声有色的文化表现比喻为一幕接一幕的悲喜剧,那么,这些民族、国度所处的地理环境便是这些戏剧得以演出的舞台和背景。"[③]诚如所言,文化的产生、发展与传承,需要有相对稳定的地理空间。

在地理上,荆州市地处湖北省中部偏南,属江汉平原的中心区域,处于我国地势第三级阶梯西部一带,位于我国扬子准地台的中部区域。荆州地势高低不同、地貌丰富,也给境内不同区域的文化带来了不同的影响。从地势上来看,西高而东低,处于地形过渡的地带;地貌类型也十分丰富,包括丘陵、平原及岗地,从西向东由低山丘陵向岗地及平原逐渐过渡。西南部地区地形多为丘陵,其他地区以平原为主。平原湖区面积占市内总面积的78.7%,丘陵低山区占21.1%。荆州市内山丘地形,主要分布在西部松滋市、西北部荆州区八岭山一带。不同地势和环境,孕育并形成了不同的文化类型。在交通并不太发达的古代社会,荆州

① 尹弘兵:《郢城遗址性质考辨》,《长江大学学报(社会科学版)》2020年第2期。

② 《荆州文化简史》编撰委员会等:《荆州文化简史》,武汉:湖北人民出版社2019年版,第16页。

③ 冯天瑜、何晓明、周积民:《中华文化史》,上海:上海人民出版社2010年版,第15页。

不同县域文化也有所不同。因此，生发于古代地理和文化环境中的荆州非遗，也具有不同文化特色。

历来古代学者对荆州地理位置也有极好的认知。历史上荆州水陆交通发达，有荆襄古道，北连秦晋、南贯岭南，长江水道蜿蜒曲折，上通巴蜀，下达吴越。"荆州北据汉、沔，利尽南海，东连吴、会，西通巴蜀，此用武之国"(《三国志·诸葛亮传》)，"荆、襄左顾川、陕，右控湖湘，而下瞰京、洛"(《宋史·赵鼎传》)。楚人定都于此，秦人设南郡于此，都是看重了荆州优越的地理位置，熟知荆州的军事战略地位和作用。

从古至今，荆州就是长江中游重要的政治、经济和文化交流中心，自然也是历代兵家必争之地。在古代历史发展过程中，荆州往往被认为是天下之中，水陆交通发达[①]。长江水道蜿蜒曲折，上通巴蜀而下达吴越，为东西向的物资交换和文化交流提供了重要的水上航道。正因地理位置的重要，荆州才成为历代兵家必争之地。

荆州地域历史环境为荆州非遗文化的形成与发展，奠定了坚实的地理基础。在历史上，荆州地理对其历史和文化有着漫长的影响，荆州非遗是荆州古代历史文化的反映，非遗项目中所包含的历史信息，与荆州历史、文化息息相关。

（三）荆州古代传统文化的基本特征

荆州古代文化是当下荆州非遗文化产生、发展和演变的土壤。在空间上，属于荆州地域文化；在时间上，属于当代荆楚文化。荆州非遗文化不仅是荆州古代传统文化的一部分，而且是古代文化在当下的"文化遗存"。因此，荆州非遗文化的产生、发展、演变，及其与现代文化的共生、共融，都与荆州古代地理、历史和文化有密切关联。了解非遗内在文化特性，就需要认识荆州古代文化的基本特征。认识荆州地域古代文化特征，将有助于更全面和深入地了解荆州非遗文化本质，更有利于荆州非遗保护、传承及利用。

从旧石器时代开始，荆州原始文化开始产生和发展。5万年前或许更早，荆州鸡公山遗址一带就有原始人居住。至商朝时期，荆州地域文化开始出现北方元素，但仍顽强地保存土著文化特色。江陵梅槐桥遗址具有商朝文化的特点，考

---

① 刘玉堂、赵毓清主编:《中国地域文化通览·湖北卷》，北京:中华书局2013年版，第2页。

古学家、历史学家对这些遗址文化类型的分类的争议[①]，反映了此时荆州文化的丰富性和多样性。荆州地处南北文化的交汇处，江汉平原一览无余，沃野千里，一马平川。荆州处于江汉平原西南，本身就具有海纳百川、兼容并蓄的地理特性。

先秦时期，特别是到了战国时期，荆州作为楚国的都城所在，楚国与北方诸侯国之间的交流更为密切。作为"春秋五霸""战国七雄"之一的楚国，其贸易路线不仅到达当时北方各国的都城，还可以远达欧亚古国，是古代丝绸之路贸易的重要参与者[②]。

兼容并蓄的文化特点，还体现在多民族文化的交流与融合上。江汉平原处于南、北文化交汇之地，在漫长历史发展过程中，南北文化在此得到充分的交流与融合，其主体当然是不同民族的人们的交流。商周时期，楚族与"三苗部族"相融合，春秋战国时期，楚国更容纳了南北不同民族的人们在此居住。汉代以后，北方政权更迭、战争频仍，中国古代人口迁徙更为频繁，荆州成为南方士人和流民争相聚集的重要城市。明朝荆州是藩王所居之地，清朝荆州是满城所在之地。城市空间作为历史上多民族的融合地，兼容并蓄、会通南北的文化特点就显得尤其明显。

荆州古代文化的另一基本特征是瑰丽神秘、浪漫自由。首先，神秘奔放的文化特征，主要体现在春秋战国时期楚国艺术上。楚人的青铜器、漆器、丝织刺绣、绘画，是楚艺术的重要代表。在楚文化六大支柱中，物质文化的三大支柱即是青铜、漆器以及刺绣。在荆州非遗项目中，这三大支柱的文化都有所体现，楚式青铜器铅锡刻镂技艺、楚式漆器髹饰技艺、荆州民间刺绣，无论是纹饰还是色彩，都继承了楚艺术的风格，富有楚文化的特色。

在文化交融中，荆州社会更显现出色彩斑斓的文化图案，文化上就更容易比其他区域形成浪漫主义的文学风格。楚文化追求浪漫和崇尚自由的文化个性，在屈原的楚辞中体现得淋漓尽致，不仅具有自然环境的历史因素，还具有人文和文化因素。在楚国艺术领域，追求自由、追新逐奇，更是十分普遍的历史艺术现象，以龙凤为主题的纹饰方法，成为后世中国传统艺术的体现。花纹多样繁杂，

① 湖北荆州地区博物馆、北京大学考古系：《湖北江陵梅槐桥遗址发掘简报》，《考古》1990年第9期。

② 张正明：《"蜻蜓眼"玻璃珠传递的信息——楚人的开放气度》，《政策》1997年第3期。

纹饰多样，不拘一格，反映了楚人的浪漫艺术气质和独特审美情趣。江陵马山一号楚墓是“丝绸宝库”，其中丝织品的品种繁多，纹饰之丰富，世所罕见。在对龙对凤纹浅黄绢面袍上，龙、凤形态灵活流畅，绢的质地和龙凤的交错，反映了楚人轻巧、自然、自由和浪漫的文化。而楚人的这种文化精神又内化为秦汉后荆州地域的文化基因，进而形成了瑰丽神秘、浪漫自由的文化特征。

早在春秋时期，楚君熊渠就说：“我蛮夷也，不与中国之号谥。”（《史记·楚世家》）楚国从小到大，从强到弱，在军事上、经济上都有很强的创新意识。楚君熊通还首创县制，此后“县”作为中国后世的行政名称一直沿用至今。楚国在管理国家经济方面，也善于开拓创新。楚国所在疆域水系众多，其水利工程的治理，从春秋时期就已开始。《史记·河渠书》记载，楚国“西方则通渠汉水、云梦之野，东方则通鸿沟江淮之间”。同时，楚人为了加强楚国国都与东方之诸国的交通，还从纪南城开凿了夏水。在经济和赋税方面，楚国坚持“量入修赋”原则，提出以土地产量来确定赋税标准的做法。在青铜器的制作方面，楚人开拓创新的精神更得到了很好的体现，在楚国的青铜器的形制中，最具有代表性的是升鼎、于鼎及小口罐形鼎。在楚漆器艺术中，研究者认为，楚人是“将传统怪兽、龙凤形象肢解打散，予以变形，再重新根据装饰、表现或象征的需要组织起来，造成全新的艺术境界和神韵”[①]，“打散”并重新组织，这本身就体现了楚人的创新精神。

综上所述，先秦时期楚人所创造的楚文化，以及楚文化所衍生发展出来的中国地域文化大支——荆楚文化，具有多样的文化特性。当然，在为数众多的文化类型中，不可能面面俱到地概括出荆州文化的特征，但结合前面所述，从荆州地理特征来看，荆州平原地理对应着荆楚文化开放的文化气度，山地丘陵对应着神秘和浪漫的文化基因，江湖水系面貌对应着多变的文化风格。

当然，荆州的这些传统文化基因是荆州非遗内在的文化特性，是不容忽视的文化内容。当下，荆州文化也正在以其独具特色的区域文化和开放的文化精神影响并浸润着区域经济、文化的发展，也必将对湖北省、全国乃至世界的文明进程，产生深远的文化影响。

① 皮道坚：《楚艺术史》，武汉：湖北教育出版社1995年版，第11页。

二、荆州非物质文化遗产概念

对荆州地理、荆州古代文化的深入了解，是步入荆州非物质文化遗产殿堂的第一步，要对现代学术研究中的相关概念进行了解，因此，要想了解荆州非遗这一概念，还必须了解非遗概念。遗产、文化遗产及非遗概念，是具有包含关系的概念群。对这些概念的了解，有助于荆州非遗的保护与利用。

（一）遗产、文化遗产和非物质文化遗产

“遗产”（Patrimoine）一词的词源为拉丁语Patrimonium。至19世纪初，“遗产”主要是指从上一代流传至下一代的物质。20世纪下半叶，该词内涵开始扩大到文化财富层面。20世纪70年代，“文化遗产”即指由前人所创造的所有优秀传统文化。从构成和属性来看，文化遗产又可分为有形、无形两类。《保护世界文化和自然遗产公约》提出全球范围内的保护倡议，并界定“世界遗产”概念，提出世界遗产可分为“物质遗产”和“文化遗产”两类。“文化遗产”又可称作“物质文化遗产”，实质上是指物质性的文化遗产，而非遗是与物质文化遗产相对的概念。

从世界范围而言，非遗是如何进入人们视野并受到广泛的关注和保护的呢？其实，早在20世纪，因人类现代文明发展带来了诸多矛盾和问题，引发联合国教科文组织在全世界范围内发起对非遗文化进行保护的呼吁。在《联合国教科文组织世界文化多样性宣言》这一文件中，在讲到“文化多样性”“人类共同遗产”这部分时，就十分深刻地指出：

> 文化在不同的时代和不同的地方具有各种不同的表现形式。这种多样性的具体表现是构成人类的各群体和各社会的特性所具有的独特性和多样化。文化多样性是交流、革新和创作的源泉，对人类来讲就像生物多样性对维持生物平衡那样必不可少。①

该宣言中的这段文字，首先明确了文化在不同时间、空间内是有所不同的，使不同历史时期、不同区域具有了独特性。其次肯定了文化具有多样性，在交

① 范俊军编译：《联合国教科文组织关于保护语言与文化多样性文件汇编》，北京：民族出版社2006年版，第99—100页。

流、革新和创作过程中进行。文化如果没有交流，就不可能产生多样性，并在区域空间不同维度中变迁。

其实，对于文化多样性的认识，我国先秦时期的史官就有所认识，古代俗语说："十里不同风，百里不同俗"，汉代史家班固在《汉书·地理志》中即对此有认识和总结。他对天下不同郡国风俗进行遍考，认为不同郡国地域文化和风俗形态是完全不同的，他认为民俗文化，是具有"区域性"的普遍特征的。当下世界对地域文化和非遗的重视，其实在中国古代就有了很好的阐释和表述了。

自20世纪中后期开始，世界各国开始逐步重视非遗工作。挖掘非遗、保护非遗、传承非遗和开发非遗文化，已成为世界各国的共识。这不仅是不同国家对自身文化特色的一种认可和宣传，同时也发出了文化竞争的强烈信号[①]。1972年，联合国教科文组织在巴黎通过《保护世界文化和自然遗产公约》，对自然遗产与文化遗产的保护进行了界定。虽然这里提到了文化遗产，不过从整体来看，还没有真正涉及非遗，而只是对物质文化遗产的保护，如自然景观、古代建筑等。1982年，世界遗产委员会墨西哥会议文件中，开始提出"民间文化"的概念。至1989年，联合国教科文组织为了维护世界各国的民间传统文化，出台了保护条例《保护民间创作（民间传统文化）建议案》，这才真正开始涉及非遗的世界性保护问题。直至此时，非遗概念似乎还没有得到真正确认，而只是以"民间创作"来指代今天所称的非遗。此时联合国教科文组织对"民间创作"的定义是：

> 来自某一文化社区的全部创作，这些创作以传统为依据，由某一群体或一些个体所表达并被认为是符合社区期望的作为其文化和社会特性的表达形式；其准则和价值通过模仿或其他方式口头相传。它的形式包括：语言、文学、音乐、舞蹈、游戏、神话、礼仪、习惯、手工艺、建筑术及其他艺术。[②]

这个定义是非遗概念形成之前的表述内容，也即非遗概念的初创文字。但是，这其中已隐含非遗概念的基本特征，一是"共通性"，即由一群体或一些个体

---

① 杨世生、张育贤：《文化强国视域下中国文化的国际化传播》，北京：知识产权出版社2021年版，第75页。

② 姜敬红编著：《中国世界遗产保护法》，成都：西南交通大学出版社2015年版，第175页。

认可的；二是“传承性”，其准则和价值是通过一定方式相传的；三是勾勒了非遗的基本类别，如手工艺、语言、音乐、舞蹈、传统礼仪，等等。

2001年开始，联合国教科文组织每两年进行一次审核，对世界各国的非遗项目进行了罗列，并称之为“人类口述和非物质文化遗产代表作”。经过长期的酝酿及争论[①]，1997年，联合国教科文组织第29次全体会议通过了建立人类口头与非物质遗产代表作的决议，“口头与非物质遗产”的概念也开始得到正式的确定。2003年，联合国教科文组织还通过了《保护非物质文化遗产公约》[②]，联合国教科文组织对“非物质文化遗产”有了理论上的界定。这一界定也得到了世界学者的认同和广泛使用，非物质文化遗产的定义是：

> 被各群体、团体、有时为个人视为其文化遗产的各种实践、表演、表现形式、知识和技能及其有关的工具、实物、工艺品和文化场所。这种非物质文化遗产世代相传，在各社区和群体适应周围环境以及与自然和历史的互动中，被不断地再创造，为这些社区和群体提供持续的认同感，从而增强对文化多样性和人类创造力的尊重。[③]

忽略翻译给概念所带来的细微理解差异，这一理论概念的界定，首先考虑到了几个重要因素：一是非遗所包括的具体内容；二是非遗的文化价值。从这一界定来看，联合国教科文组织认为，非遗包括了以人为中心的文化形式及承载这些文化的物质；文化展示是以人为中心的内在技能和外在表现形式；承载这些文化的物质包括文化场所、文化表现的物质因素。非遗文化价值首先在于世代相传的文化特性，肯定了非遗传统文化性质，并于当下又被不断地再创造，社区和群体对此具有一定的认同感。这一概念是基于对文化多样性和民族性、不同国家的人们对文化的尊重和肯定的基础之上的。

我国非物质文化遗产概念的形成，经历了较长时间的酝酿和准备。2004年，第十届全国人大常委会第十一次会议上，表决并通过了关于批准中国政府加

---

① 才让塔：《少数民族非物质文化遗产法律保护研究》，北京：中国政法大学出版社2015年版，第32页。

② 钱永平：《UNESCO〈保护非物质文化遗产公约〉述论》，广州：中山大学出版社2013年版，第8页。

③ 姜敬红编著：《中国世界遗产保护法》，成都：西南交通大学出版社2015年版，第179页。

入联合国教科文组织《保护非物质文化遗产公约》的决定。2005年,我国国务院办公厅随即就颁布了《关于加强我国非物质文化遗产保护工作的意见》,对我国的非遗保护工作提出了指导意见,并对非遗有了更加符合中国国情的概念界定:

各族人民世代相承的、与群众生活密切相关的各种传统文化表现形式(如民俗活动、表演艺术、传统知识和技能以及与之相关的器具、实物、手工制品等)和文化空间。①

我国对非遗概念的界定,与联合国对此概念的界定是基本一致的。但有所不同的是,联合国着眼于全球;我国对非遗概念的界定,则着眼于中国。首先,我国充分肯定了各民族文化的平等性,在表述上增加了"传统文化",这是非遗概念中国化的重要标志。当然,这个概念的界定还只是从政府行政主体的角度所进行的界定,从此后一段时间的非遗保护和传承实践看,该界定随着非遗保护实践的开展,还需要加以明确和进一步完善。

在概念的界定中,最为重要的一个问题,就是如何处理种类繁多的非遗项目种类的分类问题。鉴于非遗项目繁多,联合国教科文组织将全球非遗项目划分为五类:一、口头传统和表现形式,包括作为非物质文化遗产媒介的语言;二、表演艺术;三、社会实践、礼仪、节庆活动;四、有关自然界和宇宙的知识和实践;五、传统手工艺。但这种划分相对比较宽泛,所依据的非遗项目也有限,具体到单独的国家而言,可能并不太适应各国的具体国情。

我国对非遗的总体划分,首先是以官方的向导为主。国务院办公厅将非遗划分为六个部分:一、口头传统,包括作为文化载体的语言;二、传统表演艺术;三、风俗活动、礼仪、节庆;四、有关自然界和宇宙的民间传统知识和实践;五、传统手工艺技能;六、与上述表现形式相关的文化空间。相比之下,我国对非遗的划分,更注重我国传统文化的特点,并关注到了与非遗相关文化空间的类别。

2006年,国务院下发《关于公布第一批国家级非物质文化遗产名录的通知》,批准了518项非遗项目。在该通知中,国务院提出:"物质文化遗产是文化遗产的重要组成部分,是我国历史的见证和中华文化的重要载体,蕴含着中华民

① 仲富兰:《中国民俗学通论3:民俗资源论》,上海:复旦大学出版社2015年版,第137页。

族特有的精神价值、思维方式、想象力和文化意识，体现着中华民族的生命力和创造力。保护和利用好非物质文化遗产，对于继承和发扬民族优秀文化传统、增进民族团结和维护国家统一、增强民族自信心和凝聚力、促进社会主义精神文明建设都具有重要而深远的意义。”对非遗的文化内涵、保护意义作出了明确的说明，并重申了“保护为主、抢救第一、合理利用、传承发展”的十六字工作方针。

在实际的非遗划分中，该通知将我国的非遗划分为10个类型，具体指导我国的非遗申报工作。这10个类型包括：一、民间文学；二、民间音乐；三、民间舞蹈；四、传统戏剧；五、曲艺；六、杂技与竞技；七、民间美术；八、传统手工技艺；九、传统医药；十、民俗。这十个分类并没有完全按照此前联合国以及我国国务院的概念性的界定和分类进行，而是在全国文化学者、专家的指导下形成的分类，比较符合我国的国情和非遗文化的基本情况。

当然这种划分也存在一定问题，如“非遗文化空间”这个部分并没有涉及。学者们对此问题也有关注和思考，认为这种分类方法并不太利于非遗项目的分类研究①。孙正国则进一步提出，在学术研究的过程中，可将非遗项目划分为三大类，一是艺术类，包括6个小类，即民间文学、传统音乐、传统戏剧、传统舞蹈、曲艺和传统美术；二是知识类，包括3个小类，即传统技艺，传统体育、杂技、武术，传统医药；三是集会类，即民俗、人生仪礼、社会组织、信仰庙会、文化节俗。这种分法有利于从整体上把握非遗项目的内涵，充分展现非遗的价值以及多样性。也有研究者试图对非遗名录的编码体系进行重新编写，采取了一级、二级类目的方式，为非遗保护理论的完善提供了一些参考②。

中国的非遗保护体系的完善，有逐步发展的过程。至2011年，我国《非物质文化遗产法》正式出台，该法的第二条就明确规定：

> 本法所称非物质文化遗产，是指各族人民世代相传并视为其文化遗产组成部分的各种传统文化表现形式，以及与传统文化表现形式相关的实物和场所。包括：(1)传统口头文学以及作为其载体的语言；(2)

① 梁保尔、马波：《非物质文化遗产旅游资源研究——概念、分类、保护、利用》，《旅游科学》2008年第2期。

② 杨红：《非物质文化遗产数字化研究》，北京：社会科学文献出版社2014年版，第104—105页。

传统美术、书法、音乐、舞蹈、戏剧、曲艺和杂技;(3)传统技艺、医药和历法;(4)传统礼仪、节庆等民俗;(5)传统体育和游艺;(6)其他非物质文化遗产。属于非物质文化遗产组成部分的实物和场所,凡属文物的,适用《中华人民共和国文物保护法》的有关规定。①

该法律对非遗概念的确定,对当下非遗的学术研究具有很重要的参考价值。这不仅是对此前我国非遗保护实践的理论总结,关注到了非遗项目本身的性质和类别,还对承载非遗文化的空间及实物的保护界定了相应的法律责任。同原有的十条具体内容相比,将有的项目归并起来,也有一些新的提法,如“历法”“游艺”,同时,第六条为后续非遗文化的进一步扩展提供了理论空间,体现了我国非遗保护工作具有持续性的保护理念。

(二)荆州非物质文化遗产的概念

在明确了非遗概念的形成、发展的基本情况后,再来关注和界定荆州非物质文化遗产(以下简称“荆州非遗”)的概念。荆州非遗是中国南方文化、湖北文化、荆州文化的一部分。物质文化遗产是过去物质文化在当下的遗存,非物质文化遗产则代表过去人的知识、技艺、精神及习俗等。荆州非物质文化遗产包括现在湖北省荆州市行政区划内所有已被认定的国家级、湖北省级、荆州市级和县(区)级四级非遗名录。

首先,从文化本质上而言,荆州非遗是荆州历史上的优秀文化在当下的文化遗存。无论是语言、戏剧还是传统手工艺制作的技艺,都是古代“荆州人”的行为活动范畴,这些文化的存在形式,是需要借助当代“荆州人”的文化行为直接表现出来。比如马山民歌,就十分依赖荆州区马山镇一带的方言,而其民歌的演唱形式,又有先秦时期楚国“和歌”的基本特色。再如,荆河戏是荆州市国家级的非遗名录,荆河戏形成于明清时期,其语言特色、表演艺术以及戏曲的剧目,都有着明显的荆州地域传统文化烙印,剧目内容绝大部分与荆州地域历史文化息息相关。

其次,从其文化意义上来看,荆州非遗又具有独特性和地域性,是他处所未有的,代表着楚文化、荆楚文化的内在特色。荆州非遗是荆州历史上不同时期所

---

① 蒋万来:《传承与秩序:我国非物质文化遗产保护的法律机制》,北京:知识产权出版社2016年版,第4页。

产生的文化现象，这些文化必然有着十分强大的生命力，才能遗存至今。这些文化本身就可以代表荆州历史上不同时期的文化精髓，如传统技艺类的非遗项目楚式漆器技艺、铜锡刻镂技艺、荆州民间刺绣等，都具有非常鲜明的楚文化特色。这些非遗项目的文化内容、制作技艺，仍直接或间接地传达出先秦时期楚人的一些思想理念、艺术观念及情感特质。

最后，从非遗的传承角度来看，非遗文化要由人去传承、延续并创造性发展，因而人是非遗传承的重要主体，对传承主体的认定也要有特殊的要求。《中华人民共和国非物质文化遗产法》中所规定的传承人，不仅要能熟练掌握其所传承的非遗技艺或项目要求，同时还要在特定的领域内具有一定的代表性。不仅如此，传承人还要能积极地开展相应项目的传承活动。从传承形态上来看，荆州非遗必须是要以活态传承作为其基本特征。那些代表着优秀文化的项目但没有传承人的，即可认定为非活态，只能进行“博物馆式”的保存和保护，也不能认定为非遗名录。这也确定了以人为中心的传承体系的重要性。

作为文化资源的荆州非遗具有两种存在形式。2006年，荆州非遗保护工作正式启动，据统计，荆州市内共计有800多项各级、各类非遗项目，其中有很大部分还未能认定，此后又多批次地认定非遗名录。从当前非遗项目的发掘整理、申报与认定情况看，非遗资源存在着“显在非遗”和“潜在非遗”两种非遗文化资源形式：显在非遗是指已被国务院、湖北省、荆州市或县（区）级人民政府认定的非遗项目；潜在非遗是指未被发现和整理的或正在申报而未能正式认定的非遗项目。荆州市目前已有大量显在非遗资源，还有很多潜在非遗资源未被发现和整理。显在非遗资源大多得到保护，但潜在非遗资源仍处于待保护自然状态，若不及时发现和保护，则更有可能消亡。不过，对于潜在非遗资源的发掘、保护与认定，要符合规范程序，既不能全盘认定，也不能视而不见。在保护主体的责任上，既要有政府的主导责任，又要体现出民间保护的力度，两者均不可偏废。

（三）文化旅游与非遗资源的关系

在旅游学的学术研究领域，文化旅游概念早已风行学界。文化旅游涵盖了历史古迹、遗址、建筑、艺术、宗教、风俗等内容。发展文化旅游，除了关注物质文化遗产，如历史遗迹、历史建筑等之外，更要关注非遗文化资源的当代文化价值。

非遗文化与艺术、民俗、技术有着密切的关系，因而在文化旅游的大范畴中，具有多方面的开发价值。

国外对文化旅游概念的界定，以罗伯特·麦金托什为代表。他在1985年提出文化旅游的概念。他认为"文化旅游包括旅游的各个方面，旅游者可以从中学到他人的历史和遗产以及他们的当代生活和思想"①。希拉里·迪克罗所著的《文化旅游》一书，具体阐释了以文化和文化遗产为主题的旅游类型，具有持续发展特性的文化旅游是作者所关注的重要内容②。

国内对文化旅游概念的认识，可以大致分狭义和广义两种。狭义的文化旅游多指特殊动机的旅游；广义的文化旅游是具有休闲性或愉悦性旅游都具有的文化体验的性质。国内学者对文化旅游还有不同的看法，归纳起来主要有三种观点，分别是：产品论、意识论及运动论③。不管是以民族文化为对象，还是从广义的文化旅游的角度，都可看出文化在现代旅游业中的重要地位和潜在经济价值。从本质上而言，文化旅游是文化和旅游这两大产业交融和合力所产生的集聚效果。国内外认识文化旅游的基本观点是一致的，但因中西文化、思维方式的不同，也存在一些内在区别。

文化旅游的重点在于"文化"，而文化中最具特色和意味的就是非遗文化。非遗文化是古代优秀文化的代表，无论将旅游看作文化活动，还是旅游过程，或是旅游类型，文化旅游中"文化"部分的非遗文化资源，早已受到学者们的关注。只是非遗概念出现之前，在传统文化相对丰富的区域，那些后来被认定为非遗名录的民族文化、民俗文化，本身就是作为地域旅游资源的重点内容看待的。邱扶东、梁福兴、周作明等将民俗与旅游结合起来，从民俗旅游学的角度看待民族、民俗的文化。2006年以来，当民俗、民族与非遗文化存在更大的文化交集时，学术视野更多聚焦到非遗旅游资源之间的内在联系。以"非遗"和"旅游"两个词作为关键词进行研究的学术论文，从2007年开始，每年发表的论文数量逐步上升，至2014年则达到高潮，这充分体现这一学术聚焦趋势，也反映了国内学者对非遗

① 宋子千：《旅游融合发展论》，北京：中国旅游出版社2015年版，第141页。

② [澳]希拉里·迪克罗(Hilary du Cros)、[加]鲍勃·麦克彻(Bob McKercher)：《文化旅游》，北京，商务印书馆2017年版。

③ 宋子千：《旅游整合发展论》，北京：中国旅游出版社2015年版，第144页。

旅游资源、非遗与旅游之间的关系等问题，有较高关注度，充分反映了我国非遗文化与旅游相结合的情况。

三、荆州非遗与旅游发展关系

文化遗产与旅游之间的关系相当复杂。旅游作为人类的一种生活方式，体现了人类对自然和社会的一种兴趣和思考。人们旅游所浏览的美景到底是什么？这是旅游学所要关注和解决的核心问题。人们旅游所关注的美景，不仅包括了自然风光，还包括了人文风光。人文风光中有更多人为的因素，人类的建筑、人类城市等文化，也成为旅游者所关注和热爱的内容。在人文风光中，文化具有十分重要的地位。非遗是文化的一个部分，也可以成为旅游者所驻足、欣赏的文化内容。荆州是优秀的历史文化名城，自20世纪以来，荆州的旅游业就得到了很好的发展。

时至今日，荆州的旅游业仍然没有突破传统行业特征。荆州非遗文化是旅游业的潜在文化资源，具有很强大的利用价值。荆州非遗保护视野下的非遗文化的开发与利用，就很直接地促进了旅游的发展，那么荆州非遗与地方旅游业发展之间的关系，就成为我们必然要重视的问题，这其中涉及几个关键性的关系：一是非遗与旅游的关系；二是非遗保护和开发的关系；三是楚文化与非遗资源的关系；四是荆州与各县非遗资源的关系；五是荆州城市与非遗文化空间的关系，等等。厘清这些关系对我们保护和利用荆州非遗资源，发展旅游产业具有重要的理论价值和意义。

（一）荆州非遗保护和旅游开发

旅游开发和文化保护之间，本来就存在着对立性的矛盾。在深入了解荆州非遗和旅游开发之间的关系时，我们要在更高的一个层次，了解荆州非遗的保护和开发的关系，因为旅游开发也是非遗开发的一个方面。2005年，国务院办公厅下发了《关于加强我国非物质文化遗产保护工作的意见》中，明确提出了“保护为主、抢救第一、合理利用、传承发展”的十六字方针。

我国非遗保护仍然是以这个方针作为保护和开发的基本原则。从这个原则的表述来看，和我国对文物保护的方针有着相似之处。我国文物保护的方针为“保护为主、抢救第一、合理利用、加强管理”，相比之下，我国对非遗保护的方针，仅仅只是最后四个字从“加强管理”转向了“传承发展”，其区别在于文物是要进行博物馆展示，加强了管理就是最好的保护；而非遗是一种文化，因而表述为传承发展，充分尊重了文化的特征。但是，两者之间也存在着一致性，那即是：无论是文物还是非遗，都属于文化遗产大的范畴。

研究者认为，非遗利用要体现原真性、避免碎片化[①]。当然，这是有针对性的观点。虽然还有学者提出要让传承人更加深入到非遗数字化保护中，强化他们在数字产品中的文化逻辑[②]，但也对数字化作为非遗开发的手段对非遗文化的生存所带来的压力有很深的担忧[③]。在法律层面上，非遗保护是否符合《保护非物质文化遗产公约》的社会法则，是否符合非遗文化发展的自然法则，这是非遗保护运动的根本原则和内在逻辑之一。

荆州非遗保护和开发之间存在着一些很明显的内在矛盾，需要一定时期或者相当长一段时间才可以得到改善和解决。首先，荆州非遗资源的整体挖掘，还达不到深度旅游开发的地步。荆州当下对非遗文献、非遗技艺等的整理与传承，还有待全面深入，除荆河戏、鼓盆歌、说鼓子的戏曲文献得到了整理之外，其他的文献还没有形成系统，技艺还没有得到很好的活态传承。在这种情况下，谈非遗的整体旅游开发，还没有做好完全的准备。自2006年以来，荆州非遗保护虽然已走过了12个年头，但是作为地市级的荆州市，在文化的自觉性和文化创新以及文化产业的发展上，还没有达到发达城市的水平和局面。其次，荆州非遗资源没有广泛的群众认可基础。从文化的传播角度来讲，当下我国公民对非遗文化的认识，还处于基本了解的阶段。

荆州非遗是荆州旅游的重要文化资源。资源在旅游业生存和发展的诸多要素中，是最为重要的一个要素。旅游资源是经过开发的、能够吸引游客的客体与劳务，“自然界和人类社会中凡能对游客产生吸引力、可以为发展旅游业所开发利用，并能产生经济效益、社会效益和环境效益的各种事物和因素”[④]。从理论

① 梁保尔、马波：《非物质文化遗产旅游资源研究——概念、分类、保护、利用》，《旅游科学》2008年第2期。

② 宋俊华、王明月：《我国非物质文化遗产数字化保护的现状与问题分析》，《文化遗产》2015年第6期。

③ 宋俊华：《关于非物质文化遗产数字化保护的几点思考》，《文化遗产》2015年第2期。

④ 彭璟、项玉枝主编：《旅游资源概论》，北京：北京理工大学出版社2016年版，第2页。

框架上来看,旅游资源大体可以分为自然旅游资源和人文旅游资源两类。从非遗资源的属性来看,主要可划入人文旅游资源这一类之中。在人文旅游资源中,最为主要的是历史古迹和文化遗迹,这是物质的。还有文化艺术、民族习俗等,这是精神的。非遗项目以及其所形成的非遗文化,不仅属于文化艺术类的旅游资源,而且也可以作为民族和区域习俗的旅游资源。

荆州旅游是荆州非遗保护、开发和利用的重要推动力量。荆州旅游业已有了相当长时间的发展时期,从目前旅游业的整体情况来看,旅游景点、从业人员、旅游服务的基本形态已基本形成。目前,非遗保护的途径主要有立法保护、资金支持、保存记录、保护意识、旅游开发以及学术研究[①]。立法保护是保护实际行为的准则;资金支持若缺乏监管,也不易产生直接的效应;保存记录只是保护的一个方面,不利于活态的传承;保护意识的加强,并不具有直接的保护效果;学术研究也只能为非遗保护提供文献资料以及历史还原。旅游开发从文化旅游的视野对非遗进行有效的开发,可以结合实际情况,采取具体措施协调好多方利益关系,对非遗保护就会产生很好的效果。

更不容忽视的是,目前非遗项目所面临的巨大问题是政府的传承人清单制以及资金划拨的方式的合理性,已有研究者提出了相应的质疑和担忧[②],或许这已成为地方非遗保护关注的重心。非遗保护在政府的极大的资金支持下,到底是否得到了真正的非遗保护和利用,还是一个值得重视的问题。因此,这一质疑和担忧所提出来的建议,实际上是需要非遗的传承者专注于非遗本身的艺术和技艺。而传承者的职责,并不是关注政府所划拨的经费。那么,达到了这个理想的状态,那资金又从何而来呢?那么,旅游元素的介入就正好解决了这一问题。

仲富兰在上海非遗资源的旅游化的研究和关注上,主要从非遗与文化创意产业方面把握了特点,为荆州旅游开发模式提供了很好的经验,也为荆州非遗充分利用旅游进行保护、开发和利用提供了经验。他所归纳的特点主要有:“情景

---

① 赵悦、石美玉:《非物质文化遗产旅游开发中的三大矛盾探析》,载黄先开《旅游管理论丛》,北京:中国经济出版社2014年版,第75页。

② 董晓萍:《民俗非遗保护研究》,北京:文化艺术出版社2016年版,第74页;李康化:《在销售的文化》,上海:上海交通大学出版社2016年版,第134页。

再现”“符号复原”“活化故事”“传播提炼”①。在“情景再现”方面，营造原生态的文化、社会、自然以及人工的环境，这个再现的空间可以是街区的空间情调，也可以是视觉环境等方面的内容。

研究认为，“符号复原”，通过这种方式可以对一系列商业业态进行调整和分布，营造出一种已经逝去了的生活场景和生活气息，通过陌生化和熟悉化的心理氛围，感受这种过去生活气息所带来的心理体验和情感模式。“活化故事”的旅游开发，对荆州非遗更有借鉴意义，就是把那些民间传说、民俗节庆的非遗文化元素利用起来，将活化资源作为非遗传承与保护的重要方式。在对酒类非遗项目的活化上，把酒与先秦历史故事结合起来进行活化传播，取得了很好的效果。“传播提炼”即是赋予这些非遗项目以文化的寓意，使非遗元素具有象征性和超越性。

荆州非遗与荆州旅游之间，随着非遗资源旅游开发的深入，也会出现一些内在的、深层次的矛盾。非遗的旅游开发作为遗产旅游研究领域中所关注的重点问题，学者们早已开始回顾、预测、纠正文化遗产和旅游之间的互动关系，提出并认识两者之间的矛盾。首先，荆州非遗与旅游之间的矛盾就会集中体现在文化开发上。当下，我国的非遗保护早已形成了“保护性开发”的基本概念，这实际上是为了解决保护和开发之间的内在矛盾的一种做法。因为从理论和实践上来说，保护和开发之间本来就存在着矛盾。开发就意味着和原有的文化形态会出现很大的偏差。在非遗的开发中，旅游开发更使得开发过程中不可避免地出现了商业化的气息和味道。

当然，学术界现在对非遗的旅游开发存在不同的看法。其次，荆州非遗作为一种旅游资源，在开发主体之间也会存在很大的矛盾。非遗因其所涉及的领域相当广泛，因而会与诸多领域产生利益的冲突，这也是在所难免的事情。在实际的工作中，由于非遗本身的体系比较庞大，所以很多非遗旅游开发中，不同学科背景的利益主体都会在政府的主导下共同工作，这样必然会导致利益分配、工作职责等方面的问题。尤其是在经济管理学等领域内，很难达成协同的效应。同时，非遗在旅游资源化和开发市场化的条件下，传承人、政府、开发商、民间资本家等，都会在这样的大的文化事件中，获得自己的角色或利益。那么，这种利益

① 仲富兰：《中国民俗学通论3：民俗资源论》，上海：复旦大学出版社2015年版，第138页。

的冲突也必然会日益凸显出来。

荆州非遗与荆州旅游之间具有很广泛的融合空间。《国务院关于促进旅游业改革发展的若干意见》提出了将非遗与旅游结合起来的意见。这个信号实际上是提出了非遗和旅游的融合和协同发展。这种融合的过程需要四个方面的保障工作开展起来:一是政策法规的保障;二是财政金融方面的保障;三是教育科研方面的保障;四是困难干预方面的保障[①]。旅游业成功的关键,是要在旅游要素上做好工作,旅游要素主要包括了六个方面:食、住、行、游、购、娱。在地方文化与旅游要素关系上,研究者认为文化是旅游的源泉,在旅游的六个要素上,文化在每一项中都应有其核心的地位和作用。这一方面与旅游者的文化需求有关,另一方面旅游资源有吸引旅游客的魅力,主要是其文化魅力。同时,在旅游业的发展上,文化也是其旅游业发展的灵魂[②]。因此,在当下荆州的旅游市场的发展中,要把非遗文化作为旅游文化的新活力和新动力。

(二)荆州与各县非遗旅游资源的融合

在中国古代,一个区域内的城市,与不同阶层人们都有着自身的等级、政治具有等级的特征一样,城市也同样被打上了等级的烙印。在先秦时期的城邦制度下,本身就开始产生了城市与周围城市之间的从属关系。以天子、诸侯、大夫为中心,各城市也具有了相应的等级,在后世则形成了郡—县、省—府—县、省—市(区)—县(市、区)等不同的城市空间格局。

中国传统文化对城市的影响,在当下就体现为一个市下辖有不同的县。在行政区划和政治管理上,仍存在着一定的等级性。荆州市与下辖各县之间的政治、经济和文化的互动和交流,自古以来就已经存在。虽然在历史上,荆州作为一个府城,其所辖的范围有一些变化,但几个具有千年以上历史的县,没有太大的变化,在历史文化上与荆州都具有很强的内在文化联系。2016年,湖北公布了30个千年古县,将置县1000年以上、有明显的历史文化特征的荆州市下辖的江陵县、公安县、松滋县(市)、石首县(市)、监利县5县确定为千年古县。除了洪

---

① 朱运海:《汉江流域非物质文化遗产保护性旅游开发研究》,武汉:华中科技大学出版社2017年版,第228页。

② 梁丽芳、谢雅丹、于萌:《文化:旅游原动力——基于旅游开发与规划视角》,成都:四川大学出版社2015年版,第31页。

湖市以外,所辖县全为千年以上古县。从荆州市全域来看,这块区域的旅游文化资源就具有很好的开发潜力。

荆州各县旅游资源相当丰富。江陵县是原荆州区所在地,后迁至原来的郝穴镇,今江陵县也是古代江陵县县治迁入地之一。江陵县的历史文化资源当然也包括了现在荆州区的历史文化资源;公安县的旅游资源以"公安三袁"、水利文化为主;松滋县(市)的旅游资源以山水、温泉、史前化石、荆楚民俗为主;监利县的旅游资源以红色文化、古街古镇为主;石首县(市)的旅游资源以长江保护区、自然山水、古城遗址等为主。

各县非遗是各县旅游资源的重要组成部分,从当下各县旅游开发的情况来看,非遗文化在各县旅游中所占的比重很小,因而具有很强的开发潜力。如2016年以来,松滋县(市)在利用文化资源上,就提出了挖掘、包装和利用遗迹文化、化石文化、红色文化等资源,抢救、保护与传承非物质文化遗产,把非遗与历史文化遗作为整体工作来进行考虑。

荆州市与各县市的非遗资源之间,有着密切的关系。在不同级别的非遗资源上,国家级、荆州市级资源在各县也都有所分布。另外从地域上来说,荆州市级非遗项目中不同级别的非遗项目又与各县的非遗项目有着对应的关系。因此,在旅游开发中,荆州市和各县区域内的非遗在文化开发上就具有多重开发的价值。

(三)历史文化街区视野下的荆州非遗保护

历史文化街区是指经省、自治区、直辖市人民政府核定公布的保存文物特色丰富、历史建筑集中成片、能够较完整和真实地体现传统格局和历史风貌,并有一定规模的区域。历史街区,即是以"街"的形式出现,保留着一些有地域特色的建筑,具有一定旅游开发价值的街道或街巷。成都的宽窄巷子、武汉的昙华林就是较为成熟的历史街区。历史街区内重要的文化旅游资源可以用非遗资源来进行补充。作为一项新型的文化遗产概念,是"空间、社会与人的统一"[①],历史街区不可复制,应是与地域历史文化结合起来的文化遗产保护和旅游开发的途径。但是,这种"历史地段"有一定的条件,因而在我国这些历史文化街区中,数量并不太多。在历史建筑较少的城市,这种历史文化街区的保护方式,就很难达到要求。历史文化街区

---

① 王真真:《历史街区的现代性》,桂林:广西师范大学出版社2015年版,第15页。

保护，很值得注意的是其中的保护思路，即是以区域进行划分，在这个区域内，历史建筑等过去城市的肌理可以得到完整的规划和保护。这种保护的思路，有效地避免了单体非遗文化以及单处物质文化遗产在城市发展中的孤立和尴尬。

目前，我国在历史文化街区建设上也形成了一定的经验。苏州城市以重点历史文化街区作为切入点，进行了整体保护整治和更新利用，这是苏州古城保护的一个重要的特色和经验。苏州古城中的历史文化街区中，除了修旧如旧，彰显历史本色之外，还对重点建筑进行了更新。其中，最值得重视的一项是，在民间工艺、传统艺术等非遗文化的保护上，充分注重把非遗项目置于历史街区之中，在这些历史街区中，大力推进了非遗的利用与开发，实行的是活态的保护、生产性的保护，使这些历史街区也充满了商业和文化的活力，同时也促进了非遗文化的保护、利用与开发，使得非遗文化在现代城市中有了新的生存和发展的土壤。再如福建三坊七巷的保护工作，也经历了多个探索阶段，在街区的保护中，也融合了非遗保护工作。

前已述及，荆州是一座历史文化名城，历史建筑以荆州古城为中心，以点进行分布，但存在着古城文化利用度不高的特点。从目前荆州古城的城市格局来看，一共有9个城门，其中6个为清代所建，3个为20世纪新建。除了荆州古城墙有一定程度的旅游开发之外，城内可供游客游玩的景点屈指可数。目前具有一定吸引力的景点有：荆州博物馆、关羽祠、关帝庙、张居正故居、九老仙都宫景区、明代古城墙博物馆等。这些景点相对分散，没有形成比较整体的历史街区的保护和开发格局。

荆州具有历史街区整体开发的巨大潜力。从实地考察和调研来看，荆州古城内可采取历史街区开发模式的区域，主要有南门大街、东堤西堤街、张居正街、三义古街等。荆州的三义古街，自20世纪开始，就受到了规划学、历史学研究者的广泛关注[①]。三义古街正对着荆州城的大北门，仍有一些可以利用的古代街道和建筑遗存，形成了“城门—古巷”的历史街区格局。另外荆州小东门内还有张居正街，张居正街的青石板路保存得相对完整，因其古街格局正对着寅宾门，

① 参考李鹏飞：《荆州三义街历史地段现状和保护分析》，《中外建筑》2013年第5期；张枞、王偲：《历史文化名城的历史街区保护规划——以荆州古城三义街为例》，《中外建筑》2012年第2期；谭堃：《浅析文化遗产历史空间传承保护与城市规划》，《建材发展导向》2015年第17期。

与古城墙形成了“城门—古街”的格局。同时，张居正街原为清朝满城中的重要街道，也具有十分丰富的潜在清代文化资源。我们可以将这些街道开发成历史街区，这些非遗的产品可以在这些地方生根发芽，有一个流动的、长期的展示空间和文化交流空间，使商业与旅游有直接的对接空间。

荆州古城内的空间相对比较紧凑，城市更新速度很缓慢的古街巷区域，为荆州非遗土壤的形成、非遗文化空间的重新构建提供了基础条件。这些古街巷内的原住居民的居住环境相对狭窄，可由地方政府出面，对这些居民进行有条件的搬迁，对具有潜在开发价值的历史建筑进行回收和修复，使这些地方成为非遗传承人工作室，这些工作室的聚集有利于非遗文化空间的形成。

这些相对独立而又具有开放潜力的街巷，就成为荆州非遗的重要重构空间的首选之地。这些街巷本身就具有旧城的意味，这些旧城给城市的旅行者带来与现代城市不同的心理体验。在这些地方，如可以让非遗项目得到展示，让非遗的文化元素得到重建与重构，非遗的文化与历史街区之间的互动关系就得到了建立。这时，这个空间中的非遗保护、文化的创新以及非遗旅游化才能得到较好的统一。

第一章　荆州非物质文化遗产本体论

荆州非遗是荆州过去的历史文化在当下的精神、技术、空间的遗存，可以分为“显在非遗”和“潜在非遗”资源两种。本市各级非遗项目层出不穷，各具特色，共同代表了荆州不同历史时期优秀传统文化，并表现为区域历史和文化特色。在今荆州市范围内，还有大量民间传统没有得到认定。这些不同类型的非遗项目以及潜在的民间传统文化，共同构成“荆州非遗”的本体。

在非遗保护四级体系的背景下，荆州非遗项目名录在整体上也具有四种类型。类型是学术研究的一个重要参考指标，类型观照的意义在于：类型本身就具有研究的指向性，如国家级非遗项目在其文化内涵和特征上更为明显；不同类型的非遗资源，其可供旅游开发和利用的价值则更大。因此，本部分对荆州重要的一些非遗项目作一些文献方面的梳理工作，明确其历史和文化发展的基本脉络。对于非遗资源的研究而言，从一定的历史发展角度考察非遗资源的形成、发展以及其演变是较为重要的研究视野和方向，也是必然的研究环节，属于历时性的研究。

第一节　荆州国家级非遗项目及其文化

国务院于2006年、2008年、2011年、2014年及2021年，一共公布了五批国家级非物质文化遗产名录。截至目前，荆州市一共有国家级非遗项目10项，分别为：1.荆河戏；2.鼓盆歌；3.马山民歌；4.说鼓子；5.啰啰咚；6.铅锡刻镂技艺；7.楚式漆器髹饰技艺；8.跳三鼓；9.简牍制作技艺(楚简制作技艺)；10.灯舞(五虾闹鲇)。从项目的类别上看，曲艺类非遗项目为3项，传统音乐2项，传统戏剧1项、传统舞蹈1项，传统技艺3项。音乐、戏剧和舞蹈可归为古代艺术，传统技艺类也占有一定比例。除荆州市的项目之外，荆州市下辖诸县（县级市）基本都有1项国家级非遗项目，且不同类型的项目分布也较均衡。

一、荆河戏的历史溯源

荆河戏是第一批国家级扩展项目、湖北省的第一批非遗项目名录。从该文化资源区域化分布来看，主要是以湖北荆州市及荆河戏和湖南澧县荆河戏为代表。荆河戏项目具有国家级、省级、市级及县级多层次项目的属性。2006年，国务院公布第一批国家级非遗名录，在92项传统戏剧中就有荆河戏，申报单位为湖南省澧县[①]。2008年，国务院公布了第二批国家级非遗名录，在33项传统戏剧之中也有荆河戏项目，申报单位为湖北省荆州市[②]。同时，荆河戏还是湖北省、湖南省的市级、县级项目。对湖北而言，主要是荆州市级项目以及松滋市、石首市的县级项目。2006年，荆州市最早将荆河戏确定为市级非遗项目，2007年湖北省将荆河戏确立为省级非遗项目，2008年被确定为国家级项目。2016年，石首市荆河戏也从市级升级为省级项目。这体现了荆河戏具有多层次项目的特征。

荆河戏原名荆沙戏，又俗称上河戏、上河路子、荆河调。湖南则俗称为大台戏、大汉班，新中国成立后才定名为荆河戏。从本质上来说，因其流行于荆州（沙市）一带，至今已有400多年的历史，实质就是明清时期的湖北地方戏，现在流传于荆州市沙市区、荆州区的荆河戏中，还有不少剧目保留着原来的“单钹路子”。

荆州荆河戏存在着多处流传的情况，在荆州市下辖石首市也有荆河戏的流传，但并非是荆州市所独有的文化资源，在湖南省澧县也有流传的情况。冯骥才主编的《中国非物质文化遗产百科全书》之中，研究者对两个区域的荆河戏分别进行了介绍。澧县荆河戏“是在湘西北及湖北荆州、沙市等地流传的一个戏曲声腔剧种，因流传于长江荆河段而得名，历史上曾有上河路子、大班子、大台戏等名称，1954年正式定名为荆河戏”；荆州的荆河戏“是以荆州本地的民歌小调为基

① 参见《国务院关于公布第一批国家级非物质文化遗产名录的通知》，见中国政府网，https://www.gov.on/zhengce/content/2008-03/28/content_5917.htm。

② 参见《国务院关于公布第二批国家级非物质文化遗产名录和第一批国家级非物质文化遗产扩展项目名录的通知》，见中国政府网，https://www.gov.cn/gongbao/content/2008/content_1025937.htm。

础，广泛吸收汉剧和高腔唱腔优点融合而成，以荆州地区的方言为主要演唱语言，富有荆州当地风俗特征的曲艺品种”[①]。

荆州荆河戏有其独特的艺术特色，其不同区域的流布有一定的历史联系。实质上，荆河戏的名称是近代才正式确定的，在流传甚广的明清时期，代表了明湖广省、清湖北湖南省的戏曲艺术，无论是流传于荆州的戏曲，还是流传于湖南澧县的戏曲，都应是同一时期同一戏曲的当代遗存。荆河戏在不同区域内有所传播和传承，体现了传统荆河戏流传具有地域广的特点。

从历史上看，荆河戏流行于湖北中南部及湖南的北部地区。大致包括今天宜昌、宜都、当阳、枝江、松滋、江陵、公安、石首、监利，以及湖南的澧县、临澧、津市、常德、石门、慈利、安乡、南县、华容、岳阳等地。江汉平原与洞庭湖区的地理联系方便。自商周时期开始，即共同受到商文化的影响。相比江汉原东、西部分群山环绕，并不利于荆河戏的传播。明代万历年间，沙市的戏曲演出活动繁盛，至清代顺治八年（1651年），这里已有荆河戏的演出活动。清代嘉庆、道光年间，泰寿、三元两大荆河戏名班出现在沙市，一时之间名伶荟萃，在荆沙一带享誉百余年。时至今日，土生土长“单钹路子”的荆河戏仍在荆沙一带流传。

清朝时期，荆州是荆河戏的重要流传和传播的区域。荆河戏艺人大多在湖南科班学艺，然后到沙市从事唱戏活动，有“湖南坐科，沙市成名”的俗语。据湖南澧县荆河戏老艺人口述资料显示，民国初年他们至沙市演出之时，老郎庙内有一块石碑，是顺治八年（1651年）重修的，其上有明永乐二年（1404年）戏班在沙市进行荆河戏表演活动的情况记载[②]。老郎庙是沙市梨园行会所在地，为戏曲优伶祭祀戏剧祖师之处，庙内还设有行业及戏班演出的管理机构[③]。

据文献记载，清咸丰年间，荆河戏的太寿班、三元班，汉剧府河路子的太和班、同乐班和巴陵戏人和班等，在荆州府沙市镇进行了长期的戏曲表演。晚清时期，荆河戏在沙市也逐渐形成自身特色，因而被本地人称为本地戏。当时的沙市诗人刘竹荪，在其《沙津竹枝词》中写道：“班子人分上下河，近来名角恨无多，汉

① 冯骥才总主编：《中国非物质文化遗产百科全书：代表性项目卷》（上），北京：中国文联出版社2015年版，第372页。

② 湖南省文化厅编：《湖南省非物质文化遗产名录》（2），长沙：湖南人民出版社2009年版，第573页。

③ 赵玉春、李启斌、王文华主编：《荆河戏史料集》，武汉：湖北人民出版社2013年版，第52页。

腔偏是客帮重，调爱荆河本地哥。”在这段竹枝词中，讲到了沙市戏剧的繁盛，上、下河体现其戏班的不同流派和层次，其中汉腔为客帮所看重，荆河戏为本地人所喜爱，体现荆河戏在荆州一带受欢迎程度之高。至晚清时期，沙市寺庙观宫堂庵中，一般都修有戏台；至清咸丰、同治时期，沙市荆河戏团林立，发展至鼎盛时期，遗留下大量荆河戏的传统剧目。据相关研究，荆州本地一共保留了514个剧目，其中整本戏451个，散折为63个[①]，可以反映荆河戏的繁荣情况。

民国初年，荆河戏开始从今荆州中心区域，逐步流行并下传到下辖各县。松滋云字科班、石首秀字科班、公安宏字科班，最能体现出荆河戏在周边区域内的流传情况。抗日战争爆发以后，受战争等因素影响，戏曲发展也一度面临着中断的厄运。在日本侵略军占领沙市以后，荆河戏活动很难开展下去，并开始逐步走向衰落。

新中国成立以后，湖北省境内的荆河戏就只存有石首县(市)荆河戏剧团。在党的“双百方针”的政策指引下，荆河戏的传统剧目整理与恢复、唱腔变革、表演艺术的研究都有一定的发展。至20世纪80年代，沙市的业余荆河戏团内从事戏曲艺术的人员达到100多人。

荆河戏剧目主要有“三杀”“五图”“十二山”等。在声腔上，荆河戏高亢优美，富有荆楚文化艺术的韵味，高腔、昆腔、弹腔、杂腔小调等，都有荆州文化的特色，唱念也是以沙市方言为主。荆州荆河戏的一些戏曲艺术的文献，特别是一些戏曲的曲谱等[②]，亟待进行抢救性发掘、整理和研究。荆河戏经典唱段曲谱的整理与转型即是有效的尝试[③]。

二、鼓盆歌及其历史渊源

鼓盆歌是国家第一批非遗名录，属于曲艺类，项目编号为V-32。鼓盆歌与我国古代的“击缶”“鼓盆”的民俗活动有着密切的关系，是楚地古老的曲艺形式。在湖北曲艺音乐的体系中共有四种类型，一是丝弦小曲，二是渔鼓道情，三是鼓

① 湖南省文化厅编：《湖南省非物质文化遗产名录》(2)，长沙：湖南人民出版社2009年版，第574页。

② 赵玉春、李启斌、王文华主编：《荆河戏史料集》，武汉：湖北人民出版社2013年版。

③ 傅小草编著：《荆河戏经典唱段曲谱集》，武汉：湖北人民出版社2020年版。

书鼓词，四是踏歌耍唱[1]。鼓盆歌即属于踏歌耍唱类。鼓盆歌有“丧鼓”“丧鼓歌”“打鼓闹丧”的称呼，过去流传于荆州，主要在荆州的沙市区、江陵县一带较为多见。

从民俗性质来看，鼓盆歌是丧礼习俗。鼓盆歌有“跳丧”“转丧”“坐丧”之分[2]。“扑一个盆子当鼓打，唱歌陪丧家”的“丧鼓歌”，其主要特点是乐器简单，有时以盆代鼓，故名为“鼓盆”。“跳丧”为载歌载舞，一般为一人击鼓领唱，二人帮腔唱和，有多种不同的舞步；“转丧”一人击鼓帮腔，二人执钹，踏丧歌节奏，绕棺而行；“坐丧”又称为“坐夜”，歌而不舞。今流传于江汉平原沙市、江陵一带的鼓盆歌，即属“坐丧”类型。

从鼓盆歌的名称而言，以“鼓”为动词，“盆”为乐器，但只是一种替代节器，“鼓盆歌”又作“丧鼓歌”，其真正的乐器，我们认为仍然是鼓。我国古代敲击乐器又类分为“本体发音”和“张革产音”两类[3]，前者如钟、磬等；后者如县鼓、建鼓等。其中，鼓与其他乐器一道，始创于帝喾时代。帝喾时代为传说时代，与新石器时代大致相当[4]，据《吕氏春秋·古乐》记载，帝喾曾命令倕这个人，制作大鼓乐器。《礼记·明堂位》载传说时代有“土鼓”，即“陶鼓”。贾公颜疏《周礼》说：“土鼓，以瓦为匡，以革为两面，可击也。”郑玄、贾公颜均认为鼓是蒙兽皮的陶制打击乐器。

作为敲击乐器的代表，鼓是原始先民最早的乐器。劳动、巫术及原始先民的集体生活中，乐器是原始音乐艺术重要载体之一[5]。在原始社会时期，诗、乐、舞往往合而为一，音乐和舞蹈更是受到绝大多数人的欢迎。原始社会时期，音乐较为简单，获得节奏最为直接的乐器自然就是鼓了。关于这一点，我们可从非洲原始部落的社会和艺术形态上得到启示。在非洲原始传统的部落音乐中，节奏器

---

① 枫波：《湖北曲艺音乐分类简说》，载方培元主编：《楚俗研究》（第3集），武汉：湖北美术出版社1999年版，第355页。

② 湖北人民出版社编：《湖北风物志》，武汉：湖北人民出版社1985年版，第609—610页。

③ 王光祈编：《中国音乐史》，桂林：广西师范大学出版社2005年版，第149页。

④ 王震中：《重建中国上古史的探索》，昆明：云南人民出版社2015年版，第90页。

⑤ 杨荫浏：《中国古代音乐史稿》（上），北京：人民音乐出版社1981年版，第13页。

和打击乐器即是最为重要的乐器[①]，鼓的声音浑厚绵长，可明确地指示出节奏，极利于舞蹈和唱歌。在考古中所发现的我国境内的鼓，距今6500—4500年前，出土于山东、山西一带[②]，大多为大型乐器。《山海经·大荒东经》“撅以雷兽之骨，声闻五百里，以威天下”，因而鼓的社会作用也有“震慑”之用。

古代以“鼓”作为获得节奏的乐器，那为何又要“击缶”而不“击鼓”呢？我们认为，在原始艺术行为产生之时，有时并非时刻有“鼓”相伴，故而随手用可获得的缶、盆、碗、壶、罐等作为代替乐器，这也符合人们的社会生活实际和艺术行为心理。在2021年3月调查鼓盆歌民俗之时，谢志华认为，“击缶”是人的艺术行为，“缶”并不是特指某种器物，也是有一定道理的看法。

下面我们对鼓盆歌“文化空间”进行理论性的溯源。在此我们要回答的问题是：原始社会时期，当先民们死后，是否有丧事，是否伴随丧乐呢？考古资料显示，古人治理丧葬的活动，早在旧石器时代晚期即已出现。从发掘的大多墓葬遗址观察，死者旁边多有物品，已显现出“事死如事生”的观念痕迹，因而也暗示了丧礼的出现。丧礼的起源与远古时代的宗教祭祀有关，古时“行礼以玉”，我国南北不同考古学文化中，都有大量成组玉器的出现。后世鼓盆歌的表演场地为丧家治丧空间，以音乐进入丧礼，无论是娱神、娱祖还是娱人，也应有其最早的时间起点。关于这一点，必然也与先民聚集并举行丧葬活动密切相关。考察新石器时代，乐器也开始出现在随葬品中，如陶寺龙山文化中，随葬有彩绘的食器、酒器以及成对的鼍鼓、石磬等乐器[③]。特别是乐器作为随葬品的出现，一方面说明乐器在当时人们生活中的重要作用，另一方面似乎也暗示了原始社会时期人们即使是在丧礼中，也可能会使用乐器举行相应的仪式来告慰死者“灵魂”，可能与远古丧葬中娱神仪式有密切的关联。

鼓盆歌与先秦时期的“瓴缶之乐”是遥相呼应的。成玄英疏解云：“盆，瓦缶”，也即是说“盆”是和“缶”一致的，“鼓盆”也即是鼓缶、击缶。在《诗经》《周易》

---

① [美]罗杰·凯密恩著，韩应潮译：《听音乐：音乐欣赏教程》(全彩插图第11版)，北京：北京联合出版公司2018年版，第546—547页。

② 曾金寿编著：《中国古代音乐史学习指要》，西安：三秦出版社2012年版，第11—12页。

③ 中华文化通志编委会编：《中华文化通志第九典：宗教与民俗·丧葬陵墓志》，上海：上海人民出版社2010年版，第70页。

等古籍中就多有“鼓缶”或“击缶”的记载。

从文献上来考察，先秦时期的“击缶”民俗行为，有着更为普遍的流传空间，主要分布在今陕西、山东、河南以及湖北等地。有研究者认为，“击缶”是当时流行于各诸侯国的一种民俗活动[①]。秦李斯回顾说“击瓮叩缶”是秦国的传统音乐，也是黄河中游一带极为普遍的民间音乐形态。据《墨子》记载：“昔诸侯倦于听治，息于钟鼓之乐；士大夫倦于听治，息于竽瑟之乐；农夫春耕夏耘，秋敛冬藏，息于瓴缶之乐。”（《墨子·三辩》）这反映了今山东一带亦有“瓴缶之乐”的广泛流传。墨子提倡“非乐”，并不否认民间“瓴缶之乐”，可见“瓴缶之乐”也是得到当时鲁国知识分子所认可的民间艺术形式。对于楚地而言，也有一些关于“击缶”的文献记载。《楚辞·卜居》中所载“黄钟毁弃，瓦釜雷鸣”，其中所说的“瓦釜”，也即是“击缶”音乐形态的反映；在《诗经·陈风·宛丘》中也记载了陈国“击缶”的民俗活动。陈国在今河南省淮阳、柘城以及安徽省的亳县一带，诗句为“坎其击鼓，宛丘之下。无冬无夏，值其鹭羽”[②]，这一首陈国民歌，讲的是一位爱好跳舞的巫师，无论天冷天热，都在大街上为人们祝祷跳舞。文献中所记载的舞蹈是一种羽舞，手里拿着用鸟羽制成的翳，舞蹈时盖在头上，如同鸟一般。同时为了调节舞步，还将鼓、盆或瓦作为乐器，有节奏地进行击打。综合以上这些零星材料的记载，反映了“瓴缶之乐”的流传地域之广的史实。“钟鼓之乐”“竽瑟之乐”“瓴缶之乐”是墨子对当时中国北方不同社会阶层文化娱乐形式的归纳，同时也应是当时各诸侯国内比较普遍的音乐形式。

从以上文献所传达的历史信息来看，“瓴缶之乐”在先秦时期只是一种民间娱乐方式，与丧礼之间并没有太直接的联系。但是，《庄子》一书中记载了一段故事，使此民俗似乎与丧礼联系起来。庄子，名庄周，楚国人，是道家学派的创始人之一，后世将其与老子并称“老庄”。《庄子·至乐》一书记载，在庄子的妻子死之后，“惠子吊之，庄子则方箕踞鼓盆而歌”。惠施，生卒年不详，宋国人，战国时期的哲学家，善辩，著有《惠子》一书。他与庄子有交游，《庄子·至乐》记载了庄子妻死“鼓盆而歌”的事情：

---

① 牛龙菲：《敦煌壁画乐史资料总录与研究》，兰州：敦煌文艺出版社1991年版，第509页。

② 程俊英、蒋见元：《诗经注析》（上），北京：中华书局1991年版，第364页。

庄子妻死，惠子吊之，庄子则方箕踞鼓盆而歌。惠子曰：“与人居，长子老身，死不哭亦足矣，又鼓盆而歌，不亦甚乎！”庄子曰：“不然。是其始死也，我独何能无慨然！察其始而本无生，非徒无生也而本无形，非徒无形也而本无气。杂乎芒芴之间，变而有气，气变而有形，形变而有生，今又变而之死，是相与为春秋冬夏四时行也。人且偃然寝于巨室，而我噭噭然随而哭之，自以为不通乎命，故止也。”①

这一段文献给后世鼓盆之乐染上了丧葬文化的色彩。惠施发现庄子在妻子死后并没表现出悲伤，而是鼓盆而歌，于是不太理解他的这一举动。这也正说明，在惠施看来，鼓盆是象征着快乐的行为，在丧礼上实行就显得十分荒唐。

此外，在《庄子·大宗师》中，也记载了另一段看透生死、鼓琴为丧者而歌的故事。故事讲的是子桑户、孟子反、子琴张三人为友，关系要好，不久子桑户死了，孟子反和子琴张编曲、鼓琴，相和而歌。后受到儒家子贡的非议：“敢问临尸而歌，礼乎？”这实际上是道家借此表达对儒家礼法的否定。这段故事说明，先秦时期开始，受道家文化的影响，当时的楚地丧礼上出现与儒家礼制并不相同的一些做法，庄子鼓盆、孟子反编曲、子琴张鼓琴，都与他们看透生死的思想观念有关。后世多将庄子丧妻和鼓盆之乐结合起来，并进一步认为鼓盆之乐是楚国风俗，这种解读应是有待商榷的。

“鼓盆而歌”的民俗，也并不能表明先秦时期“击缶”这一民间艺术具有“丧”“伤”“悲”的文化色彩。《晏子春秋·外篇》载：“释衣冠，自鼓缶。”讲景公自己亲自上阵，击打瓦制的打击乐器，不仅是民众，就连仁人也都喜欢这样的“击缶之乐”。《周易·离》亦载：“日昃之离，不鼓缶而歌，则大耋之嗟，凶”，此处是对阳爻的解释，明苏浚解之为：“鼓缶而歌，喜之极者；大耋之嗟，忧之极者”②，周振甫注“日昃”：“日偏西，指日将落，比人老将死，如不鼓缶而歌，及时行乐，悔将无及，故凶”③，均是很妥当的认识，都认为“鼓缶”是“喜之极”的事情，并非是说鼓缶与丧礼相关。据杨义研究认为，楚地庄子待妻、子桑户等人待友的反儒家常道的做

① 《庄子·至乐》。

② （明）苏浚著，何耿丰点校：《易经生生篇》，北京：商务印书馆2018年版，第60页。

③ 周振甫译注：《周易译注》，北京：中华书局1991年版，第106页。

法，显示了“庄子对楚俗信仰记忆的深刻性”[①]。其实，从大量楚国竹简所反映的思想内容来看，楚人并非以道家思想作为治国主张的，而仍以儒家思想作为治世主张，并兼具各家之说。因此，庄子等与当时当世并不“相容”的做法，并不代表着当时楚人的想法，也并非专指丧妻之意[②]。

秦汉时期，乐府是音乐机构的名称，创立于秦朝而发扬于汉代。汉朝时期，乐府歌曲主要分为效庙歌曲、燕射歌曲和鼓吹曲三类。其中，鼓吹曲是以击乐器和吹乐器演奏为主的音乐，以鼓、排箫和笳为主奏乐器。鼓在汉代音乐中具有重要作用，排箫和笳的演奏，则需要长时期的练习，而唯独鼓是相对上手较快的。至西汉时期，随着中西音乐文化的交流，宫廷雅乐日趋衰落，以《乐记》为代表的音乐思想体系的形成，就反映了百戏、歌舞、说唱还包括宫廷音乐在内的不同音乐形态交相发展的情况。值得注意的是，西汉时期的乐府，在延续一百年之后，乐府的乐工、艺人流向民间，对民间音乐的勃兴产生了极为重要的影响。

民间音乐的勃兴，自然是选择并采用简单、易上手的乐器。以“英壮豪迈”“急调雄声”“乐楚声”等风格多样的南北方乐调作为基础，“秦声”“楚声”更在汉代得到了继承与发扬。秦声主要包括了“歌呜呼”“击缶”“弹筝”“鼓盆”“叩瓮”等[③]，这也使鼓盆歌在汉代找到其继续发展的艺术土壤。

对于汉代民间来说，演唱形式也得到发展，产生了清唱的艺术形式，并为后世鼓盆歌所继承。汉代音乐歌曲形式多为相和歌，即“一人唱，三人和”，属清唱形式，多见于宫廷之乐。宫廷清唱的形式，也可能逐步影响到民间艺术。汉代还有“世街陌谣讴之词”，属无乐器伴奏的民歌清唱，称作“徒歌”，以上两种形式与鼓盆歌的“清唱”，当有其内在的艺术渊源。如《淮南子·精神训》记载：“今夫穷鄙之社也，叩盆拊瓴，相和而歌，自以为乐矣”，可见，在“穷鄙之社”，人们以盆、缶等为乐器，自娱自乐，相和而歌，是为“独乐”的形式。桓宽在《盐铁论·散不足》中说：“往者民间酒会，各以党俗，弹筝鼓缶而已”，他了解到，略早于他所生活年代的民间酒会民俗“鼓缶”“弹筝”，是为“众乐”，因此汉代的民间，鼓缶极有可能会

① 杨义：《庄子还原》，北京：中华书局2011年版，第30—31页。

② 李万营、袁贝贝：《论习语“鼓盆”的形成及其文化意蕴》，《五邑大学学报（社会科学版）》2016年第4期。

③ 曾遂今、冯玲、李思露编著：《中国音乐简史》，上海：东方出版中心2018年版，第48页。

伴随着说唱和清唱。汉代还有“俳优”一职，仅以击鼓作为伴奏进行表演和说唱，并以此来取悦观众。四川成都就出土过一件东汉击鼓说唱的陶俑，左臂下环抱一鼓，右臂握鼓槌，形态滑稽，作说唱状，这种艺术形态显然是具有娱乐性质的。仅仅以鼓为乐器来推断，当时的艺人主要是以清唱、清说为手法，用鼓作为击节乐器。在这一点上，鼓盆歌与之也就更为相近了。

魏晋时期，名士大多崇尚老庄思想，形成“玄学”。“玄”本于道家，《老子》《庄子》《周易》为“三宗”，玄学内在思想既有老庄思想，又有儒家思想，高度抽象且具有思辨性。这一思想文化背景，就给庄子文化以很大的文化再生空间。因而，《庄子》中那段既脱离儒家礼制，又跳出道家境界的“鼓盆而歌”史事，就受到了当时名士们的关注和赞叹，庄子的著作及其有关他的行为的史事，自然受到了魏晋士人们的广泛关注和效仿。比如，颜之推即以“鼓缶之情”来代指道家庄子对待生死的乐观人生态度。

从文献记载来看，隋唐时期，“庄子丧妻鼓盆”代表着达观的人生态度和道家的哲学观念，因而广泛受到了唐代文人的接受和认同。唐朝文献的系统整理，特别是大型类书如《北堂书钞》《艺文类聚》[①]，对庄子鼓盆而歌这一典故进行记载与重新解读，并将此典故列入“吊”“歌”之类。此后，唐代的文人渐渐将“鼓盆”与“丧妻之痛”结合起来，使得鼓盆在唐代正式具有了“丧”“悲”“丧妻”的内在含义。如白居易专注“丧妻”之条目时，引庄子与惠子之事，并将两个事项结合了起来[②]，也即是在此时期“鼓盆”“丧妻”结合得更为紧密了。

唐代精英层面的文献记载，逐步下移至民间，从而使得丧礼中的鼓乐更具有广泛的接受价值，而不再受制于类似于先秦惠子、子贡等类似的儒者的束缚。因民俗传播具有一定的范围，鼓盆歌作为丧礼中的重要曲艺，其存在、演变以及变异，也必然是存在的现象。至唐代中后期，在大巴山、江汉平原一带的丧事之中，文献记载了大量“跳丧鼓”“拉丧歌”等风俗，《隋书·地理志》也记载了当时南郡、夷陵两地有很多民族杂居于此的情况，有“绕尸而歌”，并歌唱死者生平之事，其歌大多也都属于民间的挽歌。又据唐《蛮书》记载，巴人也有“踏歌”“伐鼓”“叫

---

① 李万营、袁贝贝：《论习语“鼓盆”的形成及其文化意蕴》，《五邑大学学报（社会科学版）》2016年第4期。

② （唐）白居易：《白氏六帖事类集》，北京：文物出版社1987年版，第18页。

啸”的民俗。在唐代南方，“鼓盆”之民俗，又与不同丧事结合起来，如唐《蛮书》又载“其父母初丧，击鼓以道哀，其歌必号，其众必跳”，这是南方的独特丧俗，其中的“击鼓”“道哀”之事象，还附加有众人跳丧的做法，与后世鼓盆歌的“跳丧”有着很大的相似之处。至晚唐时期，如孙启《北里志》记载“客至皆联袂，谁来为鼓盆”，人们开始在诗作之中，多以“鼓盆”直接代指“丧妻”，一方面与诗作字数有限，多讲求潜在含义的文体有关；另一方面也与唐代文献对“庄子鼓盆”的记载和阐释有关。

自宋代开始，文献中普遍开始出现“鼓盆之戚”“鼓盆悲”“鼓盆歌”的说法，这使鼓盆歌与丧礼的联系变得更为紧密。以“鼓盆之戚”直接代指丧妻之痛则成为宋时语言概念的习惯。如宋岳珂《宝真斋法书赞·刘武忠书简帖》里说：“闻有鼓盆之戚，不易排遣，人之处世，不如意者，十常八九，凡百更须以道自处，无伤生也。”又如宋罗烨《醉翁谈录·张时与福娘再会》：“张时于未赴任之先，已有鼓盆之戚”，这些已直接将“鼓盆”和“丧妻”结合起来，为后世“鼓盆”之名的最终形成奠定基础，正式奠定“鼓盆”的“丧”的色彩基调。

宋元时期，通俗文学得到快速的发展，市民化引发通俗化，高雅艺术、高雅文学都走下神坛，成为民间文化和艺术发展的重要养料。特别是教化思想初见端倪，至元末正式形成。因程朱理学的推崇，戏曲教化思想在戏曲的理论和创作中都得以发展[①]。

兹引诸有关元明清时期的“鼓盆”语言资料，似乎多出于大受民众欢迎的元明戏曲之中。由此可见，鼓盆之俗在元明之际开始深入人心，并深刻影响此时期丧礼中民俗事象的变化。如元关汉卿《鲁斋郎》第四折：“呀，抵多少南华庄子鼓盆歌”；元《货郎担》第一折：“你守着业尸骸，学庄子鼓盆歌。”这些受到广大民众喜爱的戏曲，成为庄子鼓盆歌传承的重要手段。又如明顾大典《青衫记·元白揣摩》：“壮岁鼓盆，久虚琴瑟之乐。”再如明代冯梦龙《警世通言》，明汤显祖《牡丹亭》第三十三出：“秀才，既是你妻，鼓盆歌，庐墓三年礼”，人们已直接将“鼓盆歌”与丧礼结合起来了。

明代学者对“击缶”的研究，在现代学术意义上，其实是对于音乐史的关注，

① 王忠阁：《中国戏剧学思想史论》，郑州：河南人民出版社2007年版，第387页。

充分利用古籍文献，对当时民间音乐进行考证，这自然极大地促进这一音乐形式的推广与普及。如明代李贽就注意到“击缶”这一音乐形式：“古者西戎用缶以为乐，即古之土音也，党项国亦击缶焉。然则缶本中国之乐，夷人窃而用之耳。李斯曰：‘击瓮叩缶，真秦之声。’渑池之会，蔺相如请秦王击缶。《淮南子》云：‘君子有酒，小人鼓缶。’是其证也。”①

至清朝时期，江汉平原一带开始广泛流传着在丧礼上“敲丧鼓”“打鼓闹丧”的习俗。在清代湖北境内，还有着一些与丧仪相关的民俗，如神农架的孝歌、荆山保康县的沮水巫音，以及荆门的坐丧鼓等，都与鼓盆歌有着相似的民俗功能。鄂中南石首市一带，自古就有“跳丧鼓”的习俗；同治年间，湖北西南部一带就有与鼓盆歌类似的民间艺术形式的流传，据《长阳县志》卷一记载：“诸客来观者，群挤丧次，擂大鼓唱曲，或一唱众和，或问答古今，皆稗官演义语，谓之打丧鼓、唱丧歌”，同一时期的《巴东县志》中也有记载，在巴东县一带，“旧俗殁之夕，其家置酒食邀亲友，鸣金伐铙，歌呼达旦，或一夕，或三五夕，谓之暖丧”。《施南府志》记载：“丧葬前夕，绕棺歌唱谓之打丧鼓，盖即挽歌之遗。”荆门市东宝区的坐丧鼓，也有数百年的流传时间。值得注意的是，在清道光年间，今浙江一带流行一种“鼓词”，一人多角，单口坐唱，表演不拘场所，伴奏乐器为鼓盆、鼓棒及竹板，鼓式多样，与鼓盆歌艺术形式也有相似之处。

清朝是“鼓盆歌”与“楚俗”结合的重要时期。清代成书的《明史》一书写道“楚俗，居丧好击鼓歌舞”②，更是直接将居丧时击鼓的这一风俗，归入楚地风俗，受当时普遍区域民俗观念的影响，或许也是针对当时各地风俗文化的深入了解，才最后得出的结论。据薛儒成民俗调查表明，近世以来陕西一带的葬俗中以“唱不唱鼓盆歌”作为秦、楚两地葬俗的最大区别③。这也暗示了鼓盆歌的流传区域已与荆楚文化圈相暗合了。尽管当时清人的这一判断并没有充足的、直接的证据④，但后世鼓盆歌流传地的变化，充分反映了清代受唐代以来“庄子鼓盆”文化的影响，正式从“庄子鼓盆”的高雅与达观，转向了“居丧击鼓”的神秘与喧嚣，也

① 张建业主编：《李贽全集注》(1)，北京：社会科学文献出版社2010年版，第260页。

② 《明史》。

③ 薛儒成编著：《陕南民间传统音乐文化集·鼓盆歌》(上)，西安：三秦出版社2017年版，第1页。

④ 张松辉、张景：《庄子“鼓盆而歌”与楚文化无涉》，《中原文化研究》2014年第3期。

成为楚地一项特色的丧葬民俗。

任何艺术形式的价值主要在于审美，其功能与仪式、宗教、族群意识等相关[①]。无论何种艺术，包括曲艺，都是具有时代特征的、特殊的社会意识形态。对于中国古代而言，曲艺的功能有“教化论”“情至论”“史鉴论”等说，体现了戏曲艺术的历史的演进历程。同时，任何艺术形式都对不同时代有所适应。

近代以来，从事鼓盆歌的民间艺人渐多并成行业，为求得生存并保佑自己本行业利益，故而将行业神定位为庄周。行业神的崇拜，也使得后来从事鼓盆歌的民间艺人，更将“庄子鼓盆”直接作为鼓盆歌的最早文化源头，并加以改编，使之更具有民间文化的气息[②]。至20世纪60年代前，在鼓盆歌的歌案上仍供着庄周的木雕像[③]。沙市鼓盆歌在表演形式上，通常是一至两人自击鼓板，演唱方式有独唱或对唱两种。在文化意义上，与道家哲学思维相似，对生死有了超然的认识，亦具有庄子的文化精神内涵。

通过近世以来的民俗调查资料，鼓盆歌在今陕西、湖北、湖南一带仍多有流传。据德国民族学家R.F.格雷布纳尔所提出的文化圈理论，在一个特定时期的特定空间范围内，应分布着彼此相关的文化丛或文化群。从地理空间的角度来看，文化丛就是指文化圈。自20世纪60年代以来，随着楚考古工作的持续开展以及楚文化的研究，一般认为湖北省是先秦时期楚文化的核心区域，自先秦时期以来，以江汉平原为核心的楚文化就对周边产生了长期和深刻的影响，进而形成了荆楚文化、陈楚文化、巴楚文化以及湘楚文化。基于这样的文化圈的认识，民俗文化不外乎是文化的一个重要种类，因而在民俗文化的传播上，也与荆楚文化圈有着相似的空间范围，鼓盆歌的传播亦遵循着这个基本的规律。

鼓盆歌的表演形式独特，在演唱形式上一般为1～2人击鼓板，一人则为独唱，两人则为对唱。民众也有一定参与性，可参与演唱，每段唱词开头或结尾齐唱。鼓盆歌唱腔丰富多样，具有区域性的特点，这也是由听众所决定的，如沙市

---

① [英]伊恩·克夫顿、[英]杰里米·布莱克：《简明大历史》，长沙：湖南文艺出版社2018年版，第82页。

② 祁连休编：《中国历代文化名人珍闻录》，上海：上海文艺出版社1989年版，第15—16页。

③ 肖爱民：《“鼓盆歌”初探》，载中国民间文艺家协会湖北分会编《民间文学论文集》（第3集），武汉：武汉大学出版社1989年版，第149页。

的鼓盆歌即是以荆沙方言进行演唱的。20世纪80年代，据肖爱民观察，荆州市沙市区一带在表演鼓盆歌之时，把伴奏鼓斜放在木盆之中[①]，并多坐着唱。这也可能是近现代以来人们对“鼓盆”的又一理解：以鼓(放于)盆中之意。

鼓盆歌流传时间久，所存剧目也很多，反映了区域内鼓盆歌民俗的发展历程。肖爱民将鼓盆歌的内容分为历史故事、民间传说、表现爱情和家庭生活、趣味和知识性的短歌以及新编的反映现实生活的时事歌[②]，据谢志华收集整理多达600多段。传统名篇多以“城”“关”“楼”“桥”等之名而作。这些歌曲面向大众，通俗易懂，又能使听者获得一些知识，也有劝慰转移悲痛之意。在剧目之中，还有一部分是警世之作，如劝孝、劝善等宣扬儒家思想的一些剧目，也内在地体现出文化教化功能。

三、马山民歌与楚文化

马山民歌是国家第二批非遗名曲，属于传统音乐类非遗名录，项目编号为Ⅱ-81。国家级代表性传承人为王兆珍。马山民歌之名，因其所流传之地而得名。马山为荆州市荆州区下所辖马山镇，位于今荆州市西北部。马山民歌具有深厚的历史渊源，是楚歌在当下的存在形式。楚歌，传统认为是楚地之歌，至魏晋时期，西曲歌、江陵歌亦为楚歌在当时的艺术表现形式。楚歌产生于先秦时期，与地理环境、文化环境有着密切关系。孟修祥先生研究认为，先秦楚歌具有独特性，其文化思想内涵丰富，并体现出独特的文学模式[③]。楚歌既然具有区域的、地理的自我特征，那么其发展必然也具有独特的自我途径，或可以理解为“楚地”之歌。

因产生于民间，其文化又根植于农业文化，因此马山民歌的内容也亦如“下里”“巴人”之调，多于劳作和农闲之时所作，故而主要反映了故事类、生产生活知

---

① 肖爱民：《“鼓盆歌”初探》，载中国民间文艺家协会湖北分会编《民间文学论文集》(第3集)，武汉：武汉大学出版社1989年版，第149页。

② 肖爱民：《“鼓盆歌”初探》，载中国民间文艺家协会湖北分会编《民间文学论文集》(第3集)，武汉：武汉大学出版社1989年版，第158页。

③ 孟修祥：《楚歌研究》，湖北：湖北人民出版社2017年版，第37、51、84页。

识类、婚丧礼仪类、节日玩灯贺彩等内容[①]。如《喇叭调》就是具有艺术生命力并在马山一带广泛传唱的马山民歌曲，“五句子”成歌、句尾点题，旋律流畅、节奏明快，音乐为五声徵调式。其辞唱曰：“长的是喇叭，短的是唢呐，哩哩啦哩啦哟，吹得好优雅。”[②]在演唱形式上，先是一人唱，后为众人和唱，具有楚国时期的民歌演唱特色。马山民歌是根据日常生活创作的，人们在劳作过程中哼唱以排遣情绪、表达情感，如表达秋季稻作丰收的喜悦和田间劳作的辛苦，歌颂美好的生活和幸福的爱情等。

马山民歌中的“五句歌”最早就可追溯至春秋战国之际，继承了古代楚歌的特点。马山民歌运用本地方言的声调进行演唱，因而具有相当强烈的区域文化色彩。该民歌韵脚多变、句式也较为灵活。马山民歌中以“五大调”最为著名，即“喇叭调”“叮当调”“嘚嘚调”“伙计调”“哦嗬调”。在民歌内容上，它涵盖了历史故事、生产生活知识、婚丧嫁娶、节日民俗等方面，反映了当地民众生活状况以及淳朴善良的精神品格。最后，马山人民在唱歌时，常常是一人领唱、众人跟和，这与楚国时期的民间艺术有着相似之处。从马山民歌的当代艺术形态中，我们也可以大致了解到纪南城中普通市民们的民间艺术生活的基本情况。

四、公安、松滋说鼓子的历史渊源

说鼓子是流传于荆州地区的一种曲艺，又称“荆州说鼓”“说鼓”“唱鼓子”“公安说鼓子”“松滋说鼓子”，目前申报地区为荆州市公安县、松滋市两地，其艺术的流传区域以公安、松滋地两地为中心。说鼓子为第二批国家级非遗名录，编号为Ⅴ-86。

说鼓子具有悠久的发展历史，其艺术可上溯到宋代鼓子词。鼓子词流行于民间，唱歌时以鼓伴奏，原分为只说不唱、有说有唱两种形式[③]。在宋代文学的脉络中，郑振铎将其与大曲相联系，并认为鼓子词是受唐代变文影响的新文

---

① 冯骥才总主编：《中国非物质文化遗产百科全书·代表性项目卷》（上），北京：中国文联出版社2015年版，第137页。

② 刘福瑞编：《中国音乐鉴赏》，广州：暨南大学出版社2012年版，第167页。

③ 朱梅梵：《中国民族民间音乐》，武汉：武汉大学出版社2014年版，第111页。

体[①],重视鼓子词在宋代文学艺术殿堂中的地位。宋代鼓子词的真实面貌或可以赵德麟的《商调·蝶恋花》为其圭臬。细读其辞,与近之说鼓子之辞,颇有些文化渊源:"余所善张君,性温茂,美风仪,寓于蒲之普救寺。适有崔氏孀妇,将归长安,路出于蒲,亦止兹寺。"[②]此文作者具有"讲述者"的身份,所假设的读者即为"听者"。有说有唱地叙述崔莺莺和张生的故事,讲说、歌唱相杂和。至清朝同治年间,说鼓子曲艺正式形成。至清朝时期,据同治年间所编撰的《公安县志·民政志·风俗》载:"布种,最早花朝后……别有二人,吹嗽,击贲鼓,竞唱村歌。"这极有可能就是描绘荆州市公安县所流传的说鼓子表演的场景的。

在现代音乐学理论认识上,说鼓子是属于快板的一种曲艺类型,与数来宝、陕西快板、山东快书、天津书板、竹板书等曲艺种类,共同构成了我国的快板艺术。快板是中国曲艺中的一类很特殊的表演形式,其表演可算得上是韵诵类,即有说有唱。其艺术特征之一是节奏感很强,反映在曲词上则表现为很规整的曲词。在曲词的创作上,也具有传统民间文学的典型特征,在语言上借鉴诗歌的创作方法,讲求语言的修辞手法和语音特色。说鼓子代表了中国古代南方快板曲艺的风格和特点。

说鼓子非遗项目在荆州地区有公安说鼓子和松滋说鼓子两种,因其流传地域的不同,而有所不同。不过,在其发展的鼎盛时期,流行于荆州其下所辖的公安、石首、松滋、监利、江陵等县(市)。不同县(市)的说鼓子的名称也都不同。只不过自近代以来,渐而式微,只在公安、松滋两地有所流传。两地说鼓子艺术区别产生的原因,主要是地理和语言两个因素。首要还是两县(市)的地理环境不同,松滋多丘陵山脉,公安多平原,境内水系丰富。

松滋地处湖北省中南部,长江中游南岸,东临江陵、公安,南界湖南澧县、石门,西接五峰、宜都,北隔长江界枝江。境内环境优越,土地肥沃,气候湿润,资源丰富。松滋于东晋咸康三年(337年)建县,迄今已有2180余年,总面积为2235平方公里。县治九经迁徙,疆域六度变更,始成当今"六山一水三分田"的格局。1996年5月18日撤县建市。公安县位于湖北省中南部、江汉平原南部,隶属荆

① 郑振铎:《中国文学史》(下),北京:中国文史出版社2015年版,第461页。

② 王筱云等:《中国古典文学名著分类集成23·戏曲卷(一)》,天津:百花文艺出版社1994年版,第34页。

州市，位处长江中游南岸，东联汉沪，西接巴蜀，南控湘粤，北通陕豫，有“七省孔道”之称，与洞庭湖平原一衣带水，与荆州古城一桥相连。不同的地理环境形成说鼓子艺术不同的地理空间。正如法国艺术家丹纳说：“伟大的艺术和它的环境同时出现，决非偶然的巧合”[①]，艺术属于文化中的重要门类，和地理之间的关系自然更为紧密。在两地不同的地理环境之中，艺术也有其不同的细微表现形式。

两地方言有所不同，松滋、公安方言是说鼓子表演的语言。松滋方言处于湖北方言入声的隐现带，也处于湖北双方言临界带南端，处于西南官话常鹤片的北部边缘[②]。据20世纪松滋地方志的方言调查显示，松滋方言的声调共有五类，除了现代普通话中的阴平、阳平、上声、去声之外，还有一个入声，此中古入声仍在松滋方言中有所保存。松滋方言亦有南、北之分，方言词汇与他处不一样者亦相当丰富[③]。这些词汇以及松滋方言中“有入声点”的方言特色也在说鼓子艺术中得到很好的体现。公安县方言为北方方言、西南次方言，自成系统。其亦有五个声调，调型发音都有升调趋势[④]。这种升调的趋势使得两地方言在会话中具有婉转悠扬之意，即使是平时说话，也有着“唱”的韵味。松滋和公安两处方言的中古音特征，两者既有联系又有区别，是松滋、公安说鼓子语言艺术得以传承发展的重要文化因素。现代说鼓子项目多是以两地的方言进行演唱，因而具有十分鲜明的荆楚地域特色。

说鼓子的表演艺术是针对民间的曲艺项目，因而随时随地都可以表演，具有独特的艺术特点。公安、松滋说鼓子以说话为主，一段话说完以后，继而转为唱腔，击鼓后开始说书。除了利用鼓之外，还用唢呐进行伴奏，表演者还有一定的表演动作以增强说鼓子的艺术表现力。一人表演多个角色，身临其境，刻画曲目中人物的思想感情。因此，说鼓子老艺人曾总结说：“说鼓偏重听，一口四六音，离合悲欢事，全靠说书人。”从表演形式上来看，现主要有三种，一是一人自行伴

---

① [法]丹纳著，傅雷译：《艺术哲学》，北京：人民文学出版社1963年版，第144页。

② 王彩豫：《湖北松滋方言音系及其入声演变的途径》，载《语言研究集刊》（第8辑），上海：上海辞书出版社2011年版，第208页。

③ 湖北省《松滋县志》编纂委员会编：《松滋县志》（内部发行），湖北省《松滋县志》编纂委员会1986年版，第709页。

④《公安县志》编纂委员会编：《公安县志》，上海：汉语大词典出版社1990年版，第591页。

奏说唱，自吹唢呐自打鼓而说书，称为独角班；二是一人击鼓说书，为“上手”，另一人则在一旁以唢呐伴奏，为“下手”；三是一人击鼓说书，二人左右伴奏[①]。在说白之后，以两句唱腔唱作为此段的结束，俗称为“唱煞”。具有代表性的说鼓子节目有《桃花坞》《白罗衫》《绵罗衫》《八美图》《雕龙扇》等。

说鼓子的唱词及唱乐是说鼓子艺术的重要方面。因其流传的地域为乡间，因而具有浓郁的乡土气息，通俗易懂。曲目的内容题材也十分丰富，大多为民间传说、家长里短、幽默笑话，有些还取材于武侠和历史小说。之所以选择这些作为创作的源头，主要是为了迎合不同时期广大人民群众的艺术欣赏水平。从形式上来看，多为七字，也有长短句式。对说鼓子唱词进行音乐的配乐，其音乐部分也是说鼓子艺术更为重要的内容。传统说鼓子的音乐分为唱腔曲牌以及唢呐牌子两个部分，唱腔的曲调又分为主腔、花腔和哭腔，主腔类有《正香莲》《平香莲》《急香莲》《迟香莲》《浪子》等；花腔有《放风筝》《打猪草》《雪花飘》《讨学钱》《七折子》等；哭腔类有《大哭闹》《小哭闹》《敞器闹》等[②]。

五、啰啰咚的历史渊源

啰啰咚属传统音乐类的非遗项目，是国家第二批非遗名录，其类别属传统音乐。编号为Ⅱ-90。监利一带盛产水稻，当地农民在劳作时创造了秧田号子，自古有“一鼓赶三工”，也称之为“劝力歌”，其功用当是缓解农民在劳作时的疲劳，并提高集体劳动的效率，同时可以自娱自乐。

啰啰咚在荆楚大地的产生，可上溯至春秋战国时期的楚国时期。春秋战国时期，楚国的疆域基本覆盖了长江以南，今监利县所在区域，亦为楚国势力所及之范围。《楚词韵语》记载说：“《诗》三百篇无楚风，然江汉间皆为楚地，文王化行南国，汉广《江有汜》列于南，乃居十五《国风》之先，楚实为《国风》之首也。”[③]这

---

① 参考《中国曲艺志》全国编辑委员会等编：《中国曲艺志·湖北卷》，北京：中国ISBN中心2000年版，第96页；冯骥才总主编：《中国非物质文化遗产百科全书·代表性项目卷》（上），北京：中国文联出版社2015年版，第521页。

② 《中国曲艺音乐集成》全国编辑委员会等编：《中国曲艺音乐集成·湖北卷》（下），北京：中国ISBN中心1992年版，第1095页。

③ 湖北省非物质文化遗产研究中心（长江大学）等：《国家级非物质文化遗产 啰啰咚》，《长江大学学报（社科版）》2017年第6期。

段文献对“楚风”有一段很好的解释，肯定并提高了楚地民歌的价值，这也使啰啰咚有了上溯其历史的可能。楚地楚人所好之歌，历代文献亦多有记载，如《楚狂接舆》《沧浪之水》等。在《诗经》中所记载的楚地歌谣中，就有一首《江有汜》：

江有汜，之子归，不我以。不我以，其后也悔！
江有渚，之子归，不我与。不我与，其后也处！
江有沱，之子归，不我过。不我过，其啸也歌！①

这首歌谣载于《诗经·召南》，足见其在北方也有很广泛的流传。后世研究学者一般认为这是一首楚地的弃妇怨辞。不过，自20世纪以来，也有学者认为，这首诗歌是荆江一带人们与洪魔做斗争的一段歌词。其“汜”“渚”“沱”是指荆江流域之水，其“子”也可能是指一种楚地的水魔。此诗应是先民在天降暴雨、江堤溃决时的对水魔的一种驱赶咒语②。至周朝时期，在楚地流传已久的这首神话歌谣，为周朝官方所收集，并收入了《诗经》中的《国风》，以供周天子来了解四方民众的生活和思想。于是，他们按其所采集的方位，并入《周南》，使该歌谣成为当时的正统之作。从这一首楚地民歌的内容来看，更可能是一段加配了音乐的唱词，表演形式有集体创作、集体表演的可能性。

《接舆歌》《沧浪歌》都是先秦楚地的民歌遗音，其艺术形式或与啰啰咚有着内在的联系。《沧浪歌》在《孟子·离娄上》《乐府诗集》中有所记载，又为《孺子歌》《渔父歌》，其辞曰：“沧浪之水清兮，可以濯我缨；沧浪之水浊兮，可以濯我足。”《接舆歌》载于《论语·微子》，孔子至楚，楚狂人接舆歌而过于孔子之侧：“凤兮凤兮，何德之衰？往者不可谏，来者不可追。已而，已而！今之从政者殆而。”《楚辞·七谏》中亦有“往者不可及兮，来者不可待”之语。《沧浪歌》是长江、汉水流域一带的民歌，其演唱的特点是易唱、回环、对仗，演唱的速度较慢，富有节奏感。这种接力式的传声唱法，其曲式结构有复调、自然的特点，是利用人的自然声音作为伴奏，俗称为“打和声”。演唱之中有头声、二声、三声，三声以后接合唱，与马山民歌的演唱形式有异曲同工之妙。在节奏上，“啰啰咚节奏自由，音域宽广，旋律高亢悠长，具有很浓的原始野趣以及平原地区山歌的特点，属楚商、楚徵体

① 程俊英译注：《诗经译注》，上海：上海古籍出版社2016年版，第33—34页。

② 蔡靖泉：《楚文学史》，武汉：湖北教育出版社1996年版，第224页。

系的民歌”[①]。

自先秦以降，楚地民歌的传唱有所传承并据不同时期的语音特征有所衍变。据方妙英研究认为，楚徵体系民歌的音乐有着独特的思维模式，其中三声腔“徵、宫、商”是其核心，作为楚宫体系的三声腔，自然音列的旋律音程是由连续三度排列而成的，楚徵体系则是由连续四度排列而成的。楚徵体系的三声腔徵调式，是以“徵”音作为调式的主音的。荆楚地区民歌大多旋律跳动较大，与“宫”“商”支持“徵”音有着极大的关系[②]。这种楚调在湖北荆门、仙桃、天门一带，也都具有很普遍的民间音乐支撑。

前已述及，啰啰咚在后世与农田劳作有密切关系，亦称属秧田号子。秧田号子是号子中的一个特殊的类别，因农作地点有水田、山地旱田，因而具有山歌和小调等不同音乐因素。这种号子本身在荆楚大地又作田歌，有“扯草歌”“捅草歌”“推秧草歌”“打麦歌”“车水歌”“栽秧歌”等称呼，也可能是先秦时期郢中歌的遗存[③]。唐刘禹锡《插田歌》：“田塍望如线，白水光参差。农妇白纻裙，农父绿蓑衣。齐唱郢中歌，嘤咛如竹枝。”[④]这首诗中所记述的民歌，是刘禹锡在连州任刺史期间所听到的，其大致也反映了楚地啰啰咚的表演场景。清陈廷敬《雪中下直同阮亭俨斋赋赠》说：“漫道调高还寡和，万人争唱郢中歌。”[⑤]清代李调元《南越笔记》亦载：“农者每春时，妇子以数十计，往田插秧，一老挝大鼓，鼓声一通，群歌意作，弥日不绝，是曰秧歌。”这段笔记文献较为细致地描述了江南一带的秧歌创作及表演的场景，啰啰咚作为监利县一带的秧田之歌，亦有相类似的文化地理和艺术特点，是属楚地民歌的代表。

啰啰咚所用的语言，主要是监利南部一带的方言，该方言处于西南官话和湘鄂方言的过渡地段。开口呼音节所占比重为一半左右，其中“下平声六麻”的古音楚韵特色也很明显。啰啰咚的主要代表作品有《花“啰啰咚”》《也“啰啰咚”》

---

① 冯骥才总主编：《中国非物质文化遗产百科全书·代表性项目卷》（上），北京：中国文联出版社2015年版，第132页。

② 方妙英：《论楚徵体系民歌的音乐思维》，载《民族音乐学论文选》，上海：上海音乐出版社1988年版，第180页。

③ 陈建宪：《荆楚民间文学》，武汉：武汉出版社2014年版，第41页。

④ 张颢瀚主编：《古诗词赋观止》（上），南京：南京大学出版社2015年版，第755页。

⑤ 张玉玲等整理：《阳城历史名人文存》（第3册），太原：三晋出版社2010年版，第340页。

《五色绒线绣一枝花》《幺妹子吵嫁妆》《罗成显魂》等。这些作品通过大量的复调音乐以及衬词衬腔的手法，反映了荆楚农耕劳动生活的一些文化特点。

六、铅锡刻镂技艺及楚技艺特征

铅锡刻镂技艺是属于传统技艺类的非遗项目，是国家第三批非遗项目名录，项目编号为Ⅷ-194，也是湖北省级第二批非遗项目名录。在湖北的传统技艺类项目中，具有独特性。先秦时期楚国的金属制作技艺，主要体现在青铜器以及铅锡镂刻上。在湖北省内的非遗空间中，主要以荆州市、鄂州市、随州市曾都区为代表。荆州为先秦时期楚国的国都所在地，手工业相当发达，这也为考古发掘所证实；鄂州市一带为楚国青铜冶炼区域；随州市为曾国都城所在地，其青铜冶炼和铸造也达到了先秦青铜艺术的巅峰。三者之间有着密切的内在联系。

两千多年前楚人的青铜冶炼技术作为人类利用金属方面的重要里程碑，对后世的铅锡刻镂技提供了很强的文化技术支撑。先秦时期，楚人南下至长江流域，使中原文化与三苗文化相融合，在此创造了辉煌灿烂的楚文化。在当今楚文化研究学者看来，楚文化的几个重要的成就，其中就包括了青铜冶炼技术。金属冶炼从远古时代即已开始出现，《山海经》中就记载了很多关于金属矿物的记载，《考工记》中记载了当时人们冶炼青铜的重要经验，揭示了青铜的成分、性能以及用途之间的内在关系，提出"六齐"，也即"六剂"之说，这即是合金的配比知识。湖北大冶的铜绿山古铜矿遗址，就是楚人的重要铜矿之一。采掘方法技术体系完备，技术水平先进，开采规模较大。在先秦时期，不仅楚人把中原的冶炼技艺进行了传承，同时也有创新，在大量出土的不同类型的楚系青铜器上，不仅可以看到中原冶炼的成就，同时也看到了楚人在合金冶炼上的创新实践。

铅锡刻镂技艺主要是用于制作、复制古代青铜器的一种制模技艺。刻是雕塑工艺的一种做法，工艺手法多样，有阴刻和阳刻之分。技艺的制作材质不仅有木质，而且还有金属材质。在青铜器原模的制作上，此技艺注重利用铅、锡金属的自然属性，通过多种成系统化的方法，使平面和立体的处理手段相结合，使得平面的纹饰、立体的镂空造型在器物上得到很好的融合和表现。

其技艺最为关键的部分是制模以及雕刻的环节。在这些环节的处理中，形成了一些工艺手段，如在制模之时，就有"圆刮""方削"的制模之法；在纹饰的制作上，讲求“观形”，并注意整体；在雕刻手法上，对刀法的使用也形成了一系列的雕花口诀。这些口诀的形成，是在长期技艺的实践基础上形成的，对技艺的传承具有重要的价值。这种技艺虽然在当代是用于复制古代青铜器的一种方法体系，但应是千年流传下来的技艺，与楚人当时的制作技艺定然有着密切的关系，对我们了解先秦时期楚国的手工技艺具有很重要的参考和文化价值。更为重要的是，通过对此非遗技艺的发扬与传承，也有利于传承楚式青铜器的铸造、雕刻等技艺的工序、手法，更有利于修复和复制古代青铜器，重现古代高超手工技术水平。

七、楚式漆器髹饰技艺及楚漆器

楚式漆器髹饰技艺为传统技艺类非遗项目，项目编号为Ⅷ-127，申报单位为荆州市，为国家级第三批扩展项目，后为湖北省第二批项目（名为“楚式漆器技艺”）。原传承人邹德香所制作的“曾侯乙豆”在首届中国非物质文化传统技艺大展中荣获金奖，这也证明楚式漆器髹饰技艺在当代仍然具有十分强大的生命力和艺术表现力。作为我国漆器髹饰技艺的一部分，代表了我国不同区域内的漆器艺术和工艺，楚式漆器髹饰技艺代表了中国南方古代漆器技艺的最高水平，与徽州、重庆、绛州、鄱阳、潍坊、阳江等地的漆器技艺，共同构成了我国古代漆器髹饰技艺的最高水平[①]。

楚国漆器制造工艺水平很高，首先体现在漆器的制胎工艺上。楚人主要的制胎工艺包括木胎、夹纻胎、皮胎、竹胎、金属胎、陶胎等不同种类，出土的楚国漆器的胎体绝大多数是木胎。木胎制法主要有斫木成型、卷木成型、镟木成型以及雕刻、拼接等。木胎制作技术中，最富于艺术特色的，还是那些采用透雕、圆雕及浮雕工艺加工成型或再进行拼合的工艺方法。制作方法主要可分为两种：一种是先将木料加工成器物形状的粗坯，然后在坯料上进行雕刻；另一种制作方法是先用不同大小的坯料，分别雕成各种器型，然后再将它们用粘接、榫接等方法互相拼接在一起组成一个完整的器物，如湖北江陵雨台山、望山楚墓出土的虎座飞鸟、彩绘木雕座屏等，它们的胎体就是采用这种方法加工成型的。

---

① 冯骥才总主编：《中国非物质文化遗产百科全书·代表性项目卷》（下），北京：中国文联出版社2015年版，第818页。

楚式漆器有着瑰丽和独特的艺术造型。榫卯组合是其一大特色，器物的构件分别雕刻而成，再进行部件的榫卯组合，既体现了造型的独特性，又使造型具有固定的结构。楚式漆器使用精加工而成的生漆，其色彩选用天然矿植物色素，彩色漆料必须经过色料研磨、日晒脱水、色料与透明漆料搅拌、密封存放等多道工序。制作一件器物要经过选料、雕刻、榫卯成型、磨光、刮灰、砂光、清灰、上漆、绘画、描金等工序。

楚式髹漆榫卯木雕、金漆盆盘以及瓜果甲骨胎漆器最具艺术特色，其加工工序也十分复杂。动物、人物、花卉的造型浪漫神秘、瑰丽奇异，装饰纹样以凤鸟、龙蛇、虎鹿、花枝、祥云为主题，但在造型上又有着丰富的变化和形式。榫卯组合是楚式漆器的重要方法，漆器往往由已经雕刻成形的不同构件组合而成，造型生动。金漆盆盘以及瓜果甲骨胎漆器，也与楚国时期的盆、盘等漆器形制类似。另外，加工工艺繁杂多样，制作一件漆器往往要经过从选料到成型、打磨、刮灰、清灰、上漆、绘画等20多道工序，工序复杂，制作精良，令人惊叹。

八、跳三鼓的历史渊源

跳三鼓为第四批国家级非遗代表性项目名录，属曲艺类非遗项目，项目编号为Ⅴ-123，申报单位为石首市，后补入省级第一批非遗项目名录[①]。石首跳三鼓是由民间丧葬风俗的“丧鼓歌”演变而来。据《石首县志》载：“丧事，则有丧礼。亲朋纷纷来祭，并守灵柩，整夜打丧鼓伴灵。”在荆州一带的丧俗之中，一般有“送终”“烧落气纸”“下榻”“停丧”“守灵”“打丧鼓”“入殓”“出殡”等环节，其中“打丧鼓”这一环节，即在守灵之夜为亡人超度，除了请和尚或道士做斋之外，还有一种特殊的超度形式，即打丧鼓[②]。

跳三鼓的名称中的“三”，据文献记载及艺人口述资料，有三种主要解释。第一种，“三”是指表演者的人数，跳三鼓的老艺人宋仁宗、沈国清认为是三人表演，呈“品”字形，三人围方桌进行表演，所以叫跳三鼓。至清末时期，跳三鼓艺人又

---

① 国务院法制办公室编：《中华人民共和国法规汇编（2014年1—12月）》（第29卷），北京：中国法制出版社2016年版，第129页。

② 荆州地区地方志编纂委员会编纂：《荆州地区志》，北京：红旗出版社1996年版，第818页。

进行了改革，改为三人伴奏、三人演唱、“三股”唱文、“三才”艺人表演[①]。第二种，艺人李耀中认为，“三”是“丧”的谐音，因“丧”字不吉利，不符合人们的求吉心理，中国民间多追求吉利而避免丧乱，所以谐称其为“三鼓”。同时，荆沙方言前、后鼻音不分，“丧”“三”发音相同。在清朝时期，此艺术形式为“悲伤鼓”，与鼓盘歌一样，奉庄子为师祖[②]；第三种，20世纪20年代，跳三鼓艺人在城乡茶社、酒馆里进行演唱，由灵堂转向城市和乡村的茶社。在曲目内容上也有所更新，并不局限于丧事，因为伴奏的乐器为一面鼓和两块钹，在表演的时候，表演者左右不离桌子角，“三步半，朝前梭”[③]，或“两步直，一步梭，回回不离桌子角”[④]，指出了表演步法变化的要领，因而得名。在以上的三种解释中，第二种解释相对比较合理。

跳三鼓的流传区域，主要是在湖南北部和湖北中南部，湖北主要以石首市为主，湖南以常德、安乡、华容等地为主要流行区域。两省的流行区域是相连的。跳三鼓本来是丧礼中的一种民歌表演形式，传统表演者一般为3人，在新中国成立以后，也有4人或8人共同演唱和表演的，表演的形式为唱、说、跳相结合。

也有研究者认为，跳三鼓的音乐源于湖南安乡等一带的田歌[⑤]，因而也属于古楚郢中田歌的民歌范畴。跳三鼓的音乐基本节律是一拍一步，在跳丧中，也有二拍、四拍和六拍的交替使用，体现了动与静的结合和统一，具有独特的多声思维，正是“宇宙旋律”概念的体现。周耘还认为，跳三鼓亦是楚国古曲体的遗存，《楚辞》重要曲式“乱”即在跳丧鼓中有所体现，并表现为歌和乱的结合[⑥]。同时，其歌舞相伴、钟鼓齐鸣的艺术特色，也具有古楚戏曲艺术的遗风，具有古楚音乐的特征。唱词也有基本固定的格式，一般为7句一组，前3句为“起”，后4句为

① 湖南省文化厅编：《湖南曲艺音乐集成》(2)，长沙：湖南文艺出版社2009年版，第1255页

② 湖南省文化厅编：《湖南曲艺音乐集成》(2)，长沙：湖南文艺出版社2009年版，第1255页。

③ 余小华等编：《民间说唱文艺形式简介》，西南师范学院中文系民间文学教学组1983年版，第146页。

④ 湖南省文化厅编：《湖南曲艺音乐集成》(2)，长沙：湖南文艺出版社2009年版，第1257页。

⑤ 《中国曲艺志》全国编辑委员会等编：《中国曲艺志·湖南卷》，北京：新华出版社1992年版，第352页。

⑥ 周耘：《荆楚遗风——跳丧》，载田耀农主编《中国传统音乐学会三十年论文选 1980—2010》(第3卷)，上海：上海音乐学院出版社2010年版，第21—22页。

"落",在唱腔上只有一个基本的曲调。前3句的唱腔为"三句头",音调较高,节奏比较慢,第一句为小开门,第二句为空板,第三句小锁尾。后面的4句唱腔为"四句尾",节奏较快,唱词更近于朗诵。后4句中的第一句为大开门高腔,第二句停腔落板,第三句联句,第四句为大锁尾。

跳三鼓艺人对演唱的总结是:"跳三鼓,唱得多,演起来,有讲究:三句起,四句落,七句演成三鼓歌;两步半,往后拖,左右不离桌子角;姿势摆步随心用,面相定要朝观众。"[①]跳三鼓的曲目丰富多彩,帝王将相、才子佳人、民间传说、时代英雄、市井习俗、人间万象等无所不包。现在已搜集整理的跳三鼓唱段达300多篇,传统的曲目有100余个,分"孝歌""寿歌"以及"点歌",代表性的曲目有《秦香莲》《琵琶记》《古代行孝人》等[②]。

总体而言,荆州市的国家级非遗项目,大多具有悠久的发展历史,与荆州地域历史文化有着密切的关系。荆州为楚文化的核心区域,在春秋战国时期,荆州为楚国重要的政治、经济和文化中心,这一重要的史实对后世此区域内的文化发展产生了重要的作用,楚国艺术对后世荆楚大地有着深远和深刻的影响。进一步地考察楚剧、花鼓戏等非遗项目,无不受到荆州古代文化的浸润。黄梅挑花具有楚丝织文化的韵味;战国至秦汉时期,端午节纪念屈原渐成为民俗事象的主流,屈原生于荆州,荆州对屈原的祭祀自然更具有代表性。

荆州虽然没有获得端午节民俗的非遗项目名录,仅有洪湖凤舟入选省级非遗项目名录,但端午节理所应当成为荆州非遗文化资源的重要内容而加以充分重视。再如,楚剧、花鼓戏作为荆楚地方戏曲,本身就带有楚文化的烙印。在对荆州地方戏曲进行综合资源利用和开发之时,这些非遗资源也应联动进行发掘并加以利用,而不应囿于地域和行政区划的限制。更值得注意的是,我们在不断强化非遗资源的地域性和独特性之外,还要注重在长江流域、沮漳流域以及汉水流域一带,寻找与当下荆州行政区域内非遗具有一脉相承或有密切联系的非遗项目,寻找这些周围区域的相近、相似的非遗资源,相互补充、不断完善,使荆州市的非遗资源具有更为丰富的内容和可供借鉴的因素。

---

① 中国民间文学集成全国编辑委员会等编:《中国谚语集成·湖北卷》,北京:中央民族大学出版社1994年版,第991页。

② 刘玉堂主编:《湖北文化省情·资源篇》,武汉:崇文书局2005年版,第311页。

九、简牍制作技艺(楚简制作技艺)与楚文字

秦汉以降,"楚"概念已从国家政治转向地域文化意义,作为学术术语广受学者关注。楚语也应有口头语和书面语之别,楚语的口语与其他诸侯国迥然而异,实难交流;楚地书面语所属音系,系由中原通用语发展而来,大致相当于中原通语,在漫长的历史中,逐渐形成楚文化特色,自成体系。

春秋战国时期,楚人与中原各国的文化交流十分频繁,在夏言的使用上,楚人也体现出高水平,《国语·楚语上》记载申叔时谈贵族教育之事:"教之《春秋》,而为之耸善而抑恶焉,以戒劝其心;教之《世》,而为之昭明德而废幽昏焉,以休惧其动;教之《诗》,而为之导广显德,以耀明其志;教之《礼》,使知上下之则;教之《乐》,以疏其秽而镇其浮;教之《令》,使访物官;教之《语》,使明其德,而知先王之务用明德于民也;教之《故志》,使知废兴者而戒惧焉;教之《训典》,使之族类,行比义焉。"以上这段文献,体现了楚国贵族对北方文化的认可,申叔时所谈的属于北方文化体系的典籍,在楚国多有所见,这也为大量记载北方典籍的楚地出土文献所证实。宋黄伯思在其《新校楚辞序》中列举了大量楚语词汇:

> 盖屈宋诸骚,皆书楚语,作楚声,纪楚地,名楚物,故可谓之"楚辞"。若些、只、羌、谇、蹇、纷、侘傺者,楚语也;顿挫悲壮,或韵或否者,楚声也;湘、沅、江、澧、修门、夏首者,楚地也;兰、茝、荃、药、蕙、若、蘋、蘅者,楚物也。①

黄伯思认为,《离骚》中的"若些、只、羌、谇、蹇、纷、侘傺"这些词汇为楚语所独有,已出现多音词汇,是说可从。从词汇的语法功用来看,楚人多于句尾用"些""只"字,这在《楚辞》作品中多有出现,"魂兮归来!东方不可以托些。长人千仞,惟魂是索些","魂乎归徕,无东无西,无南无北只"(《大招》);宋兴祖《楚辞补注》曰:"些,苏买切。《说文》云:'语词也。'。"正因楚语词汇独特,且具有南方文化特征,从另外一个侧面来说,楚人所说的楚语和北方的夏言之间,除了要在文字表达的思想上对应之外,还需要从语音上加以一一对应。

这种理论上的分析,从20世纪60年代始,逐步得到了考古材料的大量证明。

① (宋)吕祖谦编:《宋文鉴》,北京:中华书局1992年版,第1306页。

荆州地区出土的楚简数量十分惊人，这也进一步地使楚简制作技术得以复原。在荆州地区出土的楚文字考古资料主要有：望山一号墓竹简（1965），竹简总数约207枚，简文为卜筮祭祷记录；望山二号墓竹简（1966），共有66枚，简文为遣策；藤店一号墓竹简（1973），共24枚，内容为遣策；天星观一号墓竹简（1978），共有70余枚完整竹简，内容为卜筮祭祷及遣策；九店五十六号、六百二十一号墓竹简（1981），各有146枚、88枚，内容为日书和称量农作物有关的衡制换算；马山一号墓竹简（1982），出土1枚，为签牌记事；雨台山二十一号楚墓竹律管文字（1986），共4枚，为古音律名；秦家嘴一号、十三号、十九号墓竹简（1986），共32枚，内容均为卜筮祭祷记录；鸡公山十八号楚墓竹简（1991），竹简数量不详，内容为遣策；江陵砖瓦厂三七零号墓竹简（1992），共6枚，内容为卜筮祭祷记录；江陵范家坡二十七号楚墓竹简（1993），共1枚，内容为卜筮祭祷记录[①]。在荆州得天独厚的地理条件下，楚简又得到了极好的保护，我们今天所看到的大量的楚简，如著名的"清华简""安大简""上博简""郭店简"等，都是用楚文字写就的，也极有可能是出土于荆州。

楚简作为当时楚国历史、文化、学术、思想的重要载体，是楚文字得以保存的物质。在纸张出现之前，承载了楚国文化传承的重要作用。人们将文字写于丝帛、竹片或木片之上，写于丝帛上的文字，称为帛书；写于竹片并连缀一起的，称为竹简；写于木片之上的称为木牍。新鲜的竹片含水量比较大，因而容易腐坏。楚国竹简实物大多是用陈年毛竹制作而成。竹简的坯料要在含有植物灰的水中浸泡，以去除油质，并楚简墨迹都渗入到竹纤维之中。楚人在选用材料时，多采自当地的植物，资源丰富且易获得。

竹简的制作有若干道工序。首先是"片解"。把竹子截取成竹筒，剖为简条，去除竹节，将竹条上下两端修至平齐。有时也剖开木板，再把长条的竹片分割切成一定长度。关于楚简的长度，以荆门郭店一号楚墓出土的竹简为例，此墓中一共出土了800余枚竹简，据考古材料，竹简长度有3种，在15厘米至32厘米之间[②]。加工这些竹简的工具，有斧、锛、凿、钻、削等，分粗加工和细加工两种。其次是"刮削"，即把竹片的表面进行清理和理平，这样才方便后面的书写。屯溪西

① 滕壬生：《楚系简帛文字编》（增订本），武汉：湖北教育出版社2008年版。

② 李天虹：《楚国铜器与竹简文字研究》，武汉：湖北教育出版社2012年版，第143页。

周墓中就出土过青铜削[①]。湖北云梦睡虎地秦墓中，也出土过铜削工具。利用这些削刮器，可使竹简表面光滑。下一步就是“杀青”，用火烤竹片，并把竹黄削掉。楚人称竹汁为“汗”，汗青即是去竹之汁，使其不蠹。在制作楚简时，一般在容器中加入一定比例的水和食盐蒸煮，待水中食盐溶解，再把毛坯放入其中，约30分钟后，竹简油物质漂浮在水面，将毛坯取出，冷水冲洗，晾干。楚简的书写，还涉及楚书法艺术及技艺。根据楚简原件字形，首先通读意临，对字形笔法特点做到胸有成竹，一气呵成。最后是“编联”。根据契口深浅选择编绳的粗细，采用上下编绳锁扣编法，一简一固定，要求松紧适度。

2016年，荆州市、湖北省相继成立了楚简书法研究院，出版发行了2000册《楚简集字丛帖》，形成众多楚简书写的大众传承群体。2017年以来，中国遗产研究院联合全国多家文物和博物馆单位，在贵州举办了二次简牍书法学术研讨会、培训班及展览。楚简制作技艺第一代传承人为金祥忠和滕壬生。黄知平，江陵县谭市人，师从金祥忠学习竹简签卦制作，1966年随金祥忠参与楚简复制工作，为抢救性保护楚简材料制作传承人。黄有志，师从荆州博物馆楚文字专家滕壬生研究员，协助开展《楚系简帛文字编》的资料整理工作，从此走上楚简制作之路。黄有志先后受中国文字博物馆、湖北、湖南两省博物馆等数十家单位委托，主持楚、秦、汉、晋出土简牍复制工作。方北松，荆州文物保护中心主任、研究员，清华大学“传统工艺与材料研究”文化和旅游部重点实验室特聘教授，主持完成9省市14万余枚简牍脱水保护工作，完成量占全国简牍总量70%。

以竹简为文字载体是中华文化传播媒介史上的一次革命。以竹为文字载体是我们祖先经过反复比较和选择后确定的文化保存和传播媒介，其技艺的原发性和典型性对中国文化的传播起到至关重要的作用。楚简制作技艺使中华文明体系得以延续和发展，楚简制作技艺是楚简文字整理和研究而存续的项目技艺，是中华优秀传统文化活态传承的生动实践。楚简制作技艺承载了中华民族特有的精神价值、文化意识、想象力和创造力。楚简制作技艺的抢救性保护，不仅能够传承中华文明的精髓、满足文博事业的需要，更是落实习近平总书记“让文物活起来”的重要讲话精神的文化实践，为优秀传统文化走进当代提供可能。

① 殷涤非编著:《商周考古简编》,合肥:黄山书社1986年版,第91页。

十、灯舞(五虾闹鲇)的历史文化

五虾闹鲇俗称“虾子灯”“玩虾子”,又作“五虾闹鲢”[1],是荆州一带流传的民间彩灯舞蹈,编号为Ⅲ-18,2021年被确定为国家级传统舞蹈类非遗项目名录,荆州市荆州区、洪湖市以及武汉市蔡甸区均有此非遗项目的传承。20世纪80年代,全省民族民间舞蹈调查表中显示,五虾闹鲇还在监利县、江陵县有所流传[2]。

荆州境内水系众多,有沮、漳、江、汉。丰富的水系为荆州人民提供了丰富的水资源和水产。清末时期,沙市王百川在《沙市志略》中就记载了一些具有水乡特色的民俗活动:“上元,张灯,鱼龙百戏萃于青石街、管家牌楼。自初二、三日,半月来此日愈盛。”对于这一民俗事象的源起,有研究者认为与孙膑有关,并认为他是鞋匠的祖师爷,因为鞋匠制鞋时,身体弯曲,低头含胸,其姿势如跃动的河虾,鞋又像大嘴的鲇鱼。人们根据鱼虾生活的习性以及鞋匠制鞋时的形态,编创出了“五虾闹鲇”的民间彩灯舞蹈[3]。同时,据20世纪20年代出生的荆州布鞋厂老工人胡荣海的口述资料显示,至他十三四岁学做鞋工时,其师傅不仅传授制鞋之技艺,同时还传授五虾闹鲇。其师傅少年拜师从艺时,则由其师傅传授五虾闹鲇的做法和表演技能[4]。在中国古代,各行各业都祭拜祖师,以求行业生意兴隆,真有其事。在上海一带,相传靴鞋祖师为孙膑,[5]并有孙膑开靴店的传说,该传说讲述道:孙膑为了遮住受过刑的膝盖,保暖以免老伤复发,于是制出了第一双靴子。后来因齐国有很多人因罪被膑足,一时“履贱踊贵”,后来孙膑为求生计开了鞋店[6]。山东阳谷、聊城、临清一带的古代鞋匠,也多奉孙膑为制鞋祖师,并于每年农历十月初一这一天祭祀祖师爷[7]。另外,也有一些关于孙膑为皮匠祖

① 刘恩伯编:《汉族民间舞蹈介绍》,北京:人民音乐出版社1981年版,第9页。

②《中国民族民间舞蹈集成》编辑部编:《中国民族民间舞蹈集成·湖北卷》(上),北京:中国ISBN中心1995年版,第17页。

③ 张华江等编著:《汉水流域民俗体育集萃》,武汉:湖北人民出版社2012年版,第304页。

④《中国民族民间舞蹈集成》编辑部编:《中国民族民间舞蹈集成·湖北卷》(上),北京:中国ISBN中心1995年版,第647页。

⑤ 徐华龙:《上海风俗》,上海:上海文艺出版社2009年版,第402页。

⑥ 陆建等主编:《中国民间故事丛书·上海虹口卷》(上),北京:知识产权出版社2016年版,第322页。

⑦ 亢德玉编著:《鲁西风情》,济南:山东友谊出版社1989年版,第315页。

师的传说[1]。这些传说没有历史典籍的支撑，其可信程度并不太高，仅以口述史的资料来将此民俗技艺与孙膑联系起来，似乎并没有太大的说服力。

其实，"虾"的谐音与"鞋"相近，"鲇"的形状也与鞋的形态相近。五虾闹鲇可看作是中国古代制鞋手工艺者的娱乐民俗，只不过该民俗中也带有对行业神的敬畏之意，也有祝福行业兴旺发达、生意兴隆的美好寓意。其后，此民间舞蹈成为不同节俗中的民俗事象，展示了鱼虾追逐逗闹的场景，也反映了人们普天同庆新年和佳节的文化追求。

五虾闹鲇中的"虾"由二人舞弄，"鲇"由一人舞弄，总共有11人参与表演。既然虾、鱼是水中的生物，模仿鱼虾的民俗表演，自然要求表演者能像舞动的鱼虾游弋于水中一样，体现出轻盈和轻巧的特点。为了达到这样的效果，虾及鲇的制作都有十分严格的要求，舞虾者的基本动作包括正面花、边花、扫地花、缠腰花、顶花，舞鲇者的动作包括搭虾门、蹲裆后踢步、扑地蹦、入洞叠肩等[2]。这些做法都十分讲究，都是为了使手里的虾和鲇灯舞得像真虾、真鲇一样惟妙惟肖、动作逼真，因而具有很强的观赏性。

第二节　荆州省级非遗项目及其文化

省级非遗项目名录，是由各省所确定的非遗项目名录。《湖北省省级非物质文化遗产名录》是湖北省人民政府公布的省级非物质文化遗产代表性项目。在"保护为主、抢救第一、合理利用、传承发展"工作方针的指导下，十多年以来，湖北省的非物质文化遗产保护、传承和管理工作已形成了自上而下的工作格局。这对弘扬民族精神、维护文化的多样性，推动文化发展和繁荣，满足人民群众日益增长的精神文化需求，促进经济社会全面、协调和可持续发展等方面，都有着十分重要的文化、政治意义。

自2007年6月6日湖北省公布第一批非遗名录以来，一共向社会公布了六批非遗名录。在这些名录清单中，荆州市的省级非遗项目名录一共有41项，同

---

① 雪犁主编：《中华民俗源流集成·工艺行业祖师卷》，兰州：甘肃人民出版社1994年版，第374页。

② 《中国民族民间舞蹈集成》编辑部编：《中国民族民间舞蹈集成·湖北卷》（上），北京：中国ISBN中心1995年版，第654—656页。

时包括国家级同名非遗项目名录。传统技艺类非遗名录相对比较多，为10项。从立项的时间上看，2007年为7项、2009年为7项、2011年为14项、2013年为7项、2016年为4项、2020年为2项。

一、第一批省级非遗项目名录

湖北省第一批省级非遗项目名录共有126项（包括湖北省第一批国家级非遗项目）。荆州第一批省级非遗名录有：马山民歌（荆州市荆州区）、啰啰咚（监利县）、挑担围鼓（荆州市）；民间舞蹈1项，为松滋滚灯舞（松滋市）；传统戏剧1项，为荆河戏（荆州市）；曲艺4项，为说鼓子（公安县、松滋市）、石首跳三鼓（石首市）[①]。在第一批省级非遗项目名录中，马山民歌、啰啰咚、荆河戏、说鼓子、跳三鼓、鼓盆歌本身已是国家级的非遗项目，因而在其非遗项目名录的属性上具有双重性。

（一）挑担围鼓

挑担围鼓是荆州市第一批省级非遗项目名录，为民间音乐类别的非遗项目，项目编号为Ⅱ-14。挑担围鼓是荆州民间曲艺中常见的剧种，俗称“挑鼓架子”“打踩街”或“打采街”，是民间吹打乐的一种演奏形式。

先秦时期，楚国民间音乐就有所发展。自汉唐以来，荆州民间吹打乐在人们的生产生活中运用十分广泛，在民间婚嫁、丧祭、节庆以及劳作等场合，都会有吹打乐的存在，民间吹打乐是在民间流传的连吹带打的器乐合奏的形式[②]，在古代我国的南北的各民族都有所流行[③]。至魏晋南北朝时期，荆州在腊八日有“驱傩”的民俗活动，此时“村人并系细腰鼓，戴胡头，及作金刚、力士以逐大疫”[④]，人们敲锣打鼓走街串村以驱逐瘟疫，其中所描绘到的村人“系细腰鼓”的民俗，极有可能就是挑担围鼓的传统表演形式的反映。至唐宋时期，沙市市镇经济得到发展，在沙市长江码头，船舶出行开船就有击鼓鸣锣的习俗。南北朝以来，沙市龙舟所用击节之乐器便为鼓、锣、马锣。入宋以后，唐代的俗乐亦盛传于民间。明

① 第一批扩展项目归入第二批次之中。

② 王振湖等编著：《临汾民间艺术》，太原：山西人民出版社2006年版，第82页。

③ 冯光钰主编：《中国少数民族音乐史 第3卷》，北京：京华出版社2007年版，第1213页。

④ （宋）李昉等：《太平御览》，北京：中华书局1960年版，第157页。

代荆州藩王府内所用乐曲以及演奏的方式，对“挑担围鼓”等地方戏曲的影响也很大。

“挑担围鼓”演奏和乐曲一部分源于明、清散曲和套曲，一部分为荆楚民间音乐。据挑担围鼓的老艺人口述资料显示，荆州八旗驻防将军出行时的军队礼仪中，都曾请挑担围鼓艺人进行表演①。挑担围鼓的演奏具有两种特征，一种是适合行进中的演奏，还有一种是围鼓而座演奏。挑担围鼓吹打的乐曲主要由明、清散曲、套曲和荆沙地方流传有特色的楚音楚调组合而成，这体现了挑担围鼓的音乐具有雅俗共赏的双重特征。曲牌的种类有上字调、六字调、正宫调及洋盘等。挑担围鼓曲牌的代表作有“大红袍”，还有表现出曲调低回的“上字调”曲牌；“唢呐皮”是表现曲调婉转的六字调曲牌，“风夹雪”是表现曲调高亢的正宫调曲牌，“闹龙舟”是洋盘曲牌。在不同的传统节日、工商庙会节日以及民间喜庆礼仪活动中，表演者多用正宫、六字、洋盘等曲牌，以表现盛大的节日场面，并烘托出喜庆的节日氛围。

挑担围鼓道具也具有较高的艺术价值和旅游开发价值。道具中的“挑鼓架子”和“彩棚”，在做工上也十分讲求雕工、绣工、塑工以及画工的工序，做工精细考究，具有丰富的色彩。所用的乐器主要有盘鼓、大土锣、小锣、唢呐等，有“十盘家艺”的旧说。在踩街游行时，行进在最前面的四人，扛举鲜艳夺目的彩棚，披红挂绿，挑鼓架子上有两面鼓，打击乐手、吹管乐手依次在后，乐师们的表演服装也很讲究，着长袍，戴瓜形礼帽，旁观群众不仅可以欣赏音乐，还可以看到色彩斑斓的服饰道具以及热闹的游行队伍，具有雅俗共赏的艺术价值。据相关统计，现在荆州城区及周边县市仍有30多副挑鼓架子②。

（二）松滋滚灯舞

松滋滚灯舞是松滋一带流行的民间舞蹈。在松滋的流行区域主要为“北五场”。北五场为大同、八宝、涴市、米积台和新江口这五镇。滚灯，本来是我国古代花灯艺术中纸灯的一种。《辞源》定义说：“以纸灯内关捩放地下，以足沿街就转之，谓之滚灯。”这一项民俗本源于江浙一带，后传入荆楚地区。在元宵灯会中，

① 郭沫勤等主编：《中国非物质文化遗产·2006》，北京：中国文联出版社2007年版，第399页。

② 湖北省博物馆编著：《百年民俗 湖北记忆》，武汉：湖北美术出版社2022年版，第356页。

“滚灯”的习俗受到了荆楚地区人民群众的广泛欢迎。

滚灯舞中的滚灯道具，其制作过程复杂，因而滚灯舞道具也有很高艺术价值[①]，是具有极大开发价值的非遗资源。滚灯舞为男子表演的舞蹈，在表演动律上，以拖、戏、晃、摆为主，人和灯相互配合，每人头上顶一盏莲花灯，双手也各托一盏。基本的表演动作为双腿半蹲，左右摆胯前行。表演者在地下翻滚，而灯不掉不灭。滚灯舞具有多重社会价值，无论是在道具还是服饰都具有美学价值，也表现了荆楚民间舞蹈的基本特点。

20世纪50年代初，滚灯舞在当时的松滋重新流行起来。据当时的表演者谢代芬、严顺珍、王秀哲、陈云绣的介绍，应是晚清时开始在松滋流行起来的。而当时的表演形式，主要是用一根长木柄与木轮子连接起来，在滚盘上安装冬瓜形的花灯，没有舞蹈动作，一手来回推灯一边说快板，而且一般是即兴发挥，没有固定的快板词[②]。当时经过了松滋文化馆的改编，丰富了表演形式，同时增加了穿花、戏灯、转灯等动作，表演也有四人、六人者，以六人表演为常见。同时唱词也有了固定的名称，如“绣花鞋”“五更纺线”等，音乐也多为松滋民歌《纺纱调》，反映了当时农村妇女的真实生活。在唱词中也多有“团”“圆”之类的用词，表达了人们对美好生活的向往。

二、第二批省级非遗项目名录

荆州第二批省级非遗项目名录有7项。分别是：传统音乐类1项，松滋双镲锣鼓（松滋市）；传统舞蹈类1项，五虾闹鲇（荆州市、洪湖市），荆州市及洪湖市项目相同；传统技艺3项，铅锡刻镂技艺（荆州市）、楚式漆器技艺（荆州市）、荆州鱼糕（荆州市荆州区）；民俗2项，松滋礼俗——毛把烟、砂罐茶（松滋市）、端午节洪湖凤舟（洪湖市）；曲艺类1项，湖北小曲（汉滩小曲）。其中，五虾闹鲇、铅锡刻镂技艺、楚式漆器技艺为国家级非遗名录。

（一）松滋双镲锣鼓

松滋双镲锣鼓是民间喜爱的一种打击乐，流行在松滋与湖南交界的杨林市、

---

① 张华江等编著：《汉水流域民俗体育集萃》，武汉：湖北人民出版社2012年版，第300页。

② 湖北省文联辑：《湖北民间舞蹈集》，武汉：湖北人民出版社1956年版，第22页。

万家、沲水、卸甲坪等乡镇。双镲锣鼓又称“双镲子”，为打击乐器。它同其他锣鼓的不同之处是鼓和镲所处的位置不同，双镲锣鼓是用镲发点指挥整个乐队，其他锣鼓乐是用鼓发点指挥整个乐队。乐器演奏也具有独特性，特别注重把握和强调节奏点，双镲子这种打击乐器，借助金属乐器的共鸣时间以及击打时间，可加强节奏感，头镲击强拍，二镲则击弱拍，轻击则产生轻微的声音，与头镲强击出来的声音形成强烈对比，加强了整个音乐的节奏感和声音的强弱对比。同时还有多种击打方式，如单击、双击、慢击、快击、加花等技法，通过击打的次数和快慢，加之以技法，表现出各种场合的音乐情绪和意境，使得音乐具有交响的韵味和立体的声响效果。

双镲锣鼓是松滋群众喜闻乐见的一种娱乐方式和音乐演奏艺术形式，具有艺术的独特性，在民间婚丧嫁娶、佳节以及一些重要的活动现场，双镲锣鼓的演奏具有喜庆意味。艺术的独特性与松滋的地域独特性有直接关系，其所流传的松滋之地，从东晋咸康三年(337年)开始即已形成。南北朝时期齐改南河东郡为南荆州，陈天嘉二年(561年)陈攻克南河东郡，于此置南荆州。隋唐至明清时期，松滋属荆州，一直到现在都无变化。松滋行政区划的稳定性，也体现了一定的封闭性。在这样的文化地理空间中，松滋一带的曲艺和民间舞蹈就具有了独特文化形态。

(二) 汉滩小曲

湖北小曲(汉滩小曲)为长江中游一带所流行的传统曲艺。编号为Ⅴ-1，申报单位为荆州市。此非遗项目在武汉市也有流传，并大多认为发源于武汉三镇。据《沙市区志》收集的资料显示，沙市近代地域民间舞蹈较为常见的剧种中就有汉滩小曲[①]。湖北小曲又称汉滩小曲、汉滩丝弦、打碟子、三棒鼓小曲或简称为小曲，属于湖北地方小曲类品种之一。小曲，是我国曲唱艺术的一种，又称“时尚小令”，其流行的区域为长江中游的宜昌、汉口、沙市一带。汉滩小曲与天沔小曲合称为“湖北小曲”。湖北小区又有外江、内河两类，外江者为沿长江一带；内河者，是沿襄河的天门、沔阳一带。

① 荆州市沙市区地方志编纂委员会编纂：《沙市区志(1994—2004)》，武汉：湖北人民出版社2007年版，第520页。

明朝时期，我国各地流行一种民间的俗曲，被称为“时尚小令”或“时调小曲”。明沈德符《万历野获编》中对此“时尚小令”有所记载：“不问南北，不问男女，不问老幼良贱，人人习之，亦人人喜听之，以至刊布成帙，举世传诵，沁人心腑。其谱不知从何而来，真可骇叹！”同时，他还列举了流行的小曲曲牌。由此可见，在明万历时期，此小曲已是当时的一种“流行音乐”，受到了当时人们的广泛的欢迎，受众广泛。突破传统宫廷音乐和市井音乐的对立格局，不拘形式。由此可见，汉滩小曲的形成，可上溯到明中后期。到清朝时期，则改称为“南北俗曲”。

汉滩小曲的形成，是明朝流行于当时全国民间俗曲在荆楚地域上的一种遗存和变化，体现出南北文化的深入影响和戏曲艺术的变迁过程。清李斗《扬州画舫录》载：“小唱以琵琶、弦子、月琴、弹板合动而歌。”这其中的“小唱”即为“小曲”。至清代，小曲的曲牌有“银绞丝”“四大景”“侄板桨”“剪靛花”，同时还有地方特色的小曲《牡丹亭》《占花魁》[①]。民国徐焕斗《汉口小志·风俗志》记载：“大智坊各行寓中，商贾杂处，时有少妇，青衣布素，手挈竹篮，入市缝纫者，实善歌小调也，名曰‘唱婆子’。”这一段文献记载了汉口一带的汉滩小曲表演者“唱婆子”的表演形式和表演场所。这些表演者的形象，又在竹枝词里有所描绘：“黑漆包头白粉腮，竹筐携去店门开，等闲爱听清平调，十个金钱唱一回。”这其中还具体描绘了汉滩小曲表演者的化妆、道具以及演唱价格等。最后，汉滩小曲在格调上比较严谨，旋律优美，是湖北省内音乐性较强的曲艺种类之一。有联曲体唱单折戏，也有单调独曲[②]。在曲体结构的形式上，有单曲体、联曲体、板腔体、板腔及联曲综合结构几种[③]。

（三）荆州鱼糕

荆州鱼糕为传统技艺类非遗项目名录，项目编号为Ⅷ-11。荆州鱼糕是荆州传统的名菜，又名荆州花糕。关于荆州鱼糕的形成，因无文献记载，其渊源无以可考，具有代表性的说法是刘名俭等人认为，荆州鱼糕源于战国时期的荆州[④]，

---

① 中国曲艺家协会湖北分会编：《湖北小曲》，中国曲艺家协会湖北分会1983年版，第427页。

② 余小华等编：《民间说唱文艺形式简介》，西南师范学院中文系民间文学教学组1983年版，第83页。

③ 中国曲艺家协会湖北分会编：《湖北小曲》，中国曲艺家协会湖北分会1983年版，第13—18页。

④ 刘名俭等编著：《荆楚大地湖北》(1)，北京：中国旅游出版社2015年版，第223页。

亦有附会于娥皇、女英者。目前对其形成的论述，多以民间传说为基础。

荆州鱼糕的主要食材是鱼，可从其地理环境的特点来进行考察。荆州地域水系众多，以长江为主，周围又有着众多的支流，长江的支流贯穿荆州境内各处而交织密布。长江左岸有沮漳河由北至南注于长江，东荆河亦汇入江道；右岸则松滋河、虎渡河、藕池河、调弦河分流荆江洪水而入洞庭湖，洞庭湖汇纳荆南四口和湘、资、沅、澧四水，于城陵矶汇入长江。有的河道自古就有，也有一些小的支流是在历史发展中逐步形成的。《左传》将江、汉、沮、漳并举，由此可见自先秦时期开始，楚人的主要活动区域即是在这四条江河所在的区域。

生活于此区域的先民，多食水稻及水中物产。《史记·货殖列传》载："楚越之地，地广人稀，饭稻羹鱼，或火耕而水耨。"对于荆楚大地人们所赖以生存的物产进行了说明，其中稻、鱼为主要的食物品种。又据光绪《荆州府志》卷六《地理志》"物产"条记载，载有"谷之属""蔬之属""瓜之属""鳞之属"等，其中"鳞之属"即是指鱼类。从清朝荆州方志文献的记载来看，荆州之地所产鱼类特别丰富，略作列举就有鲤、鳟、青鱼、鲩、白鱼、鳜鱼、鲂、火烧鳊、鲦、鳢、鳝、鳅、鳣、鲟、鮠、鲋、丁公鱼、鳗鲡、江豚、鲮鲤、鯊鱼、黄鲴等。"荆郡多鱼利，而鲫鱼更多，产湖泽中。"（《荆州府志》卷六《地理志》），杜甫在《江陵望峡隘》一诗中就说："闻说江陵府，云沙静渺然。白鱼如切玉，朱橘不论钱。"诗中就提到了荆州的物产，对江陵的白鱼有着深刻的印象，其色白"如切玉"。

荆楚大地的人民对鱼有着独特的爱好，其烹饪做法十分讲究，烹饪手法多样，有红烧、清蒸、煎干等，因而成为后人所看重的传统烹饪技艺。早在楚国时期，楚人的烹饪水平已相当高超。楚人的烹饪方法已基本涵盖了现代烹饪的方法，有炮、煎、蒸、煔、臑、炙、脍。楚人调料，讲求"春多酸、夏多苦、秋多辛、冬多成，调以润甘"，讲究科学饮食。从后世楚地的饮食习惯来看，楚地口味以"咸鲜"最为普遍。《战国策·楚策三》中，苏秦就说："楚国之食美于玉"；《楚辞·招魂》中，展现了楚国贵族饮食"食多方些"。《楚辞》的"二招"是记述楚国名菜佳肴的重要文献，其中有"煎鲼臛雀，遽爽存只"，鲼即鲋鱼，臛是不掺菜的纯肉羹。这两道菜可分别称之为"煎鲋鱼"和"臛黄雀"。另外，至汉朝时期，楚人的菜品还受到了汉人的欢迎，在汉代枚乘的汉赋《七发》篇中就有所记载，其中就有很多楚菜：牛肉烧笋、狗羹盖石花菜、熊掌调芍药酱、鲤鱼片缀紫苏[①]。由此可见，楚人素来就有爱食鱼的习俗，楚人也有爱食鱼的传统习俗。

荆州鱼糕代表了荆州一带人们以鱼为食材制作食物的传统技艺。从做法上来看，以鲜鱼及肥膘肉为主料，剔除鱼刺，将鱼肉剁碎成茸，并掺鸡蛋、豆粉蒸熟切块后浇上调料即可食用。20世纪下半叶，荆州市沙市红案厨师张定春以做鱼糕丸子而闻名，鱼糕色泽白净，韧劲强，对折不断，体现了荆州鱼糕在制作技艺上的成熟与高超[②]。在汉水流域，也有与荆州鱼糕相类似的做法，如蟠龙菜制作技艺（钟祥市），也属传统技艺类非遗项目名录。蟠龙菜又名卷切、剁菜，在制作方法上也是以鱼、肉剁成茸，配以佐料成糊后蒸熟，其做法与荆州鱼糕有相似之处，两者共同展现了江汉平原以鱼为食的荆楚饮食民俗。2018年8月，《楚菜标准》编制工作研讨会在华中农业大学召开。2018—2020年，湖北省制定100道楚菜的烹饪工艺规范，并建立楚菜标准化体系。由卢永良、刘国梁等多名中国烹饪大师筛选出的荆楚名菜，就有荆州鱼糕入选其中。

（四）松滋礼俗——毛把烟、砂罐茶

“松滋礼俗——毛把烟、砂罐茶”为民俗类非遗项目，项目编号为：Ⅹ-10。毛把烟、砂罐茶是松滋传统礼俗的一种体现[③]。民间谚语说：“松滋人，礼性大，毛把烟，砂罐茶，口口声声哦嗬哪。”[④]松滋礼俗作为荆州传统礼俗，最具有代表性。松滋地处湖北中南部和武陵山余脉与江汉平原过渡地带，是盛产烟、茶之地。自古以来，松滋农村就有种烟、种茶的农业习俗，松滋人自然也有吸烟、饮茶的民风。松滋西南部山区土家族种烟、种茶、烹茶、饮茶之风更盛，其后在松滋一带有所辐射和传承。松滋“毛把烟”也称为叶子烟，是松滋南部一带的传统土特产，吸烟时把烟叶搓开，并掐成小段，外用纸或皮叶包卷。

松滋人还喜欢喝大叶茶，俗称“一皮罐”，做法是先将茶叶放进砂罐焙熟至香

---

① 姚伟钧编：《鼎调五味：长江流域的饮食》，武汉：武汉出版社2006年版，第103页。

② 竞鸿主编：《南方饮食掌故》，天津：百花文艺出版社2004年版，第161页。

③ 湖北省《松滋县志》编纂委员会编：《松滋县志》（内部发行），湖北省《松滋县志》编纂委员会1986年版，第698页。

④《中国民间文学集成》全国编辑委员会等编：《中国谚语集成·湖北卷》，北京：中央民族大学出版社1994年版，第472页。

味溢出，加水后用小火煮沸后即可饮用。此茶用沙罐制作，色泛棕红，味道清香，具有解暑提神的功效，泡茶的水一般单独用炊壶将水烧开，用砂罐将茶叶煨出香味，再将烧开的沸水倒入，谓之"沙罐茶"。松滋人抽烟也很有讲究，不仅家家种有土烟，而且家家会制作土烟。在烟叶成熟收割之后，即用草绳束装及密扎，用石磙碾压成汁，散开后吊晒七日，卷成锥形再压汁，反复数次之后即制成烟，谓之"毛把烟"。吸烟器具有烟杆、烟斗、烟嘴，烟杆为竹制，烟斗、烟嘴均为铜制。

（五）洪湖凤舟

端午节(洪湖凤舟)为民俗类省级非遗项目，编号为：Ⅹ-13。与郧县汉江龙船会、鄂州市泽林旱龙舟、宜昌市及秭归县屈原故里端午习俗、黄石市西塞神舟会，共同构成荆楚地域端午节的传统习俗。凤舟在古代文献中早已有所记载，其民俗事象必早已出现。《穆天子传》载："天子乘鸟舟、龙舟浮于大沼"，其中所写的"鸟舟"即是指"凤舟"，并与"龙舟"相对，只不过这种以凤饰舟身的舟，只能作为交通工具为天子所用。

端午节竞渡习俗起源于楚国，楚国五月就有竞渡的习俗。具体而言，有五月蠲毒、采药，纪念祭祀亡者，举行水上赛神大会，驾舟竞渡等民俗事象。并有以角黍(即"粽子"，古又称"楝实")类的熟食投享獬豸的习俗。楚地多水，因而船也必然是最为重要的交通工具①。楚人有专门的造船作坊，应与秦代造船作坊有着相似或更大的作坊规模。楚船的形制和结构特色，是平底的内河航船，船面较平而且两端微微上翘。船首设棹，船尾设舵。中后部有舱房，房壁上有窗，船外有11对桨以及1个舵。王室、贵族有大型的游船，民众仅有一般的小船、木筏、渔船及舲船。楚人在生活器物、祭祀物品上多饰之以漆，同时多以龙、凤为其纹饰，是楚国工艺美术的一贯做法，楚人以龙、凤纹饰其各类船，也自当是必然。田兆元教授认为，端午民俗之舟有两大类：竞渡赛舟、炫耀或载灵之舟，竞渡之舟主要是竞渡仪式所用，包括了龙舟竞渡与凤舟竞渡，并认为《荆楚岁时记》中所载"舸舟取其轻利，谓之飞凫"，其中"飞凫"即是凤舟在荆楚地域中的"重现"，还认为鸟舟竞渡在先秦时期就已经产生了，而真正的龙舟竞渡是到南宋代才真正开始与端

① 刘玉堂等：《楚国交通研究》，武汉：湖北教育出版社2012年版，第285页。

午竞渡联系在一起[①]。而凤舟竞渡并没有消失，一直至20世纪90年代，在巴蜀故地四川，仍举行过凤舟赛[②]。四川广元的女儿节庆之中，仍有赛凤舟的文化活动。广东揭阳一带也有凤舟赛的习俗。另外，我国也有龙、凤同船的龙凤舟。20世纪广东省顺德县(现顺德区)有龙凤船的记载，据《顺德县志》载："大良之龙凤船妙极华丽。"湖南汨罗市的龙舟，前为龙头、后为凤尾，也可称之为龙凤船。

洪湖市有着广阔的水域，水乡特色十分明显，因而水文化在洪湖民俗中有着很大的比重。明嘉靖《沔阳志》记载："夏洪湖大水，湖河不分，容纳无所。"由此，舟在洪湖一带则成为十分重要的交通工具。据民间传说，清咸丰年间，洪湖新堤镇一带有"龙抬凤"的花灯活动，而此时慈禧听政，觉此活动对自己听政有所讽刺，于是改变民俗，使凤在前而龙在后，凤上龙下。这也使得"东龙西凤"的习俗开始形成[③]。不过，这种传说似乎并不能找到文献依据，或为民间口传所致。洪湖一带的端午节与楚地他处并无太大差异，挂艾蒿、菖蒲、喝雄黄水、吃粽子等。赛凤舟则是洪湖端午节习俗的独特事象，凤舟的造型也比较独特，舟长28米、宽1.4米，一共有28对棹子，凤头高1.5米，凤尾长约3米，有31个舱口、27对挠子，在同一条船上参与竞赛的人数可达59人[④]。

三、第三批省级非遗项目名录

荆州市第三批省级非遗名录共有10项，其中：民间文学3项，为三国传说(荆州三国传说、荆州关羽传说)(荆州市)、张居正传说(荆州市荆州区)、伍子胥传说(监利县)；传统舞蹈1项，为搭虾子(洪湖市)；曲艺2项，为跳三鼓(江陵跳三鼓)、公安道情(公安县)；传统美术1项，为木雕(荆沙榫卯木雕)(荆州市)；传统技艺2项，为风筝制作技艺(荆州磨鹰风筝制作技艺)(荆州市)、蒸馏酒传统酿造技艺(白云边酒传统酿造)(松滋市)；传统医药1项，为麝火疗法(洪湖市)。以湖北省为申报单位的三国传说项目，在湖北省内有多处申报单位，有三国传说(荆州三

① 田兆元:《论端午节俗与民俗舟船的谱系》，载蔡丰明主编《中国非物质文化遗产资源图谱研究》，上海:上海社会科学院出版社2016年版，第65页。

② 袁伟民主编:《中国体育年鉴2000》，北京:中国体育年鉴社2000年版，第1082页。

③ 卢洋、欧亚梅编著:《竞技楚天——荆楚民俗体育》，天津:天津大学出版社2015年版，第95页。

④ 吴艳荣:《中国凤凰:从神坛到人间》，杭州:浙江大学出版社2014年版，第125页。

国传说、荆州关羽传说)(荆州市)、三国传说(石首三国传说)(石首市)、三国传说(当阳三国传说、猇亭三国传说、卓刀泉传说)(当阳市、宜昌市猇亭区、武汉市洪山区);荆州市、通山县共同申报了木雕,通山木雕为国家级第四批扩展项目名录。

(一)荆州花鼓戏

荆州花鼓戏为多地所共有的非遗项目,为传统戏剧类非遗项目,荆州花鼓戏(监利县)为湖北省第二批扩展项目,项目编号为Ⅳ-16。襄阳花鼓戏(宜城市)、随州花鼓戏(随州市曾都区)、荆州花鼓戏(仙桃市、潜江市)为国家级、省级非遗项目;远安花鼓戏(远安县)、东路花鼓戏(东腔戏)(麻城市、罗田县)、荆州花鼓戏(监利县、天门市)、郧阳二棚子戏(郧县)、大悟北路子花鼓戏(大悟县)、秭归建东花鼓戏(秭归县)为省级非遗项目。

(二)汉剧

汉剧为传统戏剧类非遗名录,武汉市、荆州市均有该项目名录,其编号为Ⅳ-21。汉剧是湖北地方戏曲剧种之一,曾被称为楚剧、汉调、楚调、楚腔、楚曲,至民国初年则改称为汉剧。其流传范围比较广,包括了湖北、湖南、四川、陕西、广东、安徽、江西、贵州、福建以及山西等省的部分地区。因而有闽西汉剧、广东汉剧等不同的派系。汉剧的流传时间长,对荆楚地域内的其他戏曲甚至是京剧艺术的发展,都产生了相当大的影响。明朝时荆州公安县人袁中道在沙市即观楚调①,或为沙市地方的一种戏曲,因荆州自古有楚之名称,其"楚调"或为概称。在文献中很难确定"楚调"即为今汉剧的前身。

汉剧的声腔以西皮和二黄为主。对西皮和二黄两调的理解,有助于了解汉剧的形成与发展。西黄合流是汉剧艺术形成并得到发展的重要标志。"西皮"是一种唱腔,由襄阳腔转换而来。襄阳腔是北方唱腔的变体,在襄阳一带得到加工和变化而成为西皮腔。"二黄"的产生,与两个地名有关,一则认为是黄冈、黄安;二则认为是黄冈、黄陂,可以肯定的是其形成于湖北东部以及武汉一带。二黄流

① 程芸等编著:《荆楚戏剧》,武汉:武汉出版社2014年版,第11页。

传在汉口、襄阳一带，后转而成为汉调[①]。要想知道其产生和流传的具体地点，一是没有可能，二是没有必要。

皮黄合流在湖北完成融合之后，板腔体的音乐功能更为完善，西皮的唱腔，有秦腔之意味，高亢而爽朗，节奏也更为灵活多变；二黄之曲调柔和而委婉，节奏比较平稳。两者的结合使得汉剧在艺术表现、人物形象塑造、声乐特色等方面都具有了广泛的艺术表现空间。京剧表演艺术大师梅兰芳对汉剧有很高的评价，他说："汉剧是历史悠久、传统深厚的老剧种"，对《二度梅》中的单折戏《骂相》《重台》《舍岩》《落园》《失钗》都有很好的评价，也指出了汉剧与京剧之间的剧本有很多相似之外，唱腔也与汉剧基本相似，这也足见汉剧对京剧有着很大的影响。汉剧的角色共有10类，为末、净、生、旦、丑、外、小、贴、夫、杂。其类又有阴阳之分，旦、贴、夫为阴性，末、净、生、丑、外、小、杂为阳性。在剧目上，据《中国戏剧史》所载，有《哭祖庙》《逍遥津》《困曹府》《白虎堂》《劈三关》《文昭关》《取荥阳》等[②]。

（三）三国传说

以湖北省为申报单位的三国传说，是第四批国家级非遗项目名录，属于民间文学类的非遗项目名录。据本课题组所整理的数据库显示，民间文学类的非遗项目在所有湖北省级的非遗项目数量中，所占的比重也相对比较高，湖北省非遗项目总数为425项，而民间文学数量就达到了56项，比重占到了13%。研究报告显示，民间文学项目在国家级非遗名录中的项目比例从5%到25%，呈现不断上升的趋势。以传说为内容的民间文学所占的比重也达到近60%[③]。可见，民间文学在湖北省非遗资源中是较为重要的一个资源内容。不过，在这样为数众多的项目中，也有很多项目有着很明显的一致性，这当然也包括荆州市、宜昌市以及当阳市、石首市的三国传说及故事。三国传说的分布，其实并非仅仅只有荆州、宜昌两地。

---

① 关于"二黄"的形成，有很多不同的说法。第一种观点认为出于黄冈、黄安，或黄冈、黄陂；第二种观点认为二黄由安徽的四平调传入湖北，后发展为二黄；第三种观点认为二黄即江西的宜黄腔。参考程芸等编著：《荆楚戏剧》，武汉：武汉出版社2014年版，第12页。

② 徐慕云：《中国戏剧史》，长沙：湖南大学出版社2014年版，第120页。

③ 马薇等：《民间文学保护发展报告》，载康保成主编《中国非物质文化遗产保护发展报告（2012）》，北京：社会科学文献出版社2012年版，第58—59页。

在此有必要先言明秦汉三国时期荆州的地望。秦国灭楚之后，定荆州为南郡。汉朝建立之初，荆州更名为临江郡，旋即又改称为南郡。汉景帝时期，荆州始有封藩之设。景帝二年（前155年）封子哀王阏，亦名为临江国，景帝七年（前150年）复置临江国，封子愍王荣。至此时期，南郡下辖江陵、孱陵、华容、高成、枝江、夷道诸县。汉武帝时期，荆州始为全国13州之一。此时荆州的所辖范围，大致包括今荆州市所属诸县及今宜昌、襄阳市等部分辖区。在荆州松柏汉墓出土的《南郡免老簿》以及张家山汉简《二年律令·秩律》中，反映了武帝初期和吕后二年（前186年）的南郡所辖的不同县目。据周振鹤等学者考证，此时期的南郡一共有28县之数[①]，大致体现了这一时期荆州一带行政区划具有较大变化的史实。

三国鼎立，三分天下，三国时期的荆州郡是魏、蜀、吴三国争夺的中心区域。荆州郡先属蜀汉，后归吴国，并设荆州南郡。据《晋书·地理志》载："后汉献帝建安十三年，魏武尽得荆州之地，分南郡以北立襄阳郡，又分南阳西界立南乡郡，分枝江以西立临江郡。"后南郡以南归吴所有，吴、蜀分治荆州，南郡、零陵、武陵以西为蜀地，江夏、桂阳、长沙三郡为吴地，南阳、襄阳、南乡三郡则为魏地。三国时期的荆州郡，其范围远远大于现在荆州的行政区域范围。在这样的历史地理的梳理下，将荆州三国传说的非遗资源，放置于更大的历史地理的空间中加以联系，产生文化资源的联动性，将更有利于非遗资源的利用。

"闻听三国事，每欲到荆州"，三国与荆州有着极深的文化联系。关羽镇守荆州，给荆州留下了很多地名的记忆，也常常能勾起人们对三国历史的记忆。关羽（约162—220），东汉河东解良人（今山西运城市），公元208年关羽入荆州，并随刘备参加了赤壁之战，其后十年镇守荆州，后因吴军偷袭荆州被俘遇难，谥为壮缪侯。后世多奉其为圣人，世称"关公"。当然，作为历史人物的关羽，与荆州的确有很密切的联系。现今可考的有荆州古城墙，荆州古城墙是三国文化产生和流传的重要地理空间。据《元和郡县志》载，江陵"州城本有中隔，以北旧城也，以南关羽所筑"[②]。关羽亦在江陵修筑了军事性质的城池，与原城形成了"双子城"的城市格局。考古发掘资料显示，荆州城是先建土城，后建砖墙，现暴露在外的

① 周振鹤等：《中国行政区划通史·秦汉卷》，上海：复旦大学出版社2016年版，第430—434页。

② 马蓉等点校：《永乐大典方志辑佚》（第1册），北京：中华书局2004年版，第4页。

砖墙是城墙最晚的部分。土城垣地上部分，时代多为五代和宋、明时期，地下部分为六朝至隋、唐时期，可能还有更早期的城墙，而现在可见到的砖墙为明、清时期。

就城墙的演变规律而言，从三国时代起，现存的荆州城墙没有发生过大变迁，城址始终没有离开现存城墙的范围①。此时期荆州在城市选址、营建等因素上，都有相当成熟的规划，因而较前代更具有完备的军事防御能力。荆州古城内还有很多与关羽有关的地名，最为著名的是“三山”，有山却不见山，都是指的护坡（土城）。一是松甲山，名为山，实为护坡上突出的土城，今在新北门东侧，相传关羽曾在此地松开战甲休息，后重整旗鼓，精神百倍；二是卸甲山，今在新南门东侧，相传关羽打仗，大胜而归，曾在此卸甲，今于此重修有关羽祠；三是掷甲山，位于城垣西北隅，“相传吴吕蒙袭南郡，关神武还救，闻糜芳以城降，愤而掷甲于此”（光绪《荆州府志》），糜芳降城让关羽十分气愤，他掷甲到城垣之上，向西撤军。这些实质体现了后世百姓对关羽大意失荆州的惋惜之情。近年来，荆州对三国历史文化的研究也有新的进展，也出版了《荆州三国文化》等专著和书刊，地方文化研究者的推进，也对荆州三国传说以及关羽传说的整理有促进作用。

（四）张居正传说

张居正传说为第三批省级非遗项目名录，申报单位为荆州市荆州区，项目编为Ⅰ-27，项目类别为民间文学。张居正（1525—1582），明代荆州府江陵县（今荆州市荆州区）人。字叔大，名张白圭，又称张江陵，号太岳，谥号“文忠”，是明代著名的政治家、改革家和文学家。隆庆元年任吏部左侍郎兼东阁大学士。隆庆时与高拱并为宰辅，为吏部尚书、建极殿大学士，至万历初年任首辅。前后主国政十年，实行一系列的改革措施，其中包括了清丈田地、整顿吏治、有效管理税赋、实行考成法，并推行一条鞭法，改善明廷的财政，挽救了大明时局。死后谥号文忠。

关于张居正的传说，早在20世纪80年代，荆州地区群众艺术馆就已收集，其

① 陈跃均、张世松：《荆州城南垣东端发掘报告》，《考古学报》2001年第4期。

中主要有"'白圭'改名""我不是神童""奇异'白气'""江陵神童""东司庙"等[1]。主要包括以下三个方面:一是少年天才,一共有17个故事。故事大多体现出幼年张居正就表现出惊人的智力和才能。有一则故事讲的是:有一次,张居正在江陵的一位官员家里,那位官员正在接待其他几位官员。有一位官员给江陵的官员出了一个对联:"宝塔七层,层层孔明诸个亮。"并让其对下联,江陵的官员一时对不出。这时,人群中的张居正灵机一动,答出:"雨藕三节,节节太白里藏根。"众人很惊诧,就又出了一个:"东市河上送西瓜,些小礼物。"张立刻就对出:"南极仙翁拜北斗,莫大人情。"此类故事,大多是表现出张居正的文才,并预示其未来事业有所成就。二是表现出少年张居正对家乡人民的贡献。其中有一则故事讲的是:根据明朝时的规定,地方每年需向朝廷进贡粮食,这时地方官员就乘机勒索百姓,百姓苦不堪言。张居正为了"拯救"家乡人民,就想出一个方法,他用熬过的米汁在地上写了"荆州米,两岸吃"的字样。米汁的糖分引来了大群蚂蚁,又由于糖有黏性,所以蚂蚁就被黏在地上,并形成了所写字样。当万历皇帝经过时,看到此景,以之为天意,就下诏"荆州米,两岸吃"。荆州百姓也就免去了贡粮义务。三是张居正的逸闻轶事。有一则故事名为"码银街的来历",讲的是张居正治理贪官,其师找他说情,他出妙计惩罚了贪官。还有一则是"智断白马案",讲的是张居正为荆州城内百姓断案,为百姓着想,并借此机会惩罚了仗势欺人的商人的故事。

(五)伍子胥传说

伍子胥传说为省级第三批非遗项目名录,属民间文学类别,编号为Ⅰ-28,申报单位为监利县。伍子胥(?—前484),名员,字子胥。春秋末期楚国人,一说是今监利县伍家坊人,一说是老河口市富乡村[2]。据光绪年《光化县志》记载:"富村乡,安古地方,距城三十,民多大族,为周伍子胥故里。"故有研究者认为伍子胥为老河口市人。伍子胥为春秋末期吴国大夫、军事家,后封于申,也称为申胥。《史记·伍子胥列传》记载:"伍子胥者,楚人也,名员。员父曰伍奢,员兄曰伍

---

① 荆州地区群众艺术馆编辑:《荆民地区民间故事传说集》,荆州:荆州地区群众艺术馆1981年版,第80—91页。

② 韩致中等编著:《荆楚神话传说》,武汉:武汉出版社2013年版,第36页。

尚。其先曰伍举，以直谏事楚庄王，有显，故其后世有名于楚。”刘向《新序·杂事第三》说：“楚不用伍子胥而破，吴阖庐用之而霸，夫差非徒不用子胥也又杀之，而国卒以亡。”司马光《资治通鉴·晋纪二十四·海西公下》中说：“昔周得微子而革商命，秦得由余而霸西戎，吴国得伍员而克强楚国，汉得陈平而诛项籍，魏得许攸而破袁绍；彼敌国之材臣，来为己用，进取之良资也。”也有学者考证认为，伍子胥为湖北省宜城市人[①]。不过，不管伍子胥的籍贯是何处，伍子胥自汉代始，就为史学家和文学家所看重，为以伍子胥为题材的楚地民间文学的生发，创造了良好的机会和文化土壤。

楚平王时期，伍子胥的父亲和兄长为奸臣谗言所害，他出楚国，历经万难而至于吴国，后为吴王阖闾所重用。公元前506年，伍子胥带吴兵入楚国，掘平王之墓。吴国在伍子胥的帮助下，成为当时诸侯的霸主。关于伍子胥的籍贯，在史籍中并没有得到明确记载，后世多有争议和附会者。不管如何，伍子胥作为楚国人，必然是生于楚国，而仕于吴国，伍子胥的传说不管是在楚国故地还是在吴国故地，都是伍子胥民间传说的重要内容。

伍子胥传说中具有代表性的故事，有《一夜白头》《七星龙渊》《千金报恩》《白龙井》《只给伍子胥修小庙》《扦槐山》《插秧》等[②]。那么，伍子胥为何能成为后世人们世代相传的历史人物呢？汉代的王逸在《楚辞章句序》中谈及屈原时，说过这么一段话：“是以伍子胥不恨于浮江，比干不悔于剖心，然后忠立而行成，荣显而名著。”[③]他原本是在说屈原的，拿伍子胥和比干来进行比较，这对后世伍子胥形象的传播是很有益的。这些故事有的是为了体现伍子胥的神威，有的反映出他的真实性格，也有的是反映他在出逃楚国过程中的一些传奇故事。单以伍子胥自楚国出逃，民间传说主要集中在“昭关阻”“窘于江”以及“道乞食”三个方面，出昭关伍子胥一夜白头，至江边有渔丈人舍生渡芦中人，至吴地染疾，有濑水女馈饭而投水明执操，等等。这些传奇故事反映了历来人们对正史所记载的伍子胥事迹的民间文学再创作。不过，楚地后人对伍子胥的复仇之法，颇多有些微

① 王洪军、郭财：《伍子胥籍贯考——兼对伍子胥忠孝问题的探讨》，《汉江师范学院学报》2018年第2期。

② 韩致中产编著：《荆楚神话传说》，武汉：武汉出版社2013年版，第36页。

③ 文怀沙译解：《楚辞今绎》，北京：东方出版社2015年版，第153页。

词，认为其引吴人入郢、“以班处宫”、掘墓鞭尸等实在是有些过分。正因为正史文献对伍子胥的记载甚少而又具有戏剧性，所以这些“补入式”的传说故事数量甚多。从史学的角度而言，这些民间传说并没有“补正史”的史学功用，但其在文学上和文化上丰富了伍子胥的形象，体现出“伍子胥”作为文学形象的文化意义。因其传奇和复仇的人生经历，也为现代影视文学所看重，自20世纪90年代开始，伍子胥故事多被改编成电视剧或电影，使其人物形象在当下也有了新的传播途径。

（六）搭虾子

搭虾子为第三批省级非遗项目名录，申报单位为洪湖市，项目编号为Ⅲ-21，项目类别为传统舞蹈。搭虾子，又名“捞虾子”。“搭”为荆楚方言里有“捕捉”之意，流传在洪湖市府场镇一带，主要是在春节期间为了迎接新年、祈祷丰收所表演的民间舞蹈。

搭虾子模仿搭虾人捕虾的劳作场景，具有很浓郁的水乡民俗特色。搭虾人戴草帽，为了具有喜剧效果，戴时要将脸前的帽子的帽檐折回并压进帽子里，着黑衣黑裤，赤脚；另外还有3位舞虾人，均头挽白布头巾，穿黄色镶黑边便衣、黄色灯笼裤、布鞋。搭虾子道具包括虾子、搭虾网、鱼篓的制作也有着严格的工序，虾子以竹篾为骨架，以硬木棍为支架，以白色纱布为虾身，其上以墨画虾眼，在虾背、虾头以及虾尾处喷洒少许墨汁加以髹饰①。

搭虾子的表演动作也具有一定的艺术性。搭虾子作为一种民间舞蹈，伴奏乐器十分丰富。伴奏的乐器主要有鼓、大锣、钹、小锣、马锣等。所用的曲牌主要是“跑头”和“闷五锤”两类。搭虾人的动作也有其固定的程式，主要分为“举网观虾”“水底搭虾”“水底捞虾”。“举网观虾”分准备、第一拍、第二拍三个动作，这个动作是模仿搭虾人寻虾；“水底搭虾”也分为两拍，模仿搭虾人找到虾子，将虾子捕捉上来的一系列动作；“水底捞虾”动作幅度较前者更大，侧身向前探出，呈旁吸腿，也分为两拍。舞虾者的动作也分“游虾”“侧身游”“虾弓虾箭”“虾咪水”“虾

① 《中国民族民间舞蹈集成》编辑部编：《中国民族民间舞蹈集成·湖北卷》（上），北京：中国ISBN中心1995年版，第664—665页。

跳”“两边倒”等[①]。这一系列动作惟妙惟肖地模仿了搭虾人的劳作，又有民间音乐的伴奏，加之表演者的动作俱合节拍，服饰装扮上也具有幽默的效果，因而具有丰富的民间娱乐的功能。

（七）公安道情

公安道情为湖北省第三批非遗项目名录，为曲艺类非遗项目，申报单位为公安县，项目编号为Ⅴ-27。道情，又称作渔鼓，是一人以唱为主、唱中又夹着演唱的民间曲艺。因道情演奏者的伴奏乐器以鼓筒而为之，渔鼓筒上以鱼皮蒙之，“渔鼓”的名称也因此而来。在20世纪80年代荆州地区所编撰的地方志中，按当时编撰者据官方的渠道所作的统计，荆州地区流传的民间说唱艺术的曲种，大致列举了20余种，这些大约也是当时荆州地区民间说唱艺术的几个主要曲种了。其中公安道情位列于前，其流传之广泛，颇有群众基础的基本特点也可见一斑[②]。笔者在幼时也经常见到身背“褡裢”的艺人，手持渔鼓、云板或竹筒，走乡串户，沿户乞唱表演，今公安、松滋、枝江一带也多有流行。公安道情的唱腔一般为四句一段，一起、二伏、三平、四落。节奏清晰平衡，一板一眼。演唱的形式一般为单个行艺，演奏时左手的简板上下击，右手竹签击铃，并拢的三指敲打渔鼓筒发出声响，也有道情艺人借鉴了评书的表演手法，在表演中使用醒木以增强表演的效果和表现力。

渔鼓道情既然属于说唱类的曲种，在中国很多不同区域内，道情也因地域的不同，产生了以地域为区分的道情曲种。因其历史悠久，可上溯到唐代道观内的“经韵”，即道士用道曲讲唱道教的故事而成其歌，将其作为宗教的讲唱音乐，经过了长期的演变，产生了不同的流派，其派有南调、北调、悲调、数板等[③]。清徐珂《清稗类钞》载：“道情，乐歌词之类，亦谓之黄冠体，盖本道士所歌，为离尘绝俗之语者。今俚俗之鼓儿词，有寓劝戒之语，亦谓之唱道情。”这段记载对清朝时期道情的产生、发展以及道情所唱之内容，都有较为明确的说明。清郑板桥亦作《道情十首》，可见其说唱艺术的确有其独特的魅力。在演唱之时，主要是用渔鼓

① 《中国民族民间舞蹈集成》编辑部编：《中国民族民间舞蹈集成·湖北卷》（上），北京：中国ISBN中心1995年版，第666页。

② 荆州地区地方志编纂委员会编纂：《荆州地区志》，北京：红旗出版社1996年版，第719页。

③ 《公安县志》编纂委员会编：《公安县志》，上海：汉语大词典出版社1990年版，第533页。

筒以及长竹片敲击进行伴奏，也有以二胡、琵琶或铜钹作为伴奏的。

因其流传之广、艺术魅力之大，道情在我国大江南北都有所流传。在整体上属于曲艺音乐。20世纪90年代，调查显示，荆楚曲艺音乐共有44个品种，分为丝弦小曲、渔鼓道情、鼓书鼓词、踏歌要唱四个类型[①]。渔鼓道情即是其中的一类。在我国北方，青海、内蒙古、陕西、山西等地也存在着渔歌、道情；湖北因其地域的独特及水文化的影响，湖北的道情、渔鼓也得到了衍化和发展。在我国南方，广西、四川、湖北、江西、江苏、浙江等地，都有道情的流传。湖北省内的渔鼓道情在沔阳（今仙桃市）、长阳、麻城、襄阳、鄂西、随州、郧阳、宜城等地都有所流传[②]。据研究者统计，湖北省内与渔鼓道情类相关的曲种共达到了16个曲种。其共同的特征包括了声腔音乐结构相似、声腔发展手法相近、曲种伴奏乐器及演唱形式基本相同[③]。在湖北省级非遗项目名录中，与渔鼓、道情相关的项目有湖北道情（武汉市）、湖北渔鼓（武汉市）、沔阳道情（仙桃市）、沔阳渔鼓（仙桃市）、天门渔鼓（天门市）、竹琴（利川市）、宜城兰花筒（宜城市）、枝江楠管（枝江市）等。在曲种的唱腔上，多有上、下两级句式，或“四句头”的结构。在演唱长篇的曲目之时，一般都采用了传统的唱腔，在“书帽”部分，艺人有一定的灵活创作空间。

（八）荆沙榫卯木雕

荆沙榫卯木雕为传统美术类非遗项目，申报单位为荆州市，项目编号为Ⅶ-12。湖北省第三批省级非遗传统美术类项目共有8项，分别为灯彩（武汉花灯扎制技艺）（武汉市汉阳区）、泥塑（黄陂泥塑）（武汉市黄陂区）、石雕（绿松石雕刻技艺）（郧县、竹山县）、膏雕（应城膏雕）（应城市）、英山缠花（英山县）、咸丰何氏根雕（咸丰县）、民间绣活（土家族苗族绣花鞋垫）（咸丰县、宣恩县）。其中，雕刻类的非遗项目占有较大比重，其雕刻所用的材料有绿松石、石膏、木材。数十年以来，我国非遗保护工作进入常态化阶段，传统美术类非遗保护也得到了整体的提升。传统美术的专项展示和展览、为代表性传承人提供传习场所等，有利于

① 枫波：《湖北曲艺音乐分类简说》，载方培元主编《楚俗研究》（第3集），武汉：湖北美术出版社1999年版，第355页。

② 余甲方：《简明中国古代音乐史》，上海：复旦大学出版社2017年版，第321页。

③ 枫波：《湖北曲艺音乐分类简说》，载方培元主编《楚俗研究》（第3集），武汉：湖北美术出版社1999年版，第356页；黄中骏：《荆楚音乐》，武汉：武汉出版社2014年版，第119页。

传统美术类非遗的进一步保护和发展。

以木材作为艺术雕刻品的材料，是楚地手工艺者最为喜爱的。早在先秦时期，楚国的雕塑艺术就达到了很高的水平。据《新书·春秋》记载："楚怀王心矜好高人，无道而欲有伯王之号，铸金以象诸侯人君，令大国之王编而先马，梁王御，宋王骖乘，周、召、毕、陈、滕、薛、卫、中山之君，皆象使随而趋。"①这段汉代文献所描绘的楚怀王，为了满足自己的政治虚荣心，用青铜雕刻出了当时诸侯各国君王的铜像，并将这些铜像摆成仪仗队，以祭祀楚国的先祖。这件事情后来为诸侯国所笑话，并引发诸侯兴师伐楚的严重后果，但也反映了楚国具有很高的雕塑艺术水平。楚人木雕艺术品数量多，集中体现了楚人的雕塑艺术。金属之铜可融化为液态，施之以失蜡、镶嵌各法，可塑造成型。然而木材却不能，只能讲求雕刻的精细。木雕艺术品以其小巧灵动的形式，表现大自然的生机，体现了楚人与自然的和谐统一，楚人木雕艺术至战国时期达到鼎盛。

荆沙榫卯木雕的代表作品是鼓架、锣架、座屏、立凤、豆盘等。其技术的渊源也可上溯至楚国时期。其中，最具代表性的当数天星观一号楚墓出土的"虎座鸟架鼓"、"莽凤青蛙座屏"、天星观二号楚墓出土的"风鸟莲花豆"，还有千百年来一直在民间传承至今的"挑担围鼓架"。荆州民间吹打乐"挑担围鼓"的挑鼓架，一直从清代流传到现在，它本身就是十分精美的木雕制品，其制作技艺与出土文物"虎座鸟架鼓"一脉相承。榫卯木雕之所以能源远流长，自战国时期一直传承至今，是因为它与一般整件木雕不同，有其独特之处，无论作品体量大小，尤其是大、中型作品，都不是用单块木料制作，而是按照一件完整作品的造型设计，将其合理地分解为若干个单件，多则数十件，少则二三件，分别雕刻成型，再以榫卯拼接组合②。这种拼接组合的技术，再现了楚国时期木作手工技艺的高明，在当下也具有很高的技术和艺术价值。

(九) 荆州磨鹰风筝制作技艺

风筝制作技艺(荆州磨鹰风筝制作技艺)是传统技艺类非遗项目名录，项目编号为Ⅷ-25。风筝是"由线牵引、控制的借助风力在空中飞行的一种具有观赏

① (汉)贾谊撰，卢文弨校:《新书》，北京:中华书局1985年版，第69页。

② 李南杰、李园园:《荆沙榫卯木雕及其传人》，载《文化月刊》2013年第3期。

价值、社会娱乐价值和健身作用的人造的工艺品”①。风筝的制作起源于中国，至今已有两千余年的历史。风筝出现于中国东周、西周春秋时期，被称为人类最早的飞行器。相传墨翟以木头制成木鸟，研制三年而成，是人类最早的风筝起源。春秋时期，著名的建筑工匠鲁班曾制木鸢飞上天空。经过汉、唐，宋、元等朝代的发展，有了悠久的历史，是中国传统手工艺的代表。作为一项传统手工技艺，风筝在国家级项目中有很多代表性名录，如潍坊风筝、南通板鹞风筝、拉萨风筝，同时扩展名录中还有北京风筝、费氏风筝、曹氏风筝、天津风筝魏等②。因制作技艺的区别和各地不同地域文化的影响，我国风筝制作也形成不同流派③。时至今日，海外风筝的制作技艺也日益形成规模。

最能体现风筝制作技艺的是风筝的纸扎工艺。湖北各地多有传统纸扎工艺流传，如汉阳高龙、郧阳凤凰灯等，都体现出了竹扎、剪纸、绘画和裱糊等工艺的融合④。在我国，一般风筝的制作大致都要经过设计、选料、整开、绑扎骨架、裱糊、裁剪、绘画、装配、拴脚线、试放等数十道工序，通常有“风筝四艺”或“风筝六能”的说法⑤。

据荆州磨鹰风筝制作技艺传承人孙宏成介绍，荆州磨鹰风筝的特点是：“头身高挺目闪转，啄后中空羽光鲜，软翅抖拉悬一线，暂不对称上下盘。”楚人崇鹰，认为其是凤凰的化身，最早的风筝便是根据它的样子做的，有“南鸢北鹞”之说。早在春秋战国时期，荆湖一带就有“削竹为鸢，成而飞之”的说法。相传三国时期蜀军镇守荆州，麻雀太多，便想方设法驱赶，孔明便生一计，画鸢使之盘旋，便是最早的磨鹰风筝。清代《荆州府志・风俗》记载：“荆人制作风鸢之戏，是日尤甚。谚云：杨柳青，放风筝。仰面贪看无稚状，无贵贱矣。”荆州一带制作并放风筝的习俗，已经由来已久了。

据磨鹰风筝温老艺人回忆，清末民初，荆沙人放风筝的习俗并未消失，当时

---

① 吴叙光编著：《风筝的制作艺术》，北京：光明日报出版社2013年版，第1页。

② 冯骥才总主编：《中国非物质文化遗产百科全书·代表性项目卷》（下），北京：中国文联出版社2015年版，第741页。

③ 刘镇等编著：《风筝与国际风筝会》，济南：山东人民出版社1989年版，第36页。

④ 陈日红：《荆风楚韵：湖北民间手工艺研究》，北京：文化艺术出版社2015年版，第52页。

⑤ 刘镇等编著：《风筝与国际风筝会》，济南：山东人民出版社1989年版，第161页。

最有名的磨鹰风筝制作作坊是万、鲁、温三家。每家制作的风筝上都会盖有“万氏”“鲁氏”和“温氏”的印章。“温氏”磨鹰风筝制作技法以做工精致美观见长，集扎、糊、绘、放四大传统技法之大成，且是纯手工制作而成，工具就有几十种，必须掌握绘画、竹工、钳工等技艺，还需了解空气动力学等知识，就连焊工、雕塑等技术工艺功底都必不可少。

磨鹰风筝的制作要经过设计、选料、轧制、裱糊、绘画几个步骤。每一个步骤都有着严格的技术要求。如设计造型图纸，就要注意风筝的形和色，要考虑高空中的视觉效果；在选料步骤中，用于风筝骨架的竹也很有讲究；在轧制过程中，为保持风筝在飞行中的平衡，还要注意各个部分的对称；在裱糊过程中，还要选用特殊丝绵纸。在装饰过程中，磨鹰风筝不仅讲求制作技艺，还注重绘画技艺。磨鹰风筝上的图案和纹饰，大多具有荆州地方特色，以红、褐、黑为主，具有楚文化色彩元素和特色。磨鹰风筝在制作上，还讲求鹰的惟妙惟肖。鹰的双眼以镂空处理，并装配“鹰眼”，同时这个部分还能借风转动，风筝的设计中也充分运用到了空气动力学知识，对制作者的制作技术都有一定要求。磨鹰风筝的放飞还需要具备一定的技巧。

2016年5月，湖北省文化厅在新西兰举办了“湖北省非物质文化遗产展”。楚式漆器髹饰技艺、磨鹰风筝制作技艺名列展览之中，促进了湖北省与新西兰的文化交流。2016年中国·武汉国际风筝邀请赛在武汉市黄陂区举行，美国、德国、法国等19个国家和地区代表队参加。

（十）白云边酒传统酿造工艺

白云边酒传统酿造工艺是属传统技艺类非遗项目名录，申报单位为松滋市，项目编号为Ⅷ-26。白云边酒的产地位于荆州市松滋市。松滋东临江汉平原，西倚巫山岭余脉，南接武陵，北濒长江，其地多产水稻，有利于酿酒。

松滋之地产酒的习俗可上溯到先秦时期的楚国。先秦时期，松滋所在区域为楚国疆域，在松滋境内发掘出土了多处战国时期的楚国贵族墓。楚国时期楚人的饮酒之风就十分盛行。《楚辞·招魂》：“瑶浆蜜勺，实羽觞些。”这其中所讲到的“瑶浆”，即是楚人制成的低度酒，其成分当是以饮料为主，再兑少许酒。“华酌即陈，有琼浆些。”琼为淡红色，也是低度酒。另外还有桂酒、椒浆以及楚沥。在

《楚辞·渔父》中，还提到了楚人所酿的“醨”，此酒为“四酎并熟”，即经过多重酿造法酿造而成。酿这种酒所需时间长，所以浓度更高一些，此酒的酿造也反映了楚人酿酒技术的复杂。

1952年，松滋公私合营成立白云边酒厂。经过长期探索，白云边逐渐形成了“三高（高温制曲、高温堆积发酵、高温馏酒）两长（生产周期长、储存时间长）”的独特酿造工艺，并与时俱进地进行不断创新。其酿造工艺流程主要分四个阶段：原料糊化、培菌糖化、入池发酵、蒸馏。每个阶段的流程又包括了较为复杂的工艺手法。

1979年、1984年、1989年，白云边酒连续蝉联全国白酒质量评比银质奖。1991年，白云边酒以其“芳香优雅，酱浓协调，绵厚甜爽，圆润怡长”的独特风格，被确定为全国浓酱兼香型白酒的典型代表。2008年5月，白云边被认定为中国“驰名商标”，除此以外，白云边酒还获得国际国内诸如“口感最好的酒”“最具代表性的文化名酒”“中国驰名白酒精品”等90多项殊荣。2009年12月1日，以白云边为第一起草单位的《浓酱兼香型白酒国家标准》正式颁布实施。

四、第四批省级非遗项目名录

湖北省第四批省级非遗名录名单于2013年公布。在此名单中，荆州市的省级非遗项目数量并不太多。其中，民间文学1项，为三袁传说（公安县）；传统美术1项，贝雕（洪湖淡水贝雕）（洪湖市）；民俗1项，为放河灯（监利县）。与此同时，公布的扩展项目有4项，其中传统美术2项，为荆州民间刺绣（荆州市荆州区）、汉绣（荆州市）；传统技艺2项，为楚式漆器技艺（楚式漆器修复技艺）、陶器烧制技艺（郢城泥陶）。

（一）三袁传说

三袁传说为民间文学类非遗代表性名录，申报单位为公安县，项目编号为Ⅰ-42。三袁传说即是指明代公安“三袁”，即袁宗道、袁宏道、袁中道三兄弟在民间流传的故事。明中后期，明廷政治腐败，但社会经济发展较快，思想也较为活跃，在文坛上不仅有复古派，还有很多时新的、追求文学变化和新奇的流派。明代的湖广一带，就有公安派、竟陵派，对当时文坛革新运动有着很大的促进作用。在文学上，以袁宏道为中心，他们主张“独抒性灵，不拘格套”，反对复古守旧的文风,在明中后期的文坛上,产生了十分重要的影响。

"一母三进士,南北二天官",在公安县流传的民谚就是说的公安三袁。袁宗道(1560—1600),字伯修,号石浦,明湖广荆州府公安县长安里长安村(今荆州市公安县孟家溪镇三袁村)人。袁宏道(1568—1610),字中郎,号石公、六休。少有诗才,十六岁即为诸生,于公安县城南结文社,并自为社长,善诗歌古文,在当地很有名气。初试未中,返乡后与其兄、弟同问学于寓居麻城的李贽。万历二十年(1592年)中进士。袁中道(1570—1624),字小修。万历四十四年(1616年)中进士,任徽州府教授,后迁国子监博士,改派南京礼部主事。天启四年(1624年)任南京吏部郎中。公安三袁在文学上反对盲目拟古,主张抒写性灵,追求"无心"或"童子之心",并认为民间的通俗文学正是"无闻无识"的"真声"。袁宗道著有《尚书纂注》《玉泉志》《白苏斋类稿》;袁宏道著有《敝箧集》《锦帆集》《解脱集》《广陵集》《瓶花斋集》《潇碧堂集》《破砚斋集》《华嵩游草》等;袁中道的诗文有《珂雪斋集》《游居柿录》《珂雪斋近集》等[①]。

早在20世纪80年代,荆州地区群众艺术馆就已收集和整理出了一批三袁传说。由公安丁楚章搜集整理了"姊妹易嫁""智葬宝地""二龙盘柱""巧遇蒙师""帮助长工""恭请蒙师""边寨赛宝""后三袁""三枝笔"[②]这些故事,大体反映出了三袁生平的一些轶事。公安三袁的传说,在清代的地方志中就已有记载。清同治《公安县志·人物志》记载:"初,先生生之夜,祖母佘,梦一美人头自天飞来,若今所画天人菩萨之饰,宝髻交垂,以襟承之,甫觉而伯修生。"这即是清朝时期公安县所传的关于三袁出生的传说。三袁传说的内容很丰富,目前由公安县再次所整理的传说已有20多篇,主要集中在三袁出生、智慧机智等方面。有关三袁出生的,有《智葬凤凰山》《桂花台的来历》《天仙托生》《袁家双楼子的来历》等。另外《淤泥湖应答》《帮助长工》《彩石洲学堂的对联》《"南北两天官"的来历》对三袁的智慧以及聪颖有所反映。这些传说故事反映了三袁的出生、治学、修身、为官、处世、尽孝以及交友等多方面内容,因而也具有一定的教化作用。时至20世纪中后期,荆州古城公安门西侧的城垣之上,还有"三管笔"的建筑,又名"文笔

① (明)袁宏道著,钱伯城笺校:《袁宏道集笺校》,上海:上海古籍出版社2008年版。

② 荆州地区群众艺术馆编辑:《荆民地区民间故事传说集》,荆州地区群众艺术馆1981年版,第66—80页。

峰”。“三管笔”，本为文笔塔，始建于清代，有兴文运、昌科举之意。因塔为三处，形制如笔，塔身为杆，塔顶为毫，故又称为“三管笔”。笔以砖石侧砌而成，底座呈八角形状，其建筑形状如毛笔。或为明朝时期荆州文庙的建筑物，后因“三”而附会于公安袁氏三兄弟皆有文才，而由此纪念公安三袁。20世纪80年代，荆州地方仍以此版本而相传[1]。这种附会也反映了三袁传说在荆州、公安一带的流传时间久，具有很强的民间文学生命力。

(二) 荆州民间刺绣

民间刺绣在我国各省都有所传承的传统美术。荆州民间刺绣申报单位为荆州市，项目编号为Ⅶ-17。在湖北省内，与荆州民间刺绣共同申报非遗代表性名录的有大冶刺绣、神农架堂纺叠绣、黄梅挑花。在全国范围内以刺绣为中心的传统美术非遗项目也十分多，如苏绣、苗绣、粤绣、湘绣、蜀绣等。这些传统美术类项目共同构成了我国刺绣艺术的殿堂。刺绣又名“针绣”“扎花”，俗称“绣花”。刺绣的产生原因，有两种说法，一是文身说，认为刺绣是从身体上刺画花纹的做法衍生而来[2]；二是实用说，认为刺绣是为了使衣服更为耐穿并增强其功能[3]。

荆州民间刺绣源于楚绣。楚绣也称“楚地针绣”或“楚国织绣”。战国时期，楚人还在丝织物上进行刺绣，以提高服饰的美观性，针法主要有锁绣和钉线绣。锁绣由绣线圈套组成，其针法又可分为多种类型：闭合式锁绣、开口式锁绣、双套锁绣、辫绣等。针线绣是用丝线把较粗的单线、双线按预先的布置钉固在锈地上的一种针法[4]。这两种绣法代表了楚国刺绣工艺的最高水平。楚绣色彩艳丽，意蕴空灵，富有很强的装饰特点。楚国刺绣艺术在后世也具有很强大的生命力，不仅在空间上得以广泛流传，而且与汉代刺绣、现代的苗族刺绣以及湘绣之间都有着莫大的内在联系[5]，成为中国古代刺绣艺术的重要文化和艺术资源。

---

① 政协荆州市委员会学习文史委员会编：《荆州文史资料第4辑·荆州名胜》，政协荆州市委员会学习文史委员会2002年版，第76页。

② 林锡旦：《中国传统刺绣》，北京：人民美术出版社2005年版，第5—9页。

③ 朱培初：《中国的刺绣》，北京：人民出版社1987年版，第6页。

④ 彭浩：《楚人的纺织与服饰》，武汉：湖北教育出版社1995年版，第91页。

⑤ 刘咏清：《楚国刺绣艺术研究》，苏州大学博士学位论文2012年。

（三）洪湖淡水贝雕

洪湖淡水贝雕是第四批省级非遗名录，类别为传统美术，项目编号为Ⅶ-4。贝雕属于雕刻类美术，与荆沙榫卯木雕（荆州市）、潜江木雕（潜江市）、绿松石雕刻技艺（郧县、竹山县）、应城膏雕（应城市）等，俱是在相应材质表现进行雕刻的美术种类。沈从文对螺钿工艺进行了系统的研究，其中“螺钿”也是贝雕的一种形态[①]。早在20世纪80年代，湖北一带淡水贝雕船就成为湖北地方的优秀旅游产品而倍受游客欢迎[②]。

洪湖市水源充足，土地肥沃，有“水乡泽国地，江汉鱼米乡”的美称。长江、江汉支流东荆河、内荆河与之相依或横贯，境内河渠众多，湖泊密布，使得洪湖市的水产十分丰富。早在夏商周时期的楚国，就以龟甲和贝壳作为自然物货币。在原始社会时期，不同的氏族、部落都会在所生活的自然环境中，寻找具有地域特色的生产资料和生活资料。

研究认为，在中国，楚国是最先使用贝作为货币的，楚人对贝壳也十分喜爱，也用贝壳作为装饰物。所依文献为古本《竹书纪年》“周厉王元年……楚人来，献龟、贝”。这条文献是很明确的，独举楚人以献龟、贝。因贝象征着财富，又十分美观，因而楚人对贝壳具有极大的爱好。屈原《九歌·河伯》云：“鱼鳞屋兮龙堂，紫贝阙兮朱宫。”在楚国都城纪南城中，宫殿内的建筑地面即有用贝壳作为建筑材料而进行装饰。《楚辞·大招》云：“曲屋步壛”，这其中的步壛，就是指的步檐，其上修有顶棚和连廊，连廊的地面用光洁的石块和贝壳铺成，可防止湿滑。潜江龙湾楚宫殿基址上发现有贝壳路的遗址，就是用贝壳铺设。贝壳路位于一层台第二小层上，共有三条，环绕于三层台的东南西三侧。三条贝壳路均高出两侧地面0.2米，路的两侧有嵌木板的沟槽，沟槽宽0.1～0.13米，深0.1～0.15米。西贝壳路通向二层台的内曲廊。由此可见，楚地的楚人爱好贝壳，并以贝壳作为装饰物已有两千多年的历史了。

贝雕作为中国民间传统工艺品，是利用贝壳雕刻或镶嵌而成。至宋元以后，螺钿镶嵌和贝贴等工艺就在我国十分流行。“螺钿”又称为“螺甸”，主要是用贝壳薄片

① 沈从文：《沈从文全集·物质文化史》，太原：北岳文艺出版社2009年版，第199页。

② 韦良玉等编：《中国旅游购物指南》，北京：中国旅游出版社1985年版，第167页。

制成人物或鸟兽等形象,并嵌在雕镂或髹漆器物上面作为装饰。早在原始社会时期,新石器时代的原始人类已开始具有雕刻的手工技艺。在湖北天门的石家河文化中,就出现了大量的玉器。2500年前的古罗马人在服饰民俗上,也创造了雕刻石头、贝壳等作为项链和宗教信物及护身符的服饰民俗事象。

洪湖淡水贝雕所用之贝壳,多采之于洪湖。洪湖淡水贝壳种类繁多,资源也相当丰富。淡水贝形状扁平,明净晶莹,具有质朴无华的自然美。其剔透、素雅的色彩,成为淡水贝雕人工化的自然的最好的因素。贝雕的雕刻技术融合了陶塑、泥塑和牙雕、透雕等技法,同时将雕刻与绘画的手法相结合。洪湖贝雕画《画厢记》,画面优美,色彩明快,生动而传神,具有很高艺术价值和文化价值。

(四)汉绣

汉绣为传统美术类非遗项目名录,项目编号为Ⅶ-4。汉绣流行于荆州、武汉、洪湖、仙桃、潜江一带,是传统刺绣的艺术类种。由武汉市江汉区申报的汉绣,已被列为国家级第二批非遗项目名录。从其技术内涵来看,荆州汉绣应与荆州民间刺绣为同根同源之传统美术。

在漫长的发展过程中,汉绣以楚绣为基础,并融合了南北的绣法特点,形成了多样的针法,如铺、平、织、间、压、缆、掺、盘、套、垫、扣等,并以平金夹绣为其主要的表现形式。汉绣的工艺性还体现在其绣品的"立体"艺术效果上,汉绣用色浓艳,分层破色,层次感和立体感十足,图案边缘整齐,有"齐针"之称。

(五)楚式漆器修复技艺

楚式漆器修复技艺属于楚式漆器技艺的扩展项目,为传统技艺类非遗项目名录,项目编号为Ⅷ-10,与国家级非遗第三批扩展项目楚式漆器髹饰技艺(荆州市)、省级第五批扩展项目楚式漆器髹饰技艺(湖北省博物馆、随州市曾都区)同属楚式漆器技艺的项目范畴。从全国的范围来看,我国漆器技艺的非遗项目相对比较多,从所有已公布的国家级项目中统计来看,有平遥推光漆器髹饰技(山西省平遥县)、扬州漆器髹饰技(江苏省扬州市)、福州脱胎漆器髹饰技艺(福建省福州市)、徽州漆器髹饰技艺(安徽省黄山市屯溪区)、重庆漆器髹饰技艺(重庆市)、彝族漆器髹饰技艺(四川省喜德县)、绛州剔犀技艺(山西省新绛县)、鄱阳脱胎漆器髹饰技艺(江西省鄱阳县)、潍坊嵌银髹漆技艺(山东省潍坊市)、阳江漆器髹饰技艺(广东省阳江市)、稷山螺钿漆器髹饰技艺(山西省稷山县)。这些非遗名录在我国大江南北都有遗存,星罗棋布的漆器技艺分布,体现了我国古代漆器技艺地域分布广、地域特色鲜明的特点。对于楚式漆器技艺而言,不仅具有其内在的独特性,作为非遗资源或旅游资源,应有更为广阔的资源整合视野,将楚式漆器技艺放置于中国古代漆器技艺的大环境中,有助于更好地利用和传承古代漆器技艺。

楚式漆器有着悠久的历史,产生于原始社会时期,发展于春秋时期,成熟于战国时期,战国时期楚国的漆器制作技艺是我国先秦时期漆器手工技艺的高峰。楚式漆器主要流传在原楚国范围内,其中,荆州出土的楚式漆器尤为丰富,数量大,品种多,形制奇特,样式精美,是楚文化遗留下来不可多得的瑰宝。

"楚式漆器修复技艺"是随着楚式漆器的广泛使用而产生和发展,汉朝时期,人们就有对漆器进行修复的实践,从楚墓、汉墓中出土的一些漆器上就有着古代修复过的痕迹。千百年来,伴随着漆器的使用、损坏、修复,楚式漆器修复技艺被漆器艺人传承了下来。保护并传承楚式漆器修复技艺对考古学、出土文物的保护利用和楚文化研究都具有多重学术价值和文化意义。

五、第五批省级非遗代表性项目名录

湖北省第五批省级非遗代表性项目名录的名称与前面的四批名录相比,发生了一些变化,主要是在名称上加上了"代表性"三个字。这个变化主要是为了适应国务院对第四批国家级非遗代表性项目名称的变更。"代表性"三个字的增加,主要体现了国家对非遗文化的深入认识,在广阔的中国大地上,还存在着很多在此名录之外的传统文化,因而这些被官方所认定的项目,并非具有唯一性,而只是具有代表性。

第五批非遗代表性项目一共有2项:传统鱼类菜肴制作技艺(笔架鱼肚制作技艺)(石首市)、楚简制作技艺(荆州市),扩展项目2项,为三国传说(石首三国传说)(石首市)、荆河戏(石首市)。石首三国传说与湖北省申报的三国传说、荆州市所申报的荆州三国传说、荆州关羽传说有着内在的联系;荆河戏(石首市)为荆州市所申报的国家级非遗项目荆河戏的扩展项目。

（一）石首三国传说

石首自古为荆州之地，三国时属南郡古华容县的一部分。据《晋书》《湖北通志》等古籍记载：东汉建安十三年（208年），魏武尽得荆州之地，以舟师伐吴。孙权遣周瑜与刘备共拒之，魏败于赤壁，南郡以南遂属吴，华容即属蜀。建安二十四年（219年），关羽兵败，南郡太守糜芳以地降吴，南郡为吴国所据有，华容亦属吴国疆域。

在石首有大量与三国有关的遗迹名称。其中包括了绣林山、刘郎浦、三义寺、照影桥、望夫台、锦帻亭、问食岗、屯子山、马鞍山、走马岭、歇马庙、落马湾、披甲湖、武显庙、宋湖、斩龙石、吴王庙等。石首的三国遗迹主要分布在石首市中心城区、桃花山、调关、东升等镇。

（二）笔架鱼肚制作技艺

笔架鱼肚产自湖北省石首市，石首市属亚热带季风气候区，光能充足、热量丰富、无霜期长，受海洋影响较小，形成典型的大陆气候，适宜养殖长吻鮠，制作笔架鱼肚。长江流域石首江段长吻鮠的鱼鳔为原料。

笔架鱼肚富含多种氨基酸、维生素和微量元素，胶原蛋白含量达60%。石首鮰鱼鱼肚切片烹调，白如雪花，嫩如春芽，黏而不腻，鲜美甘香。笔架鱼肚形如笔架、色似白玉，细嫩如脂、又重又滑，松软香甜、入口即化，易于吸收。2011年，国家对石首笔架鱼肚实施了地理标志产品保护。

（三）楚简制作技艺

楚简制作技艺是传统技艺类非遗名录，项目编号为Ⅷ-64，申报单位为荆州市。荆州作为楚文化的核心区域，楚简是出土文物中的重要内容。

中国古代的书写材料有两类，一类是竹简、木简，一类是缣帛。从西汉时期开始，赫蹄纸开始出现；至东汉和帝时期，蔡伦改进了造纸技术，其后代替了简帛，成为普遍的书写材料。因此，竹简作为书写材料成为历史，成为汉字书写史上的重要阶段，竹简的制作技艺也成为中国古老手工艺中的重要内容。楚简为战国时期写有文字的楚国竹简。20世纪90年代以来，湖北、湖南、河南等省出土了大量的竹简。战国楚简内容独特，产生了重要的学术史价值，内容包罗万象，有的还能与传世文献相对比。最具有代表性的有郭店楚简、上海博物馆藏楚竹书、清华大学藏战国竹简等，都是十分重要的楚国竹简。楚简的内容反映了战国时期楚国的社会生活状况，对楚人生活习俗、语言文字、文化艺术、行政系统、司法制度等都有很丰富的文字资料。

承载这一切文字资料的则是楚简的制作技艺。首先，楚简的形制与他处有所不同。楚简为长条竹片，形制单一，简长一般为60厘米，与秦简长度28厘米形成对比。可见，楚简的制作有一定规范。

第三节　荆州市级非遗项目及其文化

自2006年始，荆州市一共公布了八批市级非遗项目。有荆州三国故事、三袁的传说、荆楚插花、马山民歌、卸甲坪山歌、双镲子、栽秧歌“啰啰咚”、挑担围鼓、赶五岳、溜老三推车、碗灯舞、滚灯舞、荆河戏、鼓盆歌、江湖渔鼓、说鼓子、跳三鼓、东山地花鼓、公安道情、汉绣、麝火疗法、平子奇传说、裴纶传说、五虾闹鲇、汉滩小曲、楚系青铜器铅锡刻镂技艺、楚式漆器技艺、荆州葫芦器制作技艺、荆州鱼糕、松滋礼俗——毛把烟、砂罐茶、松滋婚嫁礼俗、跳三鼓、荆州关羽传说、荆州凤凰传说、张居正故事、伍子胥的传说、搭虾子、汉剧、荆州花鼓戏、荆州榫卯木雕、荆州磨鹰风筝制作技艺、荆州柚皮捏塑、纪南平针皮板嵌线绣、白云边酒酿造工艺、七星宴、荆州端午节民俗、洪湖凤舟、荆州三国故事、五虾闹鲇、铁牯牛的传说、淡水贝雕、楚式漆器修复技艺、郢城泥陶制作技艺、放河灯、汉绣、伯牙子期的传说、智者大师的传说、公安花牌、剪纸——雕花剪纸、楚式斫琴技艺、楚简制作技艺、蛋雕、楚玉琢磨、任婆肘子、笔架鱼肚、石首三国故事、荆河戏、楚绣。

经数据对比显示，荆州市级项目的认定，一般是以省级非遗项目的确立为支撑的，大约有17.1%为国家级非遗名录，54.2%为省级非遗名录。荆州市第一批非遗项目名录共有21项，其中，同属国家、省级和市级项目的有6项，同属省级和市级项目的有5项，属市级项目的有10项[①]。荆州市第二批非遗项目名录共有11项，其中，同属国家、省级和市级项目的有2项，同属省级和市级项目的有5

① 荆州市第一批非遗项目名录中，同属国家、省级和市级项目的有鼓盆歌、啰啰咚、马山民歌、说鼓子、石首跳三鼓、荆河戏；同属省级和市级项目的有松滋滚灯舞、挑担围鼓、公安道情、麝火疗法、三袁传说。

项，仅属市级项目的有4项[①]。荆州市第三批非遗项目名录共有17项，其中，同属国家、省级和市级项目的有3项，同属省级和市级项目的有8项，仅属市级项目的有6项[②]。荆州市第四批非遗项目共有6项，其中，同属省级和市级项目的有5项，仅属市级项目的有1项[③]。荆州市第五批非遗项目共有13项，其中，同属国家级、省级和市级项目的有1项，同属省级和市级项目的有3项，仅属市级项目的有9项[④]。

在荆州市级非遗项目中，非国家级、省级项目的市级项目一共有29项。其中，民间文学8项，传统技艺7项，传统美术5项，传统体育、游艺与杂技1项，民间舞蹈3项，民间音乐1项，民俗2项，曲艺2项。为方便论述，以下按类别对这一部分市级非遗项目进行概述，凡与国家级、省级项目相同或相似者在此不再赘述，如荆河戏、汉绣、双镲子。

一、艺术类非遗项目

艺术类非遗项目包括六个小类，即民间文学、传统音乐、传统戏剧、传统舞蹈、曲艺和传统美术。民间文学8项，传统美术5项，民间舞蹈3项，民间音乐1项，曲艺2项。在民间文学非遗项目中，与荆州三国故事相关的、由湖北省申报的三国传说，已列入国家级非遗项目；荆州三国传说、石首三国传说也列入省级非遗项目，这些项目以三国文化为中心，相互之间都具有内在的文学联系。

---

① 荆州市第二批非遗项目名录中，同属国家、省级和市级项目的有铅锡刻镂技艺、楚式漆器技艺（荆州市）（注：国家第三批扩展项目名称为“楚式漆器髹饰技艺”）；同属省级和市级项目的有松滋礼俗——毛把烟、砂罐茶、五虾闹鲇（荆州市）、跳三鼓（江陵跳三鼓）、湖北小曲（汉滩小曲）。

② 荆州市第三批非遗项目名录中，同属国家、省级和市级项目的有三国传说（荆州市）（注：国家级第四批非遗项目“三国传说”项目的申报单位为湖北省）、荆沙榫卯木雕、洪湖风舟；同属省级和市级项目的有搭虾子、风筝制作技艺（荆州磨鹰风筝制作技艺）、伍子胥传说、张居正传说、蒸馏酒传统酿造技艺（白云边酒传统酿造工艺）、汉剧（荆州市）、荆州花鼓戏（监利县）、五虾闹鲇（洪湖市）。

③ 荆州市第四批非遗项目名录中，同属省级、市级项目的有洪湖淡水贝雕、放河灯、楚式漆器技艺（楚式漆器修复技艺）、汉绣（荆州市）、陶器烧制技艺（郢城泥陶）。

④ 荆州市第五批非遗项目名录中，同属国家、省级和市级项目的有三国传说（石首市）（注：国家级第四批非遗项目“三国传说”项目的申报单位为湖北省）、同属省级和市级项目的有楚简制作技艺、传统鱼类菜肴制作技艺（笔架鱼肚制作技艺）、荆河戏（石首市）。另外，截至目前，已列为省级非遗项目但并未列入荆州市级的项目，有松滋双镲锣鼓、荆州民间刺绣2项。

值得注意的是，荆州市高校也参与申报了传统美术类的非遗项目，长江大学园林园艺学院花艺研究所申报了荆楚插花，荆楚非遗技能传承院申报了楚绣以及雕花剪纸。地方高校已成为荆州非遗保护与传承的又一主要力量。楚地文人性情多变、想象丰富，命运里所经历的波折起伏、精神上所面对的孤独困苦相对很多。而花草清赏正是楚地民间文人为了释放精神压力、获得心灵解脱，共同探寻的一条艺术途径。明朝袁宏道《瓶史》一书，即可视为荆楚插花艺术的集大成者。作为荆楚地域文学家、艺术家，袁宏道的插花艺术还对日本插花艺术产生了深刻的影响，并产生了“袁派”插花，对国内外插花艺术产生了很深远的影响。雕花剪纸属于剪纸艺术的一种，剪纸是我国大江南北都有所流传的民间乡土艺术。北方多称“窗花”，在湖北的大部分地区都把剪纸又叫作“雕花”。荆州望山一号楚墓中出土了一件皮革，上有镂空刻花，其法与剪纸之技艺类似，上有几何形的纹饰，细密的圆形、方形以及三角形图案。虽然先秦时期还没有纸的出现，但这种技法发展至东汉纸出现以后，此法移于纸张之上而产生剪纸，当是必然之事。在湖北省内，剪纸艺术在孝感、鄂州、仙桃、南漳一带都有所传承和体现①。此外，柚皮捏塑、纪南平针皮板嵌线绣分别为荆州市群艺馆以及荆州区群艺馆所申报。在中国民间，柚皮多用于民俗节庆之中，以柚皮或蛋壳等具有半透光性质的物品做成灯饰以增强节日气氛。

民间舞蹈、音乐及曲艺类非遗项目为荆州市下辖县所申报，有赶五岳、溜老三推车、碗灯舞、东山地花鼓、双镲子、卸甲坪山歌、洪湖渔鼓7项。值得注意的是，这7项民间舞蹈虽然未被列入国家级、省级非遗名录，但作为荆州市所属县的项目，又具有一定的代表性，反映了荆州市县域文化的特色。

监利县的赶五岳主要流传于监利容城镇以北一带，是一种具有地方特色的狮舞。“五岳”以五张方桌代表着五岳，即东岳泰山、西岳华山、南岳衡山、北岳恒山、中岳嵩山，表演和模仿狮子的生活形态为主。打击乐器有鼓、锣、钹、小锣、马锣，伴奏随着舞狮者的动作快慢而变化，具有烘托气氛的作用。常用的伴奏音乐为《匡取乐》《追赶乐》。赶五岳的道具主要为狮头、狮皮，狮头以竹作骨架，狮皮

---

① 此几个区域与剪纸相关的非遗名录为：孝感雕花剪纸（孝感市孝南区）、鄂州雕花剪纸（鄂州市）、仙桃雕花剪纸（仙桃市）、堵河剪纸（竹山县）、雕花剪纸（孝昌县）、剪纸（南洋剪纸）。

以红布为底层，外缝有皮毛[①]。狮的基本动作有“同边步”“直桥步”“横桥步”等，武生的动作也对表演者具有一定的要求。从文化渊源来讲，舞狮类的舞蹈主要反映原始社会时期狩猎的场景，在民俗事象的传承中，渐成为娱乐民俗内容。

监利县的“溜老三推车”，是由三人表演的民间舞蹈形式。汉族民间舞蹈因使用道具的不同，可分为“秧歌”“花灯”“花鼓灯”“龙舞”“凤舞”“狮舞”“虎舞”“牛舞”“蝶舞”“蚌舞”“灯舞”“鼓舞”“铜器舞”“莲湘”“高跷”“小车”“旱船”等。“溜老三推车”属于“小车”类舞蹈[②]。在20世纪80年代的民族民间舞蹈的调查表中，除了监利县之外，“溜老三推车”还在天门市、京山县一带有所流传[③]。可见，此项民间舞蹈在20世纪有着更为广阔的流传地理空间。

与其他民间舞蹈不同的是，这种表演还具有一定的情节，表演者也很善于烘托气氛。在音乐、伴奏以及舞蹈基本步伐上都很有讲究[④]。该舞蹈讲的是湖北黄梅县喻家湾青年农民喻老四在给广济县的张杜氏家做帮工时，与张家二女儿张二妹相互爱慕，在溜老三的撮合和帮助下终成眷属。从文化意义上来讲，溜老三推车反映了青年男女自由恋爱，打破封建家长制主导的婚姻观念，这也正是近代中国处于转型时期的观念体现。另外，在其演唱和表演上，还充分吸收了民间小调以及戏曲表演元素。

碗灯舞是带有佛教色彩的民间舞蹈，属于宗教祭祀型的民间舞蹈[⑤]。先秦时期，楚人好巫风，沿袭三苗遗风，与荆楚地域文化更有着内在的原始性对接。其后荆楚之地的民众好巫术、尚祭祀的民俗风气很盛。在湖北民间舞蹈中，宗教祭祀类的舞蹈是与古代楚俗、道教仪式有关，富有佛教色彩，表现多神信仰的舞

---

① 《中国民族民间舞蹈集成》编辑部编：《中国民族民间舞蹈集成·湖北卷》（上），北京：中国ISBN中心1995年版，第232—233页。

② 高度等主编：《中国民族民间舞蹈·中国民族民间舞蹈概论》，上海：上海音乐出版社2014年版，第34页。

③ 《中国民族民间舞蹈集成》编辑部编：《中国民族民间舞蹈集成·湖北卷》（上），北京：中国ISBN中心1995年版，第17页。

④ 柳雅青：《荆楚舞蹈》，武汉：武汉出版社2014年版，第58—59页。

⑤ 陈仁梁：《湖北民间舞蹈的楚文化特色》，载方培元主编《楚俗研究》（第3集），武汉：湖北美术出版社1999年版，第368页。

蹈。调查显示，20世纪下半叶，湖南岳阳市的湘阴县也有碗灯舞的流传①。研究认为，湖南一带流传的碗灯舞也同样具有古楚巫舞性质②。另外，在江西省高安一带，碗灯舞也是当地具有代表性的传统舞蹈艺术，全舞共15节，参舞人员两手各端一只碗，碗内有灯，参舞人员8～16人，音乐多为道教音乐，有时也唱高腔，基本动作有“双龙出水”“滚碗”“穿花”等。

碗灯舞是女子集体性舞蹈。由九个青年少女表演，其中一人扮演霞姑，其他八人饰袁家山八姐妹。初起，舞蹈保留了右手持绸、左手持灯的表演形式，后来，为加强碗灯在舞台上的效果，便取消了红绸，代之以碗灯，发展成了现在的双手持灯的碗灯舞。

碗灯舞一般都在晚上暗光或灯光微弱的情况下进行，它主要是以灯摆画面取胜。它的技巧特点是碗灯由手腕转动，其要领与戏剧里面丫鬟耍手绢（内挽花、外挽花）相似，只不过放慢一点，无论手怎么转动，都要注意保持碗口向上和平稳，灯火不灭。它以纺纱提线为基本动作，以碎步为基本步伐，以碗造型为主，每一段歌唱之后形成一个画面，使人透过相对静止的慢动作，看到腕在不停运转，产生一种轻盈、柔和、舒展和静中有动、动中有静的感觉。

东山地花鼓是流行于石首市桃花山和调关一带的一种民间舞蹈，距今已有两百余年历史。东山地花鼓源于民间说唱，早在明末清初，桃花山一带的农民，每逢农闲之日，老人、妇女便携儿带女邀集在一起，由一先生读唱本，众人围坐静听。其唱本多数是祖辈传抄的爱情或神话故事韵本，之后又演变成为说唱形式，后来这种形式才慢慢发展成有角色和人物的舞蹈。早期是由两个小孩（10～12岁，男女各一）化妆扮成“和合二仙”（福、禄、寿三星前站立的两个小仙童），象征和气、合而不分。扮演者男孩手持一把纸扇，扇上画有蝙蝠图案，女孩子手拿一块绣有荷花图案的手帕。选用歌本中的某节某段为唱词，以哼歌本的腔调为基础，时而歌一段，时而转几圈，随心所欲地做几个“过手”动作。因这种地方鼓的发源地桃花山位于石首市的最东面，故称之为东山地花鼓。

东山地花鼓的舞蹈动作，从不同角度反映了山民们的劳动方式和生活习惯。

---

① 湖南省文化厅编：《湖南民族民间舞蹈集成》(4)，长沙：湖南文艺出版社2009年版，第2302页。

② 《中国民族民间舞蹈集成》编辑部编：《中国民族民间舞蹈集成·湖南卷》(下)，北京：中国舞蹈出版社1991年版，第1080页。

如上山行走羊肠小道的“媄媄步”(矮桩步),用砍柴的“试刀”以及劳动时擦汗的手巾、驱热的扇子作为道具,套以逗情打趣,且变化多端,如“靠肘打脚”“摆胯”“丢眼”等。

1940年,桃花山区和发村的荆河戏艺人李国才从湖南澧县“同福班”弃艺返乡,加入到唱东山地花鼓行列,由于他受过戏剧专业训练,实践多年,无论是唱腔、道白,还是舞蹈动作,都比其他艺人规范一些,以至成为当时有名的艺人。后来他收徒传艺,重点对东山地花鼓的舞蹈部分进行加工提高,既接近戏曲程式又保留了原有特点,使舞蹈动作进一步规范化。此后,这一舞蹈又经历代师徒传承,在调关石华堰等临近农村,也相继出现了类似的东山地花鼓舞蹈。

东山地花鼓随着时代的发展,出现了很多职业艺人,表演的班子也日益增加,各班主为了保住在社会上的地位,演员在演出技巧上相互竞争,在表演形式上也有求新的突破,并从其他表演艺术中吸取养料。由原来“和合二仙”发展成了三人、四人、六人(均为小孩)表演,并按民间习俗万事求个吉利,将三人一台的称为“三星拱照”(福禄寿),行当分为王子(生)、小生、小丑;四人一台的称为“福、禄、寿、喜”,行当为王子、小生、小旦、小丑;六人一台的称为“六合同春”,行当分为王子、小丑、文武二小生、文武二小旦。舞蹈动作大体一样,不同的是加了四根马鞭作道具。这种多人参加的表演形式,突破了单纯唱歌本的原型,发展为演唱小型折子戏,如“小砍樵”“同窗记”等,借鉴了戏曲中某些表演手法。在音乐上,也随之吸收了一些地方民歌小调,由一腔上下句到底,发展到多腔多调,如“欢调”“三花腔”等,并采用四胡伴奏。在演出时间上也有突破,由过去只在春节期间表演,发展到喜庆、集会等都可演出。有些艺人甚至以此为职业或半职业,长年在各乡村巡回演出。

东山地花鼓舞蹈动作特点是一拍做一个动作,以“靠”为主,如“上靠手”“下靠手”“肘脚靠”等,关于这一点,有的艺人把它编成几句话:“一边走一边唱,唱一句舞一段,走要走八‘8’字,舞要舞腰膀。”

东山地花鼓的音乐,基本都是以本地“格哥调(哼歌本子的腔调)”为主,加上荆河戏里的“三花腔(小丑腔调)”等相互调剂情绪。乐器也相当简单,主要靠一把四胡伴奏贯穿全舞始终,伴舞的打击乐器有大锣、小锣、两副钹。

新中国成立后,东山地花鼓受到了省、地、县(市)各级文化部门的重视。无论在表演形式、舞蹈动作以及表现内容上都有了更新的发展。1986年春节，湖北省群众艺术馆专程到桃花山为东山地花鼓四人一台表演的折子戏摄制录像片。

卸甲坪山歌为松滋市所申报的荆州市级非遗项目名录。卸甲坪土家族乡是二省四县市的接合部，东北紧接松滋重镇刘家场，西南与湖南石门、湖北五峰同山共岭，属于武陵山余脉，神奇广袤，既有气势磅礴的崇山峻岭也有特产丰富的冲积平原；既有幽深峡谷泛潺潺流水，也有山间盆地及层层梯田。卸甲坪土家族人们依山劳作，依地而生，世代繁衍生息，不仅创造了美好的生活，更创造了浩如烟海、风韵别致，灿烂多姿的民族文化——卸甲坪山歌。

洪湖渔鼓产生于清朝，源于满族人民的风俗“跳神”，是源于祭祀活动中的“娱神”活动，也是洪湖渔民文化的民间艺术形式，也是洪湖渔民表达喜悦和欢庆丰收的歌舞形式。洪湖渔鼓与公安道情在其文化渊源上应属同一艺术形式在不同地域的流传。在传承保护、开发利用非遗文化的过程中，应尽可能整合这些相似资源，提炼最具有特色的部分并加以利用。

二、知识类非遗项目

知识类非遗项目包括三个小类，即传统技艺，传统体育、杂技及武术，传统医药。传统技艺7项、传统体育、游艺与杂技1项。在知识类非遗项目中，非国家级、省级的7项传统技艺，分别为汉绣（洪湖市）、荆州葫芦器制作技艺（荆州市群艺馆）、七星宴（荆州市沙市老天宝酒楼）、楚式斫琴技艺（荆州市群艺馆）、楚玉琢磨（荆州市荆楚非遗技能传承院）、蛋雕（荆州市群艺馆）、任婆肘子（石首市龙凤阁民俗酒楼）。传统体育、游艺与杂技类为公安花牌（公安县文化馆）。

荆州葫芦器制作技艺非遗项目，为制作葫芦器的手工技艺。在我国古代，我国的葫芦器古代名甚多，匏因与“福禄”“护禄”等音近，具有很好寓意，因而受到了我国古代民众的欢迎。在中国古代民间，认为葫芦还有收疫鬼的功能。葫芦，又曰壶、曰瓠、曰匏等，其制作技艺可追溯至上夏、商、周时期。《尚书·尧典》中的“八音”，包括了金、石、土、革、丝、木、匏、竹，其中的“匏”，即指葫芦器。可见，葫芦为古代的乐器，从上古三代时就已经开始萌芽了。至清朝时期，以葫芦制作各种器物开始蔚为大观。《西清笔记》为乾隆时期沈初所作，据该书的“附录六”记载，葫芦器至清康熙年间开始受到民间的追捧。以葫芦制作的瓶、盘、杯、碗等器具，上刻有阳文、绘有山水花鸟并有题字。

楚人好匏。在楚庄王时期，楚人还根据葫芦之样式，筑规模小而简朴的高台。据《国语·楚语》："高不过望国氛，大不过容宴豆，木不妨守备，用烦官府，民不废时务，官不易朝常。"匏居台简朴亲民，建造也很节俭，受到了楚人的欢迎。明谢肇淛《五杂俎》中记载："余于市场中见葫芦多有方者，又有突起成字为一首诗者。盖生时板夹使然，不足异也。"又据商承祚《长沙古物见闻记》中的《楚匏》一则记载说："二十六年，季襄得匏一，出楚墓，通高约二十八公分，下器高约十公分，截用葫芦之下半，前有斜曲孔六，吹管径约二公分，亦匏质。口与匏衔接处，以丝麻缠绕而后漆之。"湖北江陵凤凰山高台28号汉墓出土了西汉葫芦瓢型的彩绘漆勺，即是以葫芦之半而为之。从这些记载来看，楚人不仅爱匏，而且还以葫芦制作生活中的器具。根据葫芦器制作技艺艺人回忆，早在明清时期，荆州一带的文人雅士就多有爱玩赏葫芦器者，葫芦器制作繁盛一时。与此同时，镂、烙、镶、勒扎等制作技艺也层出不穷，与古代中国其他地区的葫芦器制作技艺共同构成了手工技艺殿堂中的一朵奇葩。

荆州葫芦器制作技艺有其内在的手工技艺体系，具体而言，可分为：烙画、镂空、镶嵌（金银丝）、彩绘、雕刻、拼接、熏染等。其造型美观，题材多样，制作精巧，无论是人物故事还是山水楼台，均古朴雅致。荆州葫芦器多样化的制作在国内葫芦器制作中独树一帜，并有着浓郁的荆楚地方特色。

荆州葫芦器制作技艺承载着一定时期的社会风尚、礼仪习俗和审美取向，其制作技艺精细，手法多样，作品古朴精美，文化蕴含丰富，成为重要的文化载体，更有着重要的历史价值、文化价值和艺术价值。荆州葫芦器制作技艺在荆沙地区能够流传深远，是因为其有广泛的实用价值和文化艺术价值，当前的代表性传承人有张远龙、肖克勤、赵超明、周祖庆等。

七星宴，又名"七星剑""七星饯"，是流行于荆南地区民俗风情宴。所谓"七星"是指的菜品的数目，是从菜品的数目对宴席进行分类的方法。七星宴通过荤、素食材的合理组合和搭配，宴席主菜为七道，供八位宾客食用，有"七星"伴"八仙"的文化寓意。这其中的文化渊源是值得注意的，楚地民风民俗热情好客，以客人为"八仙"，反映出楚地在待人接物方面的礼仪。民国初期，荆州、沙市一带的民间婚丧宴请及公务活动宴会上，菜品也有一定的固定搭配，主要有杂烩头子、黄焖圆子、梅菜扣肉、红烧全鱼、铁扒土鸡、油爆三鲜、皮条鳝鱼、荆州鱼糕、千张扣肉等[①]。菜品也被赋予了吉祥的文化寓意，如“黄焖圆子”“红烧全鱼”就有团团圆圆、年年有余之意。

楚式斫琴技艺为荆州市第五批非遗名录。古琴又称瑶琴、玉琴，又或称七弦琴，是中国最早的弹弦乐器，被称为“国乐之父”，古代文人将“琴棋书画”作为四艺，并将琴位列其首，足见古人对琴艺的重视。春秋战国时期，楚国在音乐上就有很高的成就，斫琴的技艺也有其内在体系。荆州马山、荆门郭店就出土过七弦琴，曾侯乙墓还出土过五弦琴、十弦琴等古琴，可见在先秦时期的楚国，琴的种类很多，其流行的程度也很高。伯牙、子期的《高山流水》也以古琴作为其情感表达的重要乐器。

菜肴“任婆肘子”是石首地区庆典婚宴中最为重要的菜品。本地有“没有任婆不成宴，任婆不来不开席”之说。在石首市一带，流传着这样的一个三国传说：刘备招亲停留石首，孙夫人的侍女任婆婆为新婚夫妇献上一道菜肴——红烧肘子，半路遇到游玩归来的孙夫人，孙夫人随手将刚刚采摘的椿树叶放入这道菜肴周边，顿时一盘红绿相间、香气逼人的菜肴呈现在大家面前。刘备尝后也大加称赞。后来这道红烧肘子在石首传开，也称“任婆肘子”。任婆肘子的独特之处在于它的外形和味道，深红饱满的圆形给人以喜庆圆满的充实感，油而不腻，落口嫩滑，给人以很实在的味道，具有喜庆、吉祥的特征，也因该菜来自于刘备与孙尚香的婚庆，便长期成为当地人们婚喜庆典宴席中不可缺少的头子菜而流传至今。任婆肘子的制作全是手工操作，其主料为鲜猪蹄，加以佐料配料，选料上乘，配料及佐料适度，才能使任婆肘子色、形、味俱全，其营养价值丰富，它可给人体提供优质蛋白质、脂肪酸、有机铁，特别含有大量的胶原蛋白质，老少皆宜，深受广大民众的青睐。

公安花牌，清嘉庆年间始于湖北荆州公安黄金口，为公安柳氏独创，故又称之为柳氏花牌、柳叶子、十七个等。这种牌艺以其奇特的文字符号、新颖的玩法吸引了众多的同趣者，故两百年来人们对花牌乐此不疲。柳氏花牌集启智、娱乐

① 贺习耀：《荆楚风味筵席设计》，北京：旅游教育出版社2016年版，第162页。

为一体，熔书法、绘画、识字于一炉。当地的民间艺人柳画匠向人们传输了“孔乙己、化三千”的内涵精髓，继而将古人的教育观念融汇于花牌娱乐之中，寓教于乐。字形古拙、怪异是花牌的另一特色，这种看起来似隶非隶、似篆非篆的文字，介于行书与草书之间，用毛笔书写，结构严谨，轻重缓急，挥之有度。具有浓郁的楚地方特色。

三、集会类非遗项目

集会类非遗项目包括民俗、文化节俗等。在此类非遗项目中，松滋婚嫁礼俗、荆州端午节民俗是2项未列入国家级、省级的非遗项目。

在人生仪礼的民俗形式中，结婚礼与诞生礼、成年礼、丧葬礼共同构成了人生仪礼的四个重要内容。古代盛行的婚嫁“六礼”，在松滋境内大致流传了2000余年，其主要内容为“纳采”(即男方派人送礼到女家，表示愿和女家结亲)、“问名、问八字”(即男方修书于女家，询问女方生辰年月)、“纳言”(男方将探询的情况，卜问于祖先祖神)、“纳征”(男方遣人带彩礼去女家订立婚约)、“择期”(男方确定婚期，将日期写在帖子上，备上礼物通知女方)、“迎亲”[结婚之日，男方到女方家，女方父亲在门外迎接，带女婿到祠堂拜祭祖先，车或花轿停在大门外，女方来到车(轿)跟前，男方作长揖或下跪，请女方与之同归]。

南北朝时期，端午节诸多习俗在荆州民间已很盛行。《荆楚岁时记》记载甚详，《荆州府志》《沙市志略》也有记载。“龙舟竞渡”、“悬艾于门户”、“食粽”、“饮雄黄酒”、“戴罗囊”、盐蛋、绿豆糕等则是荆州端午节特有的习俗，诸多端午习俗在荆州流传了千百年。

第四节　荆州非遗的空间分布及特点

空间分布对于旅游开发而言，具有重要的价值。在荆州区域的空间中，那些本广泛流传的非遗文化项目，最后“萎缩”至其现存的区域，成为非遗文化的代表。但是，这并不代表这些文化本身只在这个区域。我们对这些区域内的非遗项目的空间布局进行了解，并对荆州非遗空间分布的梳理，实际上是对非遗文化资源认识的第一步，在空间上具有更为具象化的认识。

一、荆州非遗的空间分布

美国地理学家阿瑟·格蒂斯在《地理学与生活》中说:“区域是划分出来的,是对空间的概括,旨在使地球表现无限的多样性井然有序。”他又提出:“所谓‘空间分布’,就是对研究所选取的环境、人类或组织特征的空间排列。”另外,他还提出“地方相似性”的问题,同时他还认为“在有些地区,一些地方的自然与文化特征表现出相似的格局”①。这种地理学理论的认识,对我们认识文化也同样具有理论的适应性。通过对荆州非物质文化遗产的分布特点进行直观认知,我们可以在后续探讨项目保护、旅游开发等问题时,根据这些分布特点,为旅游资源的整合、旅游景区的整体规划以及社会资源利用、交通资源优化等方面提供有价值的参考信息。

荆州的非遗项目犹如一幅丰富多彩的历史长卷,展现了这座城市深厚的文化底蕴和独特的艺术魅力,这是从历史角度所获得的认知。不同的非遗项目不仅代表了当地人民对生活的独特理解,更体现了世代相传的智慧和对自然、环境的尊重。通过对这些遗产空间分布的深入了解和认知,我们可以在后续的旅游开发中,将这些珍贵的资源进行有机地整合,为游客呈现出一个多姿多彩、充满人文气息的荆州。

根据荆州非遗的分布特点,我们可以看到其在地理上的分布是有规律可循的。一些特定的区域因其历史背景、地理环境等因素,孕育出了丰富多样的非物质文化遗产。比如,一些古老的村落因其特殊的地理位置和自然环境,保留了大量与农业、手工业等相关传统技艺和民俗活动。而在一些历史悠久的城市中心,则聚集了许多与商贸、交通、通信等有关的传统行业和习俗。

从这些非物质文化遗产的内容和形式来看,它们具有鲜明特色和深厚内涵。有的涉及地方特色的音乐、舞蹈、戏剧等艺术形式,如荆州地区的花鼓戏、楚剧等;有的则是与日常生活息息相关的传统手工艺和民间技艺,如剪纸、刺绣、木雕等。这些非物质文化遗产不仅具有极高的艺术价值,更蕴含了丰富的人文精神和历史文化信息。

---

① [美]阿瑟·格蒂斯、朱迪丝·格蒂斯、杰尔姆·D.费尔曼著,黄润华、韩慕康、孙颖译:《地理学与生活》,上海:世界图书上海出版公司2013年版,第19页。

此外，通过非遗的空间分布特点，我们还可以将这些非遗元素融入旅游景区的整体规划中。可在一些具有代表性的景点中引入相关的传统技艺和民俗活动，让游客在欣赏美景的同时，也能感受到荆州深厚的历史文化底蕴。同时，还可以通过与当地居民的互动，让游客更加深入地了解这些非物质文化遗产背后的故事和文化内涵。

在社会资源和交通资源的利用方面，我们也可以根据非物质文化遗产的分布特点进行优化。比如，可以在一些非物质文化遗产密集的区域，设立相关的文化中心或展示中心，以方便游客进行参观和了解。同时，还可以通过改善这些区域的交通状况和配套设施，提高游客的旅游体验和满意度。

通过对荆州非物质文化遗产的分布特点进行直观认知，我们可以为旅游开发提供有价值的参考信息。通过将这些遗产进行有机整合并融入旅游规划中，不仅可以提高旅游产品的质量和吸引力，还可以为传承和发扬这些宝贵的文化遗产做出积极的贡献。

此外，非遗文化的空间分布从其本质上来说，并不代表着此项非遗文化就只是在这个地方流传，其范围有可能是整个荆州市，或者也流传到荆州市域范围之外，如在魏晋南北朝时期，荆楚地域的一些民俗即流传至北方。对荆州非遗项目的空间分布的研究，是选取当下的非遗传承的空间为研究，重在考虑这些非遗项目的直接空间分布，以期对当下城市文化发展、非遗保护与利用有所裨益。

荆州市区的非遗项目相对集中于荆州区，下辖各县(市)与荆州市呈条状分布。目前，荆州市与各县交通便利，县域经济的快速发展，也给县域文化保护与发展带来了充分的机遇。胡娟等人对湖北省内的非遗项目的时空特征进行了研究，认为湖北省的非遗分布显现出“四团两带”的空间结构，认为宜昌、武汉为国家级项目的中心区域[①]，而荆州则刚好处于两个核心之间的文化带上。为更有效地分析荆州非遗资源，以下仅以荆州国家级、省级和市级非遗项目作为空间分布统计对象。

位于荆州市内的非遗项目保护单位在国家级项目中占据了10项，省级项目41项，市级项目更是多达126项。具体来说，位于荆州市区(包括沙市区、纪南文

① 胡娟:《湖北省非物质文化遗产的时空特征研究》,《经济地理》2017年第10期。

旅区)的非遗项目共有93项,松滋地区有17项(其中荆河戏、说鼓子公安县为共同保护单位),公安县有15项,洪湖地区有17项,监利地区有15项,江陵地区有5项,石首地区有18项。这种分布情况表明,各个地区的非遗项目都得到了充分的保护和传承,没有出现某一地区项目过于集中或者缺失的情况。相反,这些项目在空间分布上保持了一种相对平衡状态,这有利于荆州市内不同区域、不同等级非遗项目的全面保护和传承。

二、荆州非遗空间分布的特点

非遗资源的空间结构,是从空间关系的视察进行考察的,主要包括了非遗资源的空间分布、相互关系,是属于空间维度的考察[①]。为了突出荆州非遗所具有的地域性特征,空间分布的描述及研究就显得较为重要。这是从共时性的逻辑角度进行的思考和研究。

(一)整体空间分布散

首先,荆州市区的项目相对比较集中,各县(市)则比较分散。这种特点产生的原因是多方面的。从历史上来看,现荆州所在地从楚国时期起,就成为江汉平原的一个政治、经济和文化中心。

自秦汉时期有正式行政区划以来,荆州古城所在区域一直是荆州周边诸县的政治、经济和文化中心。据光绪《荆州府志》载:"武帝元封五年,置荆州刺史,十三州刺史之一。南郡属焉,南郡领县十八",并将秦朝原来南郡所属的地方,全归荆州刺史所辖。又据《汉书·地理志》记载,此时荆州下辖18个县:江陵、郢、临沮、夷陵、华容、宜城、邔、当阳、中卢、枝江、襄阳、编、秭归、夷道、州陵、若、巫、高成。

晋太康元年(280年),改南郡为新郡,并设荆州刺史,后又改称南郡。设荆州刺史于荆州,共辖11县:江陵、编、当阳、华容、都、枝江、旌阳、州陵、监利、松滋、石首。至西晋永嘉时期,时李特据蜀,据《晋书·地理志》载:"割南郡之华容、州陵、监利三县别立丰都,合四县置成都郡,为成都王颖国,居华容县",建兴年间

① 蔡丰明主编:《非物质文化遗产图谱编制理论与方法》,上海:上海社会科学院出版社2020年版,第241页。

俱属南郡。南朝宋、齐、梁国仍称荆州为南郡，统于荆州刺史。

南朝宋、齐时期，南郡共辖6县：江陵、华容、当阳、临沮、编、枝江。至宋代以后，荆州市下辖各县基本有现在的规模和范围。至南宋建炎四年（1130年）置荆南府、归峡州、荆门公安军镇抚使。淳熙年间又改称江陵府。荆州府下辖8个县：江陵、公安、潜江、监利、松滋、石首、枝江、建宁①。建宁后归并入石首县（市）。

至清光绪时期，“荆州府所属只江陵、公安、石首、监利、松滋、枝江、宜都七县”。1936年，区间调整之后，荆州督察区属第四区，其下辖9县：江陵、监利、石首、公安、枝江、松滋、荆门、沔阳、潜江②。其后行政管辖范围由大到小，枝江、荆门、沔阳、潜江又相继分出直至今荆州市行政区划范围。不过，楚文化的辐射范围远远超出行政区域范围。此外，荆州“一府诸县”的政治和经济发展模式，使得荆州市与诸县之间存在着相对稳定的主次关系，这是政治管理体制长期发展的结果。

从整体来看，荆州市区所拥有的各类非遗项目总数达到了93项，国家级项目数也达到了7项。而其下诸县（市）国家级项目也各有代表，基本保持每县（市）1个（江陵县、洪湖市除外），空间分布存在不均衡的特点。

（二）项目传播范围广

四个级别的从项目的非遗名录的数量来看，荆州市各级非遗项目存在着分布不均匀的特点，国家级项目数量最少，为10项；省级项目为41项；荆州市非遗项目为126项。

非遗文化具有生命力强、传播范围广的特点。在荆州市的非遗项目中，有的项目虽然有不同认定级别的属性差异，但存在重复认定的特点，即是国家级项目同时也是省级、市级甚至是县级的项目。比如，荆河戏作为荆州国家级非遗项目，前已述及，在历史上荆河戏的流传区域是相当广泛的，基本包括了现在中国南方的大部分地区，但主要以湖北、湖南为中心。现代荆河戏在荆州的遗存空间，就包括了沙市区、石首市、松滋市，亦存在着多极化、多元化的特征。此外，

---

① （元）脱脱等：《宋史》（第七册），北京：中华书局1977年版，第2193页。

② 罗运环等：《荆楚建制沿革》，武汉：武汉出版社2013年版，第222页。

五虾闹鲇不仅是流传于荆州市的传统舞蹈，也流传于洪湖市；汉剧在荆州市有所流传，于武汉市也有传承；跳三鼓不仅是石首市非遗项目，也在江陵县有所流传和传播。

再如松滋、公安的说鼓子。公安县和松滋县（市）的说鼓子均为国家级、市级以及两县的县级非遗项目，在各县还有着广泛的群众基础和受众。近年来，松滋市、公安县每年举办说鼓子比赛，以促进县域非遗文化的当代传承与转型。在乡镇一级松滋市刘家场镇文化站，每年组织5名说鼓子艺人参与说鼓子艺术的创作与表演；以荆州为中心的非遗项目大多都体现楚文化特点，这一点在后面将加以论述。此外，楚文化传播空间中的非遗文化，也具有了文化同根性，这都充分反映了荆州非遗文化强大的生命力，也暗示了非遗文化的传播范围之广。

（三）各县市分布不平衡

从整个荆州市非遗项目的类别来看，非遗项目在荆州市不同地理空间中的分布，也呈现出极为不平衡的特点。从分析来看，荆州市非遗项目中，传统技艺类项目为16项、民间文学类为13项、曲艺为9项、传统美术为9项、传统戏剧为4项、民间舞蹈7项、传统音乐5项、民俗4项、传统体育游艺与杂技1项、传统医药1项。由统计可见，传统技艺、民间文学、曲艺以及传统美术、民间舞蹈在荆州非遗项目中所占的比重相对较大。其次，从这些不同类型的项目的地理分布来看，传统技艺、传统美术类项目主要集中在荆州市区；民间文学、曲艺类则主要集中于所辖诸县。

这种不平衡产生的原因，主要还是与古代荆州市所在区域及其下诸县的经济发展水平有关。传统技艺对所依赖的物质水平、工艺技艺等具有更高的要求，有的非遗项目的产品本身就具有很明显的阶层性。如荆沙榫卯木雕在古代的江陵县、沙市镇就有着更高的需求空间，因而其存在就有着更强大的生命力和传承时间；再如铅锡刻镂或楚式漆器技艺，都与当时荆州、沙市的城市经济发展有直接的联系。而那些民间文学、曲艺类的非遗项目，其产生、流传的空间不受限制，人人都有机会听到，以供农闲时的消遣。在很长一段历史时期的古代荆州县域空间中，这些非遗项目的存在价值就更能得以体现。

荆州市非遗项目属长江流域文化体系，并与其他区域文化体系之间存在着内在的文化联系。长江流域发源于青藏，流经西藏、重庆、湖北、湖南等11个省，分上游、中游和下游地区，田阡从人类学学科的角度提出，“流域和流域之间是结成网络关系的，人类文明其实可以说是一个一个的流域网”[①]，流域与人类文明之间存在着密切的关系。

从考古资料来看，长江上游的旧石器时代的元谋人、新石器时代的屈家岭文化以及长江下游江苏的青莲岗文化、浙江的河姆渡文化、良渚文化，都是以流域来进行分布的。长江流域文化对区域内民族性格以及中华民族的整体民族性格的影响也是显而易见的。由上我们也可以说，荆州非遗作为荆楚文明的一部分，同时作为荆州古代优秀传统文化的一部分，与长江流域之间也存在着极为密切的关系。荆州属于长江中游，上游地区处于第一、第二阶梯，地势较高，中下游处于第三阶梯，地势较低。从地理空间来看，荆州市是长江中游重要的城市之一，长江流经其下辖各县，或由长江支流贯穿。

在长江中游一带，长江以北分布有荆州市、江陵县、石首市、监利县、洪湖市；长江以南则分布着公安县、松滋县（市）。同时，长江流域也孕育出了几个十分重要的文化圈，主要包括巴蜀滇文化圈、秦文化圈、楚文化圈以及吴越文化圈。荆州作为战国时期楚国的都城所在地，其所创造的楚文化成为荆楚大地文化的根源，对后世中国南方文化的发展都产生了深远影响。

第五节　荆州非遗的荆楚文化特色

楚文化属于地域文化的概念，在考古学上，楚文化的定义是：“古代楚人创造的具有自身特征的文化遗存，是两周时期分布于江、汉、淮水流域的一种考古学文化。”[②]至春秋中期前后，以楚国为中心的楚文化体系已经形成。战国时期，楚文化对周边区域的影响很深。从文化学角度而言，楚文化是楚国（地）人民创造的物质文化财富，及其长期积聚和沉淀下来的精神结构、价值观念、心理品质、民族性格、思维方式等。

---

① 田阡：《流域研究：人类学的张力和价值》，载徐杰舜等主编《人类学之梦》，北京：知识产权出版社2016年版，第98页。

② 王巍：《中国考古学大辞典》，上海：上海辞书出版社2014年版，第344页。

荆州历史悠久，是楚文化的发祥地之一，历史文化资源丰富，传统文化积淀深厚。自汉代始，荆楚文化又成为中华民族文化中重要的地域文化，极富楚文化特色。荆州非遗是荆楚文化在当今文化中的遗存，与荆楚文化有着密切的文化联系，这些非遗项目传承了楚文化的精髓，生命力强盛，具有鲜明的荆楚文化特色。

一、浓郁的楚艺术特色

文化的最大吸引力在于其独有的特色。没有地域特色明显的非遗文化，就没有办法进行保护性的旅游开发。自古以来，古代学人就对中国的地域文化有所关注，并特别关注到了荆楚地域与文学艺术之间的内在联系。20世纪80年代以来，以楚文化为代表的地域文化研究方兴未艾，以冯天瑜、张严明、刘玉堂、徐文武为代表的楚学专家，对楚文化地域文化进行了很深入的研究，展现了楚文化以及荆楚文化的内在地域特色。值得注意的是，改革开放以来，荆州旅游的发展始终没有走出一条特色道路，就是因为我们在"三国文化""楚文化""荆楚文化""水文化"等不同的文化特色上，有过较长时间的认可、选择过程。

春秋战国时期，楚国是中国南方的诸侯强国，经济实力雄厚，文化艺术繁荣。对楚文化中的楚文学，刘勰称其"惊采绝艳，难与并能矣"（刘勰《文心雕龙》）。楚艺术素有浪漫诡谲、典雅繁复的艺术特色，在青铜器、漆器、绘画与雕刻、丝织与竹编、玉器、琉璃器、金银器等主要门类上，都有着内在的艺术性[①]。当然，从当时世界艺术的发展来看，以荆州为中心的楚艺术的繁荣，与"轴心时代"大的文化背景有密切关系。此时期楚艺术的繁荣，不仅代表了当时东周文化在亚洲的繁荣，也代表了楚文化与世界其他古国艺术的争鸣与呼应。另外，楚文化在音乐美术、器物制作技艺上都有很高的艺术成就，是先秦时期艺术的典型代表。荆州作为楚国政治、经济和文化的核心区域，在其地域中流传下来的艺术文化资源相当丰富。研究认为，先秦时期，荆楚歌乐舞的艺术发展历程，也是黄河中游文化以及长江中游文化的交流过程，艺术魅力的产生也正是处于这种混融性文化机制之中[②]。

---

① 参考皮道坚：《楚艺术史》，武汉：湖北教育出版社1995年版。

② 杨匡民、李幼平：《荆楚歌乐舞》，武汉：湖北教育出版社1997年，第4—5页。

楚国音乐水平发达。楚有乐官主管音乐，设有“伶人”官职，钟建曾被楚昭王任命为乐尹。楚国乐器齐全，有大量出土文物可作佐证，如荆楚八音[①]；音乐艺术理论成就也很高，从楚国属国曾国曾侯乙编钟所载金文中可得到印证。楚国民间音乐繁荣，先秦时期“存在宫廷贵族和乡野民间乐舞之别，具有礼制性艺术和娱乐性乐舞之分”[②]，民间音乐虽不及高雅音乐，但“民间音乐与宗教祭祀音乐、宫廷音乐、文人雅士音乐共同构成中国传统音乐”[③]，是不可忽视的部分。楚国宋玉载“客有歌于郢中者，其始曰《下里》《巴人》，国中属而和者数千人；其为《阳春》《薤露》，国中属而和者数百人；其为《阳春》《白雪》，国中属而和者不过数十人”（宋玉《对楚王问》）。

以上文献充分体现了楚国民间音乐创作的繁荣程度。战国时期，屈原首创骚体，诗以明心志，或聊以娱情，后世更有南朝西曲、唐代竹枝，“唯琴工犹传楚、汉旧声及清平调，蔡邕五弄，楚调四弄，谓之九弄”（《新唐书·礼乐十一》）更体现了民间文化以及音乐的创作生命力。后世文献又多载以“郢中田歌”，“且泛篱下菊，还聆郢中唱”（张九龄《九月九日登龙山》）、“莫怪飞扬多壮思，和歌难得郢中才”（王柏心《大雪偕潘子尚登壶天阁》），总之，先秦时期的音乐文化源于荆楚大地，是楚文化的典型代表，也可见荆楚民间音乐文化传承之盛。

从楚国音乐的历史成就，以观后世荆楚文化中的音乐，又可发现楚乐所衍生出来的荆楚歌乐，不仅具有历史性[④]，而且具有时空性。时空性是指楚乐对荆楚大地传统音乐的影响角度而言的。对于楚歌的概念，孟修祥先生认为：

> 楚歌滥觞于楚地，但它经过了孕育、形成与发展的漫长历史过程，是包括楚地民歌在内而具有鲜明的荆楚地域文化色彩，曾经流传于先秦各诸侯国的一种即兴演唱，以短章杂言体式为主，往往带“兮”字的诗歌体裁。[⑤]

---

① 杨匡民、李幼平：《荆楚歌乐舞》，武汉：湖北教育出版社1997年，第243页。

② 杨匡民、李幼平：《荆楚歌乐舞》，武汉：湖北教育出版社1997年版，第153页。

③ 钟敬文主编：《民俗学概论》，上海：上海文艺出版社1998年版，第328页。

④ 杨匡民、李幼平：《荆楚歌乐舞》，武汉：湖北教育出版社1997年版，第1页。

⑤ 孟修祥：《楚歌研究》，武汉：湖北人民出版社2017年版，第10页。

此概念对以往楚歌的概念进行了重新的辨析，改变了楚歌即楚人之歌的传统论调，这对我们认识马山民歌也具有很好的理论借鉴作用。《孔子家语·辨乐解》中记录了《南风》，此诗相传是帝舜南游之时所奏，这即是上古时期楚地先民楚声之遗存。先秦时期，《吕氏春秋》将四方之音乐各归为四大体系，体现了地域文化的关注视野。楚地“南音”，屈原所创作的《离骚》《九歌》《招魂》，即是在汲取楚地民歌艺术元素的基础上的“当代再创作”，对于马山民歌而言，是流行于楚地的古代楚歌在当下的遗存。经汤彬对比研究，除去语言的发展所带来的差异，马山民歌中仍能看出楚歌谣的文化影响。从歌词来看，都为四句五言或四句七言的形式[①]。从语言学的角度来看，五言和七言的确能很好地表达出汉语的节奏感，除了自然性的选择之外，楚地民歌也体现出了楚歌的语言艺术特色。

楚歌流传时间长，艺术传承生命力强，代表了楚国音乐艺术的最高成就，因而具有典型的楚艺术特征。其特征主要有以下几个方面：其一，楚歌与诗、乐、舞紧密结合。从尧舜时期开始，中原地区就形成了“相和而歌”的音乐歌谣形式，百兽率舞则是舞蹈的形态。楚国建立后，与南方文化相融合，艺术形式也得到进一步发展，逐步形成了楚歌的艺术形式。其二，内容上具有雅俗共赏的文化特色。楚歌具有不同的艺术风格，有十分广泛的受众群体。《巴人》在楚歌中代表了通俗的歌谣；而《白雪》是以琴为伴奏的圣人歌，是高雅的楚歌；《诗经·国风·召南》为楚人民歌。接舆以歌讽谏孔子，楚歌艺术更始具社会功用；其三，形式上具有多样的艺术表现特色。楚国从北至南迁徙，与南乡文化相融会，形成了相和歌、兮字歌、南风歌、巫觋歌等多样的艺术形式，相和而歌，随歌而舞。在艺术形式上具有多样性，也反映其吸收和影响其他艺术形式的内在动力。

荆州传统音乐、传统舞蹈、传统戏剧、曲艺类非遗项目，多以音乐、舞蹈、戏剧艺术门类为主，可划入艺术类，它们具有典型的楚地歌舞乐的艺术特征，展现出荆州地方独特的艺术魅力。从项目数据库的整理和分类来看，荆州市所有非遗名录之中，艺术类的项目数量达到了47项：其中曲艺18项、传统舞蹈13项、民间音乐5项、传统戏剧11项。表明了荆州市在艺术类非物质文化遗产保护和传承方面的丰富性和多样性。这些艺术类非遗项目的存在，不仅代表了荆州深厚的

① 汤彬：《马山民歌与荆楚文化渊源考究》，载文化部艺术服务中心编著《中国民间文化艺术之乡建设与发展初探》，北京：中国民族摄影艺术出版社2010年版，第327页。

历史文化底蕴，同时也展示了当地人民对于艺术的热爱和追求。这些项目在当地具有广泛的群众基础，是当地文化生活的重要组成部分。

鼓盆歌和跳三鼓都与楚国的庄子有关。庄子是我国道家文化的重要载体，鼓盆歌和跳三鼓在古代文献中多有记载。《诗经》《周易》等古籍中称之为“鼓缶”或“击缶”，文献有“坎其击缶，宛丘之道”（《诗经·陈风·宛丘》）的记载。又《墨子》载“昔诸侯倦于听治，息于钟鼓之乐；士大夫倦于听治，息于竽瑟之乐；农夫春耕夏耘，秋敛冬藏，息于瓴缶之乐”（《墨子·三辩》）。相传楚国庄子妻死，“惠子吊之，庄子则方箕踞鼓盆而歌”（《庄子·至乐》）。沙市鼓盆歌在表演形式上，通常是一至两人自击鼓板，演唱方式有独唱或对唱两种。唐《蛮书》亦载“其父母初丧，击鼓以道哀，其歌必号，其众必跳”，鼓盆舞成为荆楚丧礼中的重要民俗事象。沙市鼓盆歌和石首跳三鼓都是荆楚民间丧礼中独特的形式，在文化意义上，与道家的哲学思维相似，对生死有了超然的认识，亦具有庄子的文化精神内涵。

鼓盆歌在湖北一带又与丧鼓相联系，其内在文化与道家生命观有着十分密切的关系，充分体现了楚人看透生死、超脱悲痛的自然观念，也成为后世人们克制失去亲人的悲痛的一种有效方法。《诗经·陈风·宛丘》中记载了陈国“击缶”的民俗活动：“坎其击鼓，宛丘之下。无冬无夏，值其鹭羽。”[①]这是一首陈国的民歌，讲的是一位巫爱好跳舞，不论天冷天热她都在大街上为人们祝祷跳舞。文献中所记载的舞蹈是一种羽舞，手里拿着用鸟羽制成的翿，舞蹈时盖在头上，如同鸟一般。同时，为了调节舞步，还将鼓、盆或瓦作为乐器，有节奏地击打。陈地在今河南省淮阳、柘城以及安徽省的亳县一带。陈国民风民俗与楚国有着很大的相似性。《楚辞·卜居》里也记载了相类似的楚民俗：“黄钟毁弃，瓦釜雷鸣”，这其中所说的“瓦釜”，也是“击缶”的一种反映。《墨子·三辩》中也记载了宋国的击缶之乐：“息于瓴缶之乐。”《晏子春秋·外篇》亦载：“释衣冠，自鼓缶。”《周易·离》亦载：“日昃之离，不鼓缶而歌，则大耋之嗟，凶。”[②]此处是对阳爻的解释，把日落比作人老而将死，并说如不击打着瓦唱歌及时行乐，到老了叹气，为凶。这其中把“击缶”当作及时行乐的一种表现形式。对于“击缶”，明代李贽有一段比较直接的论述和考证：

---

① 程俊英、蒋见元：《诗经注析》（上册），北京：中华书局1991年版，第364页。

② 周振甫译注：《周易译注》，北京：中华书局1991年版，第106页。

古者西戎用缶以为乐，即古之土音也，党项国亦击缶。然则缶本中国之乐，夷人窃而用之耳。李斯曰："击瓮叩缶，真秦之声。"渑池之会，蔺相如请秦王击缶。《淮南子》云："君子有酒，小人鼓缶。"是其证也。后世水盏之乐，源于击缶。①

这段文献提出了几个需要注意的问题：一是击缶这一民俗事象，在秦、西戎一带也有所流传。秦国李斯还强调说，"击瓮叩缶"就是秦国固有的音乐。不过，李贽考证认为缶是中原一带的乐器，是"夷人"将这种易得到的乐器引入当时的西方的。同时，李贽还认为击缶是后世水盏之乐的源头。敦煌壁画五代时期第61窟主室东壁北侧《维摩诘经变相》的《方便品》中，就绘有击奏水盏的图画。龙牛菲认为，击缶是当时流行于各诸侯国的一种民俗活动，在各类文献中都有较多零星的记载②。其后，击缶因其音乐的单一性，而走向了击瓯，"击瓯，以十二瓷瓯为一桌"(《文献通考·乐考》)，这种音乐表演形式则更具有音乐的变化。从以上文献所传达的历史信息来看，鼓盆歌在先秦时期是一种民间娱乐的方式，与丧礼之间似乎并没有太直接的联系。

鼓盆也是击缶类音乐表演形式的一种。成玄英疏解云："盆，瓦缶"，即"盆"与"缶"一致。楚地关于鼓盆歌的记载，最早可以上溯到《庄子》一书。庄子，名庄周，是楚国人，是我国道家学派的创始人之一，与老子并称为"老庄"。关于鼓盆歌的民俗，这可能与楚地的丧葬习俗有关。惠施，生卒年不详，宋国人，战国时期的哲学家，善辩。著有《惠子》一书，其言行散见于《庄子》《荀子》等书，他与庄子有所交游。《庄子·至乐》载：

庄子妻死，惠子吊之。庄子则方箕踞鼓盆而歌。惠子曰："与人居，长子老身，死不哭亦足矣，又鼓盆而歌，不亦甚乎？"庄子曰："不然。是其始死也，我独何能无概然！察其始而本无生，非徒无生也而本无形，非徒无形也而本无气。杂乎芒芴之间，变而有气，气变而有形，形变而有生，今又变而之死，是相与为春秋冬夏四时行也。人且偃然寝于巨

---

① 张建业主编：《李贽全集注》第16册(读升庵集注)，北京：社会科学文献出版社2010年版，第260页。

② 牛龙菲：《敦煌壁画乐史资料总录与研究》，兰州：敦煌文艺出版社1991年版，第509页。

室，而我嗷嗷然随而哭之，自以为不通乎命，故止也。”

这一段先秦时期的文献，就像一抹悲情的颜色，给先秦楚地鼓盆之乐染上了丧葬文化的色彩。这段文献记载的是，庄子妻子过世了，惠施过去吊唁。但是，他发现庄子并没有表现得那么悲伤，而是鼓盆而歌，显得很荒唐，惠施也并不太理解他的这一举动。庄子因而说明他从悲到平淡的原因，他从其妻子的死，看到了生死之理，并由此而超越了他个人的悲哀。他所唱之歌，虽然不是悲妻之歌，但绝不是表达反常的喜悦的歌，而是在感慨生死，并因此而顺应自然的表现，也体现了他对生死的乐观态度。至20世纪60年代前，鼓盆歌的歌案上仍供着庄周的木雕像，可见鼓盆歌与庄周之间的关系是十分密切的①。

传统戏剧类的马山民歌的流传区域相对比较小，但流传的时间较长，流传空间上，也正好处于楚国都城的核心区域之内。从荆楚歌乐舞的发展历史来看，如同楚文学率先从集体创作走向个人创作一样，楚国歌乐舞也从神坛中走下来，并不再附生于礼乐制度之下，而是体现出楚人娱人、娱神的艺术价值及追求。从其历史渊源来看，也与楚国民间艺术有着很直接的联系。不得不提的是先秦时期宋玉《对楚王问》这个文献中的一段，说的是楚襄王问宋玉自己在治理楚国方面有何不对的地方。宋玉回答说：

客有歌于郢中都，其始曰《下里》《巴人》，国中属而和者数千人；其为《阳阿》《薤露》，国中属而和者数百人；其为《阳春》《白雪》，国中属而和者不过数十人；引商刻羽，杂以流徵，国中属而和者不过数人而已。

这段话实际上是宋玉的一段自我比喻，主要是为了表达自己的高洁之品行和脱俗之精神品格。除此之外，此段文献还具有特殊的文化意义。其一，透露了战国中后期楚国都城中的音乐流传情况，不仅包括了宫殿音乐中的引商刻羽之属，更有《阳春》《白雪》的高雅之调，为楚人所喜闻乐见的《下里》《巴人》之调，更为楚国百姓所欢迎，其性质应与现代的民歌相等同。这其中的《下里》《巴人》即是马山民歌的一个重要的“源”。其二，展示了楚地民歌强大的生命力以及楚人

① 肖爱民：《“鼓盆歌”初探》，载中国民间文艺家协会湖北分会编《民间文学论文集》（第3集），武汉：武汉大学出版社1989年版，第149页。

热爱音乐的民俗特征。当有客人在郢都唱通俗的歌曲,数千人跟着他一起唱,这反映了这些曲目在楚国流传范围很广,也深入楚人内心。同时,这也表现了楚人的艺术热情和艺术参与度,这种和歌形式也为马山民歌所传承,楚人的和歌为源,马山民歌的"和"为流。在现代马山民歌的唱腔上,则以现代荆沙方言为基础。和先秦时期楚地语言相比,虽然历经数千年语言的变迁,但从语言发展的规律来看,荆沙方言的发展仍是建立在楚语的基础之上的,因而荆州音乐类非遗项目的语言艺术,与楚语之间也有着很高的内在匹配度。

当然,荆州非遗项目中还有一大批产生于明清之际的民间音乐,如汉滩小曲、荆河戏等,这些仍属于荆楚文化的范畴,经过长时期的艺术酝酿而形成于荆州,流传后世。这些戏曲以荆沙方言演唱,地方色彩浓郁,虽然与楚艺术特色没有直接联系,也共同反映了荆州非遗项目的荆楚文化特色。

二、精湛的楚手工技艺特色

楚国手工艺水平代表了先秦时期的最高水平。楚学研究者把楚文化的核心门类概括为"六大支柱",其中包括了青铜冶炼、髹漆工艺、丝织刺绣、屈原与宋玉文化、老庄哲学、楚国音乐和美术。这些楚文化的重要支柱,代表了楚文化所取得的最高成就。其中前三个支柱为物质文化方面的成就,反映了楚国手工艺术水平的成就;后三个支柱为楚国精神文化方面的成就,反映了楚国精神文化的成就。

从统计来看,荆州市的所有传统技艺类非遗项目共有16项。首先,从项目的级别来看,国家级为2项、省级为9项、市级为16项;其次,从申报单位来看,以荆州市为申报单位的项目就达到了12项,手工技艺类非遗项目相对比较集中于荆州市。

楚式青铜器铅锡刻镂技艺是楚手工艺的"活化石"。楚国青铜器有其独特性,其器物的创新组合、形态多样自不必说,除礼仪性和实用性外,楚式青铜器还特别看重审美,在铜器纹饰上讲求创新,不厌繁饰,特别是立体浮雕装饰尤令人惊叹,开创先秦南方青铜器的独特艺术风貌。

铜锡刻镂技艺具有较为明显和悠久的历史渊源。20世纪30年代,郭沫若就已将中国古代青铜器划分为南、北二系。其中,南系即包括楚国的青铜器。目前，以荆州为中心，范围扩大至湖北、湖南、湖南、江西等省，出土了大量楚地青铜器。青铜资源的丰富使楚国青铜器的铸造工艺也得到发展。楚人青铜铸造工艺主要有失蜡法、铸镶法以及镴焊工艺。如河南淅川下寺2号楚墓出土的铜禁，蜡模由28个部件焊成，构件十分复杂，体现了楚人失蜡法技术水平之高，证明了楚国是我国最早运用失蜡法工艺的地区①。铸镶法以及镴焊工艺是楚人在青铜铸造上常使用的工艺。铸镶法和镴焊工艺的应用与青铜器装饰图案的制作有关，工艺工序简单也比较省时，铸镶法是预先铸造红铜纹饰，然后再置于青铜器的铸型之内，之后再合范浇铸青铜液并成形②。镴焊工艺是一项强度较低、操作简便、经济实用的工艺。在曾侯乙编钟上横梁的铜套内，就发现了镴焊合金的实物。这种焊接技术应是楚人所发明的技术。

荆州非遗项目楚系青铜器制作技艺是对楚国青铜器制作技艺的模拟与再现。铅锡刻镂技艺的独特之处，在于匠人能流畅自如地制作、复制古代青铜器纹饰，且精细程度和纹饰达到以假乱真的地步，金银、红铜的镶嵌以及鎏金刻镂技术独特。匠人利用打击、扭曲、编织、挤压、入模成型等手法，把平面纹饰和立体、扭曲、镂空等造型结合起来。荆州铅锡刻镂技艺代表性传承人敖朝宗传承了楚国青铜器制作技艺，充分利用传统方法制作、复制青铜器，特别是铅锡刻镂技艺，其细如发丝的纹饰雕刻手法更贴近楚国青铜手工技艺的最高水平。

楚式漆器髹饰技艺也体现了楚国漆器手工技艺的精湛。首先，楚国漆器工艺有着悠久的发展历史。原始社会时期就有漆器出现，“流漆墨其上……墨染其外，而朱画其内”（《韩非子·十过》）。楚国漆器具有地域特色和创新求异的特点，在漆胎制作、漆器髹饰和彩绘纹样方面，尤其以髹饰技艺最体现其制造水平。楚国漆器的制作技艺在后世得以传承，汉代漆器生产工艺完善、唐代剔红技术、元代“金漆盆盘”、明代“朱漆盒”等都反映了楚式漆器制作技艺在后世的繁荣和传承。

先秦时期，漆器成为人们日常生活中的重要器物，也促进和发展了漆器髹饰的手工技艺水平。在髹漆技术上，楚人早已总结出了制作漆器的方法，韩非子

① 华觉明：《失蜡法的起源和发展》，载吴德铎《科技史文集》（十三），上海：上海科学技术出版社1985年版，第63—81页。

② 华觉明等：《中国冶铸史论集》，北京：文物出版社1986年版，第144页。

《韩非子·十过》就记载说："斩山木而财之，削锯修之迹，流漆墨其上……墨漆其外，而朱画其内。"早在新石器时代，南方余姚河姆渡就出土过漆木碗。早在商朝时期，荆楚地域就有髹漆技艺存在了①。

荆州市及周边区域地下独特的温湿环境，保存了大量先秦时期楚国的漆器。在楚国的科技殿堂中，漆器制作以及髹漆工艺最为绚丽多彩，体现了楚人漆化学知识的丰富。从技术上来说，楚人漆器制胎工艺主要包括了木胎、夹纻胎、皮胎、竹胎等胎体制作工艺。2000多年以来，这项荆楚独特的传统技艺一直在荆州一带得到传承和发展。自20世纪以来，荆州地区楚墓中漆器陆续出土，出土实物也证实了这一传统手工技艺在荆州的传承并没有得到中断。1927年第23卷第7号《东方杂志》所载的《沙市》一文中记载说："沙市多漆工……大宗盆桶等木器加以油漆，平匀光洁，咸称佳品，故漆器为沙市特产一大宗也。"足见此技艺在20世纪的传承脉络。

楚式漆器造型奇异瑰丽，图饰丰富多彩，色彩饱和雅重。使用精加工而成的生漆，其色彩选用天然矿植物色素，彩色漆料必须经过色料研磨、日晒脱水、色料与透明漆料搅拌、密封存放等多道工序。制作一件器物要经过复杂的工艺，如选料、雕刻、榫卯成形、打磨、上漆等20多道工序。具有很高的工艺、艺术和实用价值。楚式漆器髹饰技艺传承人邹传志的漆器作品《九头鸟笔挂》《九头鸟笔挂》《龙凤莲花灯》《蝉形砚》等从用料、雕刻、髹漆、绘画上都体现了楚文化的特色。

楚国丝织与刺绣艺术代表了先秦时期的丝造技术最高水平。楚国丝织品种繁多，包括了先秦时期丝织品的品种，长沙左家塘、长沙五里牌、江陵望山、九店、荆州马山等地出土了多种多类丝织品，丝织物品品种齐全、织造技术精湛。汉绣始于汉代，但其却是由楚绣发展和演变而来。汉绣与我国的苏绣、湘绣、蜀绣以及粤绣并称为"四大名绣"。汉承秦制，但其文化却是因袭楚制。汉代的文学、语言、建筑等，多受到楚文化影响。楚国的楚绣其实是包括绘画和针绣在内的手工技法。《周礼·考古记》记载："画缋之事……五采备谓之绣。"画缋是指画成纹饰的样式，而"五彩备"则是指的"绣"了。楚国时期刺绣就已成为十分普通的手工技艺。刺绣作品及技艺扩展至湖广一带，兴于唐而盛于清。至清朝中期，汉口设有

---

① 后德俊：《楚国的矿冶髹漆和玻璃制造》，武汉：湖北教育出版社1995年版，第198页。

织绣局，作为湖北省内各地绣品的集中地，夏口（今汉口）一度还形成绣花街。在20世纪下半叶的石首、洪湖一带，也多有刺绣的集中和发展。同时，因汉绣的刺绣具有很强烈的艺术效果，也成为戏剧民俗中不可缺少的一抹色彩。汉剧中戏剧服饰均由汉绣制成[①]。

从非遗传承人的角度来看，王孝珍是省级非遗荆州民间刺绣的传承人，她所选择复制的刺绣作品，即是以楚国刺绣为对象。这种选择本身就是由楚地民间艺人的内在艺术的自然选择所致，体现了楚人的审美情趣。她所绣《龙凤虎纹绣》曾获湖北省民间工艺美术作品金奖。其作品以龙、凤、虎纹作为艺术创作元素，整个图案表现出龙飞凤舞、猛虎腾跃的艺术空间，构图成熟、楚式风格突出，与出土楚国龙凤虎纹绣的刺绣手法相似。楚国龙凤虎纹绣由对称单位组成，其周边用褐色、金黄色两种彩线绣一龙一凤，双龙双虎栩栩如生，牙、眼、爪也以不同线进行锁绣，整个图案表现出龙飞凤舞、猛虎腾跃的生动场景，充满神奇色彩，构图匀称，色泽华丽，绣工精细。当代荆楚手工艺家作为荆楚文化的传承者，对楚国的刺绣有着独特而深入的了解，王孝珍的《龙凤虎纹绣》不仅使用了楚国刺绣的表现形式，而且还体现了楚手工艺细腻、神秘和夸张的表现手法，手工艺技艺一脉相承，其手法与苏绣、蜀绣亦有很大的区别。

归纳来看，荆州非遗手工艺类项目工艺水平精湛，不管是青铜器还是漆器，对于青铜器的制作和漆器胎体的制作，都体现了对先秦时期楚人手工技艺的模仿与传承，对荆州民间刺绣而言，则品种多样，针法多变，色线掺和与镶嵌成熟，花样绮丽，艺术价值高，地域特色鲜明；艺术风格具有楚文化色彩。在漆器的制作上，工序复杂，制作考究；造型奇异的图饰也多以先秦楚国的艺术图饰作为创作的源泉和对象，因而也具有了神秘的艺术色彩。不管是青铜器上的纹饰还是刺绣作品上的图案，都有着楚国手工艺术品特征。

三、浓厚的荆楚精神文化特色

荆州为上古为九州之一，后为楚国强盛时期都城纪郢所在地，楚国繁盛时期的历史文化大多发生、发展于此。在人类历史上，历史知识的传承主要有两种方

① 陈元生主编：《汉绣传奇》，武汉：武汉出版社2014年版，第89页。

式，一种是文字记载，成果就是文献资料；一种是口述方式，在无文字民族中，口述史是民族历史记录的主要方式。在有文字的民族中，也有大量以口述形式传承民族文化、地域历史的。这种传承方式与文字记载方式相辅相成，有些传说和故事虽然不一定反映历史的真实，但其却是古代历史和文化的重要组成部分。非遗不在于考证，而在其文化价值。非遗传承人“在民族历史知识的传递过程中，发挥了重要作用。这种传递尽管不乏附会和艺术加工，但其主体内容通常是真实可信的”①。

荆州非遗中大量民间传说和故事，都记载或反映了荆楚地域文化历史及名人的民俗记忆。伍子胥，“楚人也，名员。员父曰伍奢。员兄曰伍尚。其先曰伍举，以直谏事楚庄王，有显，故其后世有名于楚”（司马迁《史记》卷66），其父兄为楚平王所杀，故而伍子胥逃到吴国，忍辱图强，后来引吴人入郢，并掘平王墓而鞭其尸。其出生地今属监利县，在监利、沙市岑河一带就广泛流传着伍子胥的故事。

荆州是三国文化的中心之一，流传着大量的三国故事和三国人物的传说。经荆州市群艺馆整理发现，非遗项目“荆州三国故事”的内容大多与史籍《三国志》、历史小说《三国演义》内容不同，学者称为“三国野史”，传说共计200则，达20万字，是民间活态的三国文化内容。如《张飞一担土》，讲述了关羽与九仙女比赛修长荆州城，而张飞则担土相助的故事，而这个故事早在盛宏之的《荆州记》就描述了张飞一担土的故事，三国故事的流传从三国后就从未中断过。同时，三国故事和传说也在周边地区广泛得以流传，如当阳三国传说、猇亭三国传说，这些三国传说与荆州非遗项目三国传说有着内在文化联系，共同构成当下非遗项目的文化内容。而非遗项目“荆州关羽传说”，关羽为三国时蜀国名将，镇守荆州，名扬四海，民众头脑中的关羽传说具有强烈的地域特征，大多宣扬其义薄云天的英雄形象以及伏魔除妖的传说。从内容上来看，主要有事迹、风物、习俗、名胜与地名传说、谚语、歇后语、对联以及关公戏等，荆州关羽传说则是关公精神地域化、人性化的体现。如《卸甲山》《关羽成财神的传说》《教字关平》等，具有民间文学的独特性和广泛的群众基础。

① 苑利、顾军：《非物质文化遗产学》，北京：高等教育出版社2009年版，第71页。

非遗项目“张居正传说”反映了明代荆楚名人张居正的传说故事。张居正(1525—1582),今荆州人,政治家、改革家,是明代万历首辅,当政十年,实施改革,力挽狂澜,变法图强。“治天下必用申韩,守天下必用黄老,明则一帝,高皇帝是也;明只一相,张居正是也。”(刘献廷《广阳杂记》)荆州关于张居正的传说,如码银街的来历、智断白马案等,均为正史所未记载之事。在历史研究中,诚然传说资料不如正史资料可信度高,但从这些传说中可考见张居正少年聪颖过人的智慧和体现出来的发奋图强的精神,展示了张居正的人格魅力。

同样的,反映明代公安三袁的传说故事,也包含了荆楚地域精神文化。公安三袁传说的内在的文化内涵,与荆楚地域的家庭教育、礼俗文化以及人格追求有着内在联系,其教化功能是十分明显的。可对此产生佐证的,是公安县的《袁氏家训》。《袁氏家训》的内容,包括了《袁氏家戒十条》《袁氏家教十则》。《家戒十则》的文字相对简洁明了,意旨又十分的明确,继承了中国传统家训以理服人、以情动人的教育特点。这其中所包括的思想内容也很丰富,讲求儒家的孝悌观,宣扬追求儒家君子的理想人格,其中还讲到袁氏家族要求袁家子弟能发扬广忠厚、尚勤俭的家风,这种家风的传承,对于明朝及清朝时期三袁传说的形成,是具有很直接的决定作用的。

综上所述,荆州非遗是荆州地域文化的重要组成部分,包含于荆州地域文化之中。荆州非遗产生、发展并传承于荆楚大地,富有浓郁的楚歌楚乐艺术特色、创新繁饰的楚国手工艺的特色、荆楚地域历史文化特色。

对湖北省而言,历史文化资源主要是荆楚文化,荆楚文化是湖北文化的重要内容。学者提出“把楚文化作为湖北的品牌来宣传,通过多种多样的平台来推介楚文化,突出楚文化在湖北文化产业中的内核作用”[①],注重湖北文化建设与楚文化的内在联系。荆州非遗资源是可见、可闻、可感的荆楚文化载体,亦与“崇尚自然、浪漫奔放、兼容并蓄、趋时拓新”的湖北文化特色相契合,是湖北文化建设不容忽视的部分。把握并注重非遗项目的荆楚文化特色,有助于进一步丰富荆州地域文化特色,也有利于充分挖掘和丰富湖北荆楚文化的当代旅游文化价值和内涵。

---

① 刘玉堂等:《楚文化资源与当代湖北文化产业发展浅论》,载武海清主编《荆楚文化与湖北旅游》,武汉:湖北人民出版社2010年版,第428页。

第二章　荆州非物质文化遗产保护论

2006年，我国正式启动非遗保护工作，标志着全国性的非遗保护全面拉开序幕。21世纪以来，我国非遗保护工作呈现出保护级别化、研究类别化、关注多元化的整体研究格局。同时，也有研究者从保护和开发地域非遗文化角度入手，探讨非遗保护问题。

本章将从国家层面的政府保护出发，结合地方政府、研究者、传承者的主动保护经验，探讨有效的保护措施。同时，在理论上进行分析，为未来荆州非遗保护提供有益的借鉴或提出相应问题，试图从理论上找到解决问题的途径。本章也将从研究者“旁观”的角度，分析当前荆州非遗保护问题。

第一节　荆州非物质文化遗产保护现状及困难

我国非遗项目数量众多，保护工作具有重要性和广泛性。2023年10月，文化和旅游部公布了国家级非遗代表性项目保护单位名单，对评估不合格的保护单位予以解除资格。对于非遗保护的重要性及存在的问题，冯骥才提出“如果我们真正深入到民间到非遗之中，以冷静的科学的文化的眼光审视，从它历史文化的原真，现在时的真实境况，再放眼它的今后与未来，问题并非小小，而是大大”[①]。从历史文化原真、现在真实境况，以及未来发展角度，非遗保护面临的问题并非微不足道，而是严重紧迫。他进一步分析非遗保护困难的原因，主要归结为五点：一是非遗传统载体的瓦解；二是传统生活方式的改变与瓦解；三是传承人的老化；四是非遗保护科学化的缺失；五是申遗机制的政绩化。这种对非遗保

① 冯骥才：《冯骥才·思想卷》，青岛：青岛出版社2016年版，第166页。

护工作的深度关注和反思，对当前非遗的保护和利用作出了重要的警示。

一、保护现状

“十三五”期间，荆州市的非遗保护与传承再上新台阶。新增省级非遗代表性项目2项、市级非遗代表性项目29项，新入选国家级非遗代表性项目代表性传承人2人、省级代表性传承人4人、市级代表性传承人13人。

以文教、企业为依托，探索形成“非遗＋职教＋公司”的传承模式，扩建荆楚非遗传承院，建成荆州传统工艺工作站、全国漆艺传承发展联盟2个部级传承平台，参加了“感知中国·哈萨克斯坦行”中国非遗展、新西兰“楚汉神韵”中国湖北非遗展、“楚韵荆风”泰国文化交流等活动，提升了我市非遗文化的国际知名度。

继承和弘扬优秀传统文化，坚持创造性转化、创新性发展，贯彻“保护为主、抢救第一、合理利用、传承发展”的工作方针，完善科学保护机制，加强传承人管理与扶持，形成多元融汇的非遗保护、传承和利用的发展格局。

挖掘非遗文化资源，健全非遗传承保护体系，加强非遗调查与记录，对全市重点非遗项目进行调查，将调查结果服务于旅游、文化产业发展。完善非遗记录体系，运用文字、图像、音视频等方式，对非遗项目和传承人实施全面记录。加强非遗档案整理，制定非遗档案建设标准规范，建立对非遗有关文字、图片、音视频以及实物资料的搜集、整理和数字化处理流程。

加强非遗代表性项目保护。健全国家、省、市、县非遗代表性项目名录体系，开展第八批市级、第七批省级、第六批国家级非遗代表性项目认定和推荐申报工作，组织对非遗项目保护情况监督检查，评估项目存续状况。

加强非遗传承人认定和管理。完善国家、省、市、县非遗代表性传承人名录体系，开展第五批市级、第六批省级、第六批国家级非遗代表性传承人认定和推荐申报工作。对于集体传承、大众实践的项目，探索认定非遗代表性传承团体（群体）。继续探索“学校＋非遗”的传承模式，实施传承人群培训计划，确保各项非遗代表性项目后继有人。

探索非遗保护新途径，打造非遗传承新模式。探索非遗系统性保护新途径，全力打造非遗传承的“荆州模式”。积极支持长江艺术工程职业学院建设与发展，以传统工艺（荆州）工作站和全国漆艺传承联盟为引领，完成荆楚非遗传承院迁建工程。积极整合政府、高校以及企业资源，依托荆州博物馆、荆州文物保护中心、荆州传统工艺工作站、荆楚非遗传承院，启动“中国漆艺之都”建设。支持荆州文物保护中心与荆州传统工艺工作站等机构合作培养文物修复专业人才，为我市文化遗产保护积蓄后劲力量。

增强非遗传承与传播活力，打造“非遗在社区”示范点。开展多样非遗传承活动，增强非遗文化的现代生命力。坚持高质量开展“文化和自然遗产日”活动，充分发挥微博、微信、短视频、直播等新媒体的作用，培育非遗项目和传承人“网红”品牌。建设荆州非遗馆，常态化开展非遗培训、展览、学术交流、公共教育等活动。

目前，荆州市支持“非遗在社区”示范点的建设与推广。通过设立一批特色鲜明、带动作用明显的非遗就业工坊，搭建非遗产品设计、展示和销售平台。推动非遗代表性传承人扎根社区，开展丰富多彩的公益传承传播活动，形成“街镇有项目、社区有传人、周周有活动”的活态传承局面。

二、保护困难

（一）传承困难

非遗传承困难实际上关乎非遗项目保护，传承人、非遗传承、非遗文化的接受等方面的多种困难。非遗传承困难首要在于传承人的保护。对于荆州荆河戏传承人而言，通过对学艺经历、知识结构、经济收入等进行调查，在这几个方面存在很大问题[①]。针对这一点，孙正国关注传承人的性质差异，对荆州市非遗传承人的保护，提出了类型化的保护观念[②]。他从总体性保护的角度，分析了传承人保护的利弊，提出类型化保护的观念，对这些传承人是否可以找回其个性化传承方式进行分析，具体还提出了要进行个性化保护方案，采取扶持性保护、引导性保护和开发性保护三种方式，提倡尊重和捍卫传承人的基本生存权、充分鼓励传承人坚持艺术理想。我国已建立了非遗传承人的制度，在《中华人民共和国非物质文化遗产法》中，对传承人认定的数量和标准、认定程度、扶持力度以及废止资

① 王华龙、桑俊：《江汉平原荆河戏传承人的现状调查及保护对策》，《中华文化论坛》2018年第3期。

② 孙正国：《论非物质文化遗产传承人的类型化保护》，《求索》2009年第10期。

格取消制度等，均有相应法律条文的约束。非遗传承人普遍存在断层的趋势，如音乐类的非遗的受众也越来越小。民间工艺类的非遗有的没有很好地挖掘经济价值，因而没有人愿意去学习。桑俊对荆河戏生存状况进行调查，选择大学生、民众、荆河戏演员三类作为调查对象，在前两个人群中存在"边缘化""代际断层"等问题；针对荆河戏演员的调查显示，主要认为要加强专业剧团设立、加大宣传普及、学校开设相关课程等[①]。以上湖北荆河戏的专题调查，充分反映国家非遗项目荆河戏所面临的保护传承困难，无论是传承主体还是接受者，都存在较大的困难。

当然，非遗传承困难的深化，还与当下城镇化的进程有关。从世界范围看，工业革命以后，工业化、城镇化是现代化的主要特征，城镇化是工业化的产物。1978年以来，中国城镇化快速发展，2019年城镇化率突破60%[②]。康保成研究认为，诞生于农耕和游牧文化土壤中的非遗文化，在科技、城镇化这些社会发展等关键词作用下，给社会格局和文化体系也带来了巨大变化，现代城市、城镇很难找到非遗文化生存的基本文化空间和土壤[③]。正因为这种基本文化空间和土壤的丧失，我们的非遗项目的传承也就面临着相当危险的境地。

传承危机还指非遗项目传承人老龄化严重问题所带来的传承困难。非遗项目传承人老龄化问题是指一些非物质文化遗产项目的传承人年龄普遍较大，导致传承面临困难。如荆州市国家级非遗项目荆河戏，剧团艺人平均年龄80岁，后继无人。荆州省级非遗项目五虾闹鲇，曾在2010年上海世博会展出，深受海内外民众欢迎，但传承人毛民康面临无人愿学制作花灯手艺的状况。不仅如此，大多数非遗项目仍面临传承人青黄不接的情况。少部分项目即便有传承人，也只是形式上的认定，并非真正意义上的传承，更谈不上创新发展。尽管有些项目有传承人，但这并不意味着传承得到了有效的延续。例如，2012年荆州市公布的第一批非遗项目代表性传承人名单中，80岁以上的传承人有14人，70～79岁

① 桑俊、高翔、胡劲松：《湖北荆河戏调查》，武汉：湖北人民出版社2021年版，第23—91页。

② 武廷海、张能、徐斌：《空间共享：新马克思主义与中国城镇化》（第2版），北京：商务印书馆2021年版，第26页。

③ 谢中元：《走向"后申遗时期"的佛山非遗传承与保护研究》，广州：中山大学出版社2015年版，第17页。

的传承人有25人，几乎占据了总人数的一半。其中，国家级传承人17人，年龄在70岁以上的有10人。2022年，荆州市的省级非遗代表性传承人共有7人，其中年龄在70岁以上有2人，60～70岁有2人，50～60岁有3人，整体年龄偏大。这些数据充分显示了非遗项目传承人老龄化问题的严重性，亟须采取有效措施解决这一问题，以确保非物质文化遗产的传承和创新发展得以延续。

荆州非遗传承困难，还体现在非遗项目本身所代表的传统文化与现代文化之间的矛盾。社会学理论提出，文化冲突体现在区域性、时代性、民族性、阶层性等方面。究其本质，实际上是文化竞争、文化选择和比较发展的过程，也即文化有差异性。从利用的角度而言，非遗与旅游的断裂使得非遗在很大程度上成为一种孤芳自赏的传统文化元素。荆州的非遗项目，不管是技艺类还是民俗类，都是代表着过去荆州地域人们手工技艺水平，当下市民并不具备充分接触这些传统文化的条件，区域文化在民众的文化自然选择上就不具备优势。因此，在当下以信息、科技等为外在表现手段的文化中，这些传统文化就不具备真正意义上的传播和接受条件，而仅仅当这些非遗文化被赋加以经济价值之后，才具备现代文化传播、传承和接受的可能。

值得注意的是，荆州地方高校在应对传承困难上，仍积累了相当丰富的经验。据实地考察，长江艺术工程职业学院荆楚非物质文化遗产博物馆建筑面积5000余平方米，展厅面积3000平方米，共设荆楚国家级、省级、市级非遗展厅、楚式漆器技艺展厅、铅锡刻镂技艺展厅、荆州磨鹰风筝技艺展厅等10个展厅，是以展示传承荆楚非物质文化遗产为主要内容的博物馆。目前，荆州市荆楚非物质文化遗产博物馆一期已经开园，分为大漆文化馆、楚式漆器技艺馆、开放式作坊、非遗传承讲座、研讨区和其他项目展示区。荆州市荆楚非物质文化遗产博物馆将楚式漆器髹饰技艺、铅锡刻镂技艺、磨鹰风筝、楚绣、汉绣、葫芦烙画等十多位非遗传承人请进博物馆带薪授徒。非遗传承的这一“荆州模式”吸引不少学生的加入，有效改变了一些非遗项目后继无人的局面，也为中职生的就业和未来的职业发展提供了很好的平台。

（二）受众困难

传统非遗项目有着广大的受众，决定了该项目具有持久的生命力。但随着时代进步和中西文化融合发展，传统生活方式得到较大改变，很多非遗项目失去其存在的受众基础。原有文化生态环境的变化，使非遗失去其原来应有的生存土壤。马克思在其《〈政治经济学批判〉导言》一文中，对文化与其所处时代之间的关系，有过一段精辟的论述，他说："希腊神话不只是希腊艺术的武库，而且是它的土壤。成为希腊人的幻想的基础"[①]，并认为希腊文化与近现代化、工业化的进程有着绝对的对立关系。传统文化在工业化、城镇化进程中，将面临巨大困难。在城市化、城镇化、工业化人类文明发展的过程中，如果将非遗比作"希腊神话"，作为一种传统文化，其消失的即是荆楚文化的土壤。

针对当代大学生群体对非遗项目的调查显示，对戏曲感兴趣的大学生只有32.57％，在学生的文娱生活之中，戏曲欣赏只占到了5.14％，有84.57％的大学生一年看戏在2次以下[②]。传统戏曲展现空间的减少与转型，使网络空间成为重要的非遗传播途径，据2020年我国戏曲发展调查，网络空间戏曲传播也存在产品质量、传播权益以及市场建构等方面问题[③]，受众困难成为网络中重要的批判主题。

非遗文化传承的困难，在受众方面还表现为在非遗文化与当下人们的审美观念、思想意识以及艺术欣赏等方面，存在着深刻矛盾和较大代沟。如荆河戏并没有反映当代文化内容的新剧目，非遗项目本身所呈现的艺术内容和形式，如荆河戏剧目"三杀""五图""十二山"，所显现的艺术文化产品，已不再受人们的追捧和欢迎。语言、唱腔、动作都需要经过一定时间的训练才可掌握。再以马山民歌为例，马山民歌的歌词，主要是反映农村生活、民众爱情的题材，因而在城市生活、现代城市人精神生活等方面，缺乏相应表达和艺术形式的展示；从音乐艺术角度而言，主要以民歌传统唱腔为主，还不具备独特的艺术创新性。虽然流行音乐并不能完全看作是艺术主流，但两者受众的多寡对比却是非常明显的，很显然其元素的利用是关键。在对中国传统音乐的运用上，也有值得借鉴的地方，如蒙

① 马克思：《〈政治经济学批判〉导言》，载马克思等编《马克思恩格斯选集》(第2卷)，北京：人民出版社1972年版，第113页。

② 桑俊、高翔、胡劲松：《湖北荆河戏调查》，武汉：湖北人民出版社2021年版，第45页。

③ 中国艺术研究院主编：《2020年度中国艺术发展研究报告》，北京：文化艺术出版社2021年版，第101—102页。

古呼麦、花儿、陕西民歌等非遗项目，都在现代流行音乐中得到了较好的运用和展示。荆州非遗项目也通过定期举办展演活动，向公众进行了宣传。比如，公安、松滋说鼓子，在非遗保护大潮下，每年举办展演活动，但大多局限于本县（市）内，在传承方向所起到的作用仍然微乎其微，其根本原因在于受众的有限性。

（三）数据保存困难

中国自古就有保存历史文化资源的习惯。如《诗经》《楚辞》的保护与传承，主要是依靠纸质介质进行保存。近代以来，学者也对民间文学进行了广泛的收集和整理，仍然是以传统纸质为主。不过，传统的书籍保存方式也有其明显的劣势，除介质容易毁坏之外，保存时间也有一定限制。这种纸质文献的保存，只不过成为活态化非遗项目的一种记载方式，其本身并不能称为非遗项目，而只能是非遗文化的重要载体和组成部分。

20世纪以来，保存手段更新为永久保存非遗资料提供了相当充足的条件。近代以来，聚酯薄膜及磁性材料的出现和利用，更新了保存方式。这种保护方式的出现，为非遗音频的保存提供了较为新的方式，但是但时间一久，非遗项目的录音文献也开始出现录音失真和色彩褪色等问题。录像带是磁带的一种，主要用来录制、播放影音，一般以录放像机来录制和播放，它是一种线性式的影像储存方式。因数位式的储存技术如VCD和更新的DVD的发展，录像带不再是主流的影像录制媒界，但在特定领域仍被广泛使用，比如数码DV机。20世纪50年代，光盘存储器的设想开始产生，至20世纪90年代，CD、DVD相继出现，为视频资料的存储提供了更为便利的条件。随着电脑技术突飞猛进的发展，数字存储以及其后发展而来的云技术等，为非遗项目的影像资源的保存，提供了巨大的存储空间，在音频、视频的存储空间上，已不存在限制。人类的信息存储技术飞速发展，技术仍需要固体的载体，从天然载体到人工载体，技术的演进过程中纸质、缩微、音像、电子及网格的载体变迁虽然快速，但仍不能完全解决保存的真正困难。

然而，无论资料的保存条件多么优越，固体载体保存本身也带来了一种内在困难。这种“资料式”的保存方式，对于非遗传承而言，仅仅具有一定的参考和研究价值。因此，需要从资料研究、文化转型、项目转化等多个方面进行着手。在资料研究方面，需要对这些长期保存的资料进行系统的解读和研究，深入挖掘其文化内涵，展现其内在魅力。在此基础上，使这些保存在“故纸堆”中的非遗文化，找到现代文化传播的合适载体和表达方式，使其具备现代文化的特征。

2011年，非遗数字化保护标准体系开始形成。《术语和图符》《数字资源信息分类与编码》《数字资源核心元数据》，是数字化保护的基础标准。此外，《普查信息数字化采集》《采集方案编写规范》《数字资源采集实施规范》《数字资源著录规则》等不同类别非遗项目数字资源标准也开始得到建立。但是，这些法规文件存在操作性不强、标准不一等问题，非遗资源长期保存体系仍需要完善[①]。湖北省非遗保护中心、湖北省档案馆通过传统的影像采集、数据库建设等手段，保存了大量的申报资源、影像资源[②]。这些资源的堆积，实际上只是对非遗资源的博物馆式的储存，并未对其进行合理利用，仍处于非遗资源的保存阶段。

第二节　非遗数字化及数字化非遗

数字化是当下非遗保护的一个热点。非遗的数字化由来已久，在20世纪下半叶，随着计算机的产生与发展，在文字处理、图像记录的阶段，民俗影像的记录就已经开始产生。自2006年国家全面推动非遗保护工作以来，非遗保护与数字化之间的概念才开始全面融合。当下，非遗数字化已成为非遗保护整体观念中十分重要的思路和保护方法。

一、数字化及数字化非遗

数字化技术的运用以计算机为媒介，极大地提升了处理复杂信息的能力，从而在视觉、感官和听觉体验上实现了巨大的飞跃。通过数字化的方式，感官的延伸得以实现，人们可以更加深入地体验到各种不同的感觉。同时，数字化技术也强化了感官体验，使得人们能够更加真实地感受到虚拟世界的存在。

数字化技术的应用范围非常广泛，涉及各个领域。在非遗保护方面，数字化

---

① 王霄冰、胡玉福编：《非物质文化遗产保护标准研究资料汇编》，广州：中山大学出版社2021年版，第179页。

② 周耀林：《湖北非物质文化遗产保护现状调查》，武汉：湖北人民出版社2017年版，第157页。

技术发挥着至关重要的作用。通过数字化处理，非遗资源的保存和传承得以实现，同时也能够更好地展示和传播非遗文化。此外，数字化技术在非遗的开发和利用方面，也展现出了极具发展前景的技术运用空间。通过数字化技术，非遗文化可以得到更好的传承和发扬，同时也能够为文化创意产业的发展提供强有力的支持。

数字化是专指“以计算机为工具、并以二进制代码0和1为载体的知识表达与传播方式”。其含义有二：一是将许多复杂多变的信息转变为可以度量的数字、数据，再以这些数字、数据建立起适当的数字化模型；二是将任何连续变化的输入，如图画、线条、声音信号转化为一串分离的单元，在计算机中用0和1表示。数字化发展经历了英文符号和数字表达阶段、文字处理阶段、多媒体阶段、互联网阶段和虚拟化阶段①。数字化实际上是文化的转变的问题，一是文化表现形式的转变，二是数字信息技术的运用过程的转变。

非遗的数字化是未来非遗保护的一个重要途径。学者研究认为，“信息资源交互”“科技化”“加强社会化服务”是非遗数字化的意义所在②。有研究者提出，非遗数字化保护，在未来体现在档案馆、博物馆、文化馆、科技馆的融合及合作；虚拟空间展示非遗保护场景；数字化的网站展示，是非遗保护数字化的主要途径③。更进一步地说，非遗数字化需要有标准体系。

在国外发达资本主义国家，已制定了指导文件，如美国联邦政府就于2010年公布了一份数字化指南倡议（FADGI），文件名为《文化遗产材料数字化技术指南》。这份技术指南是美国数字化在文化遗产中运用的一个总结和标准，具有很强的参考价值。其中就对静止图像采录的标准进行了界定，对数字设备与图像性能指标、质量管理以及元数据等有明确的说明。同时，美国联邦政府数字化指南倡议还把非遗保护过程中的印刷品、文件、手稿、图片和精美艺术作品的数字化对象等静止图像划分为23个类别。这种对非遗数字化标准的制定，有利于未来在非遗保护过程中文件的阅读、文化的传承等方面提供更多的标准化的内容，有利于非遗文化的传播。

---

① 欧阳友权主编：《网络文学词典》，广州：世界图书出版广东有限公司2014年版，第10页。

② 丁虹：《非物质文化遗产数字化研究》，昆明：云南美术出版社2021年版，第35页。

③ 欧阳正宇：《非物质文化遗产旅游开发》，长春：吉林出版社2016年版，第207页。

数字化作为当前世界信息技术的核心表现形式，对于非遗保护具有不可估量的技术价值和深远意义。概念所衍生出的非遗数字化以及数字化的非遗，将是非遗在信息技术和现代社会的崭新文化存在形式。经过数字化处理的非遗项目，代表了非遗文化在当下的一个发展阶段，同时也展示了非遗借助信息技术手段呈现出的独特文化现象。

数字化的非遗与原始的非遗项目之间存在显著的差异，两者并不能完全等同。真正的非遗文化不仅包括物质层面的文化遗产，还包括无形的文化传统、民族精神、民间信仰、技艺技能等，这些都无法通过数字化方式完全体现。非遗文化的传承和传播更需要活态的文化形式和人的参与，例如传统的民间表演、手工艺、仪式活动等。这些活动需要人的参与和体验，才能让人们真正理解和感受非遗文化的魅力。数字化的非遗资源只是非遗项目的一部分，而非真正的非遗文化的传承和传播，更需要活态的文化形式和人的参与，并注重转化为现代人的生活方式，追求的是传统文化回归后的生活状态。数字化的非遗资源虽然能够以数字形式保存和呈现非遗项目的外在形式和部分内涵，但并不能完全代表和传承真正的非遗文化。

非遗文化的传承和传播不仅需要注重其原始的形式和内容，还需要通过现代化的方式将其转化为现代人的生活方式。非遗的图片、音频、视频以及VR的作品，可以在文化空间包括博物馆、民俗馆内进行嵌入，并使之成为非遗传播的重要文化空间形态。在当今这个信息爆炸的时代，人们的生活方式和价值观念已经发生了翻天覆地的变化，因此需要将非遗文化与现代生活相结合，让更多人能够将非遗文化融入自己的日常生活中。

为了实现这一目标，可以采取一些具体的措施。除了传统意义上的学术研究、田野调查之外，还应加强专业人才的专门培养，通过文化遗产专业的学习和培养，提升非遗保护、利用的管理水平。比如音乐类的非遗项目，可以通过与现代艺术家合作，将非遗文化元素与现代音乐、舞蹈等艺术形式相结合，创作出能够被现代人所接受和喜爱的作品，还可以与地方高校艺术学院合作，培养具有地方传统音乐素养和传承水平的人才。此外，还可以通过举办具有实际意义的非遗文化展览、讲座等活动，让更多人了解非遗文化内涵和价值。只有这样，才能真正实现传统文化的回归与传承。通过将非遗文化与现代生活相结合，让更多人能将其融入日常生活中，不仅可以保护和传承珍贵文化遗产，还可以在新的时代里继续发扬光大，为人类的文明发展做出贡献。

总而言之，数字化的非遗虽然能够以数字形式保存和呈现非遗项目的外在形式和部分内涵，但无法完全代表和传承真正的非遗文化。虽然数字化的资源也具有跨越时空性、虚拟现实性、复制性等特征，但非遗文化的传承和传播更需要活态的文化形式和人的参与，并注重转化为现代人的生活方式，融入现代人的艺术文化需求，才可真正实现非遗的传承与发展。

二、主要的数字化途径

数字化的技术大体包括音频、图像以及视频的数字化技术。在进行非遗数字化保护之前，对主要数字化技术进行初步了解很有必要。在非遗的数字化保护中，这些数字化的基本方法是最为基本的技术支撑。

（一）声音采集

声音是人们传递信息、意向、情感的方式，是具有振幅周期性的声波，是传递信息、表达意图、抒发情感的重要手段，更是我们与世界建立联系、理解彼此的桥梁。声音的传播是以声波的形式进行的，这种声波具有独特的振幅周期性，使得我们能够清晰地传递和接收各种信息。随着科技的飞速发展，计算机多媒体音频处理技术已经成为现代声音传播的核心技术。这一技术涵盖了从音频信息的采集、音频信号的编码和解码，到音乐的合成、语音的识别和理解，再到音频和视频的同步技术、音频的编辑及音频数据的传输等一系列关键环节。计算机多媒体音频的处理技术，主要包括音频信息的采集、音频信号的编码和解码、音乐的合成、语音的识别和理解、音频和视频的同步技术、音频的编辑及音频数据的传输等技术。

从目前的多媒体技术角度来看，音频是“通过听觉器官感知的媒体素材，通常包括语音、音效、音乐三种形式”[①]。在数字化过程中，需要注意的音频格式有WAV、MIDI、MP3以及CDA文件。WAV（Wave），是由微软公司开发的声音文件格式，遵守资源互换文件格式（RIFF）规范，目前为Windows平台支持。按每

① 姜永生：《多媒体技术与应用》，北京：中国铁道出版社2017年版，第17页。

分钟计，WAV格式的音频文件的大小约为10MB；MIDI（Musical Instrument Digital Interface），意为乐器的数字接口。MIDI文件所存储的是数值形式的指令，可看作是一个演奏系统，其可编辑性主要包括音频速度、音调等；MP3是以MPEG Layer 3标准压缩编码的音频文件格式；CDA是CD音轨，其音轨近似无损，其声音基本上接近原声。

（二）图像采集

图像是由扫描仪、数码照相机、摄像机等设备输入到计算机中的画面。其图像的获取过程可分为采样、量化两个步骤。图像的采样，在一幅图像的每个像素点位置测量其灰度值，分辨率作为传感器摄像的精确度，决定了图像的精细程度。图像分辨率是与图像密切相关的，图像中存储的信息量越大，图像越清晰。图像的量化，是图像的采样之后，每一个像素点使用的数值范围。量化的位数越高，图像就可以拥有更多的颜色，可以产生更细致的图像效果。

图像的采集，在非遗文化的保存上具有很重要的地位和意义。一是对非遗项目本身的外观、色彩等以胶片、数字化的形式进行保存。有些非遗的项目，如民俗类、民间表演类等，因为其行为不具有长期保存的特点，不像那些技艺类的非遗产品，可以长期地保存，只能在民俗的表演时，以照片的形式拍摄下来进行保存。另外，对于那些年岁已高的非遗传承人，他们在进行非遗活动时留下的照片也是十分珍贵的历史记录。

（三）视频制作

视频（Video）的格式可分为三个主要的类别：一是NTSC制式，这种格式主要用于美国，是美国国家电视标准委员会制定的NTSC标准；二是PAL制式，主要用于英国、欧洲部分国家、斯堪的纳维亚、澳大利亚、东南亚以及中国，是逐行倒相PAL制式；三是SECAM制式，是由法国研制，主要用于法国、东欧、俄罗斯以及非洲的一些地区。因此，从世界不同区域的视频数字化的角度来看，做好相关数字化成果制式转化准备，也是很有必要的。

视频文件的格式，主要包括AVI、VOB、DAT、MPEG等。AVI是微软公司所开发的文件格式，最大的特点是伴音和视频可以交叉进行记录；VOB文件是DVD视频文件存储格式，不仅包括了视频本身，而且还包括了人机交叉的菜单以及按钮画面，方便了用户访问；DAT文件是VCD视频文件存储格式，一般是由VCD刻录软件将MPEG-1文件自动转换生成；MPEG是一种编码视频文件，是动态图像专家组。另外还有RM、WMV、FLV、MOV、M2TS等。如M2TS就是一种高清DV拍摄的视频文件。

（四）虚拟现实技术

虚拟现实技术为Virtual Reality，简称为VR技术。是"利用计算机生成一种模拟环境，并通过多种专用设备使用户投入到该环境中，实现用户与该环境直接进行自然交互的技术"[①]，其系统包括：虚拟世界、计算机、虚拟现实软件、输入和输出设备。虚拟现实技术成为目前世界上广为利用的数字化技术，在社会生活、文化生活等多方面正发挥着越来越重要的作用。

虚拟现实技术发展十分迅速。早在20世纪20年代就已开始萌芽。20世纪80年代，美国宇航局以及美国国防部对该技术进行了一系列的研究，在外太空探索领域也发挥了重要的作用。20世纪90年代实时动画制作技术以及输入输出设备，使人机交互系统也得到创新和发展。

该技术具有三个显著的特点：一是交互性（Interactivity），这种特性使得该技术在非遗文化的保护上，激发人们的注意力和兴趣，有"停顿"的时间，并能深入其中了解和接受文化。二是沉浸性（Immersion），因特殊设备的支持，使感受者能完全置身或"沉浸"在环境之中，并对虚拟环境有着真实的接受感触。在未来理想的虚拟世界里，视觉、听觉、触觉的沉浸，用户可能会达到难以分辨真假的地步。三是构想性（Imagination），虚拟现实技术不仅可以模拟真实的世界，同时可以模拟构想出来的世界。因此，在非遗的保护中，虽然我们过去的历史场景不复存在，但是我们可以通过动画，还原非遗文化原有的生存场景，在这样的构想性的特征下，非遗的体验就更具有身临其境的效果。在虚拟现实技术中，体验者不仅可以"看到"非遗、还能"触摸"到非遗，同时还可以听到各类传统音乐类非遗项目的乐声，并根据场景的设计参与其中。

音频、图像、视频以及在以上基础之上产生的虚拟现实技术，已成为非遗数字化进程中不可或缺的核心技术。在当今科技蓬勃发展的时代，这些基本技术

① 申蔚等编著：《虚拟现实技术》，北京：北京希望电子出版社2002年版，第4页。

对于非遗数据库的建立，以及非遗资源的保存均具有至关重要的作用。

三、非遗的数字化保护

数字化是一种保护途径。是采用“数字采集、数字储存、数字处理、数字展示、数字传播等技术，将非遗转换、再现、复原成为共享、可再生的数字形态”[①]。数字化保护使非遗融入现代科技生活，无论是数据库的建设、体感技术还是虚拟现实技术以及大数据分析，都为非遗保护提供了全新的思路。随着现代科学技术的发展，数字技术仍会为非遗保护、传承、发展与利用，提供技术支持。

世界各国的数字化保护，具有了较长时间的发展历程。早在20世纪80年代，法国、意大利的一些文化事业单位，将文化藏品全部实现了数字化，如法国奥尔赛美术馆，将其所藏的3.5万张藏品进行了数字化的再现。至20世纪90年代，英国的国家美术馆，重视和引进了数字化技术，并对藏品进行了图像数字化，联合国教科文组织（UNESCO）开始推动“世界的记忆”（Memory of the World），这意味着从20世纪70年代所开始发展起来早期数字化技术，已开始走向了文化遗产保护的领域。

英国已经启动了泰特在线网，创建了在线非遗数据库，进一步强调了数字化与文化遗产之间的内在纽带。同时，欧洲一些国家所提倡的“内容创作启动计划”也在此背景下得到了推动。2000年，意大利的ALINARI也着手开展了大规模的数字化工程，通过开展互联网文化遗产项目，创建了意大利数字图书馆门户与文化旅游网。值得关注的是，目前欧洲各国的博物馆、美术馆已经完成了数字化的工程。自2000年至2013年，在欧盟的主持下，还启动了文化计划并建立了数据库。在宽带技术和存储技术的支持下，数字化资源的总藏量得到了持续的增加和提升。

非遗的数字化保护在我国方兴未艾。数字化技术的出现，也为非遗的保护提供了新的契机。2002年，全国文化信息资源共享工程、数字图书馆推广工程、非遗数字化保护工程等先后建设并启动，促进了非遗信息资源的建设[②]。2011

---

① 王耀希：《民族文化遗产数字化》，北京：人民出版社2009年版，第8页。

② 周耀林、赵跃等：《非物质文化遗产档案资源建设“群体智慧模式”研究》，武汉：武汉大学出版社2019年版，第278页。

年，我国文化部推动了“中国非物质文化遗产数字化保护工程（一期）”项目，从数字化采集、资源数据库建设以及数字化标准规范制定等方面开展了工作，在山东高密扑灰年画、陕西秦腔以及安徽徽派传统民居营造技艺等三个方面，进行了数字化的采集实验。这一项目的实施和结题，对非遗中的数字化保护进行了有效的探索，为我国各地非遗的数字化保护工作的开展提供了充足的经验。

2014年，中国非遗数字化保护中心编制了《非物质文化遗产数字化保护专业标准》，这为全面推进非遗数字化保护提供理论的基础。近年来，数字化培训开始如雨后春笋，先不谈这些培训的实际的作用，仅从这些培训，我们可以看到数字化保护的趋势。这些培训主要是从非遗摄影摄像、保护者素质、非遗档案管理等角度进行[①]，强调非遗保护者的“持有者”的身份，这对数字化技术的全面铺开是极为有利的。

2005年，国务院办公厅下发了《关于加强我国非物质文化遗产保护工作的意见》，意见中指出，要运用文字、录音、录像、数字化多媒体等各种方式，对非物质文化遗产进行真实、系统和全面的记录，建立档案和数据库。之后，国家和各省也将利用数字技术建设非遗数据库工作。在这项工作的推进过程中，数字化建设中数字化培训也就成为各地的重要工作之一。

非遗保护的数字化，是未来非遗保护中的一个重要途径。研究者提出，加强档案馆、博物馆、文化馆和科技馆等馆的建设，在建立网站时将这些馆的特色融为一体，充分利用数字信息技术，在虚拟空间中再现真实的非遗保护的场景[②]。

2006年，国家中央电视台和北京教学教育电影制片厂合作摄制的“中国记忆——2006中国濒危口头和非物质文化遗产调查活动”，拉开了现代中国数字化保护的序幕[③]。此前，我国民间文化资源的保存，主要是以磁带、光盘进行保存的，这只是数字化的第一步。如前所述，磁带、光盘的物质媒介很容易受到环境影响而损坏，自21世纪初开始，国内高校就开始了数字化技术的研究，如浙江

① 宋俊华主编：《中国非物质文化遗产保护发展报告（2015）》，北京：社会科学文献出版社2015年版，第12页。

② 欧阳正宇：《非物质文化遗产旅游开发》，长春：吉林出版社2016年版，第207页。

③ 康保成主编：《中国非物质文化遗产保护发展报告（2011）》，北京：社会科学文献出版社2011年版，第7页。

大学"楚文化编钟乐舞数字化技术研究"并开展了一系列的数字化的保护工作；湖北工业大学也开展了乐舞的计算机虚拟仿真技术的研究，并对文化活动可进行动态地再现和展示；华中师范大学也对民族文化数字化关键技术进行了应用性的研究[①]。

数字化采集工作的整体推进，也为数字化非遗产品的旅游资源化，提供了强有力的技术支持。阿尔温·托夫勒在其《第三次浪潮》一书中，就提出了大数据在未来生活中的重要作用，他把这些大数据的特点归纳为大量、调整、多样和价值。《关于加强我国非物质文化遗产保护工作的意见》中提出了关于非遗普查工作的指导性意见。在当下数字技术已相当成熟的情况下，在全面开展非遗普查的情况下，完全可以建立涵盖各级各类非遗项目的数据库，对不同级别、不同区域内的非遗资源的数量和种类、分布状况、文化生存环境、保护现状等情况进行数据库的归纳。条目化的数据可以为信息筛选、非遗资源的分类、整理和研究提供很好的帮助。至2006年，国家公布了第一批非遗名录，同时在《中华人民共和国非物质文化遗产法》之中，也明确规定了各地各级文化主管部门要建立非遗档案及相关的数据库。除依法需要进行保密的内容外，非遗档案数据应向公众公开以方便查阅。因此，在国家非遗保护的整体政策和法律体系下，非遗的数字化采集工作就具有了多重价值，对数字化非遗产品作为旅游资源的开发，能产生很重要的基础性的作用。

在国内，运用于文化遗产的数字化保护也基本有了一些框架性质的成果，为未来我国非遗的保护提供了一些范式。2003年10月，中国、日本两国的专家及科技工作人员共同合作，利用虚拟现实技术，采取了三维模型、图像采集的方式，完成了计算机作品《紫禁城·天子的宫殿》，并最终形成了真实的三维仿真的场景。在技术上，对平面类文物、立体类文物的模型数据的收集与图像的成形，有了比较系统和可靠的技术体系[②]。同时，有的文化遗产数字化的项目也具有了全球化的参与意识。流失海外的敦煌文献的保存者或保存单位，也共同参与到

① 陈平主编：《中国非物质文化遗产发展报告(2015)》，北京：社会科学文献出版社2015年版，第24页。

② 北京数字科普协会主编：《数字博物馆发展新趋势》，北京：中国传媒大学出版社2014年版，第122页。

"虚拟敦煌"的项目之中,浙江大学计算机辅助设计与图形学实验室也参与其中,利用图形学、仿真技术以及VR技术,开发了"敦煌石窟虚拟漫游与壁画复原"的系统。2016年,中国非遗数字化保护中心对全国参与首批非遗数字化保护试点工作的33个单位提交的24675条数字资源进行了审核。这些数字资源包括文档、图片、音频和视频等多种形式,其中文档有2582条,图片有17384张,音频有1147条,视频有3562条[①]。这些数字资源经过审核和处理后,将被用于非遗数字化保护工作,为后人留下宝贵文化遗产。

不过,数字化技术为核心的保护手段,却和文化遗产之间存在着不可调和的矛盾。文化是与人相关的复杂的内容集合,人的参与至关重要,技术化之后的文化,是否能真正展现原有文化的真实,或者说,还是不是原有的那种传统文化?这不仅是一个现实问题,而且也是一个文化哲学问题。数字化技术所关注的是人的"体验"、文化的"再现",并不能真正实现"活态文化"的转型。其实我们可以进一步地说,数字化技术所带来的文化行为,只是以非遗为中心再创了当下的新的数字文化体系,是现代文化的一种"创造",相比传统文化而言,只不过是内在地借用了那种文化的基因。

数字化保护与抢救性保护、整体性保护、生产性保护已成为顺应文化保护可持续发展的必然要求,它们是非遗保护满足社会进步需要的重要措施。为了更好地保护非遗项目及其文化,中国非物质文化遗产保护中心中国非物质文化遗产数字化保护中心于2016年起草了《非物质文化遗产数字化保护专业标准》。这个标准经过审批和发布后,成为推荐行业标准,为全国非遗数字化保护工作提供了重要的指导和参考。

通过采用先进的数字化技术,我们可以将非遗转化为数字形态,进行系统的保存、传承和发扬。这种数字化保护工作能够确保非遗的永久保存,并为其传承提供更广阔的空间和更便捷的方式。同时,数字化保护工作还可以促进不同文化之间的交流与融合,进一步丰富文化的多样性,推动人类文明的传承和发展。

数字化保护工作对于非遗保护和社会进步具有不可估量的价值和意义。首先,数字化保护可以满足人们对文化遗产保护的需求,让更多的人了解、认识和

---

① 罗微等:《2016年中国非物质文化遗产保护发展研究报告》,《艺术评论》2017年第4期。

接触到非遗，从而增强大众传统文化认知和保护意识。其次，数字化保护工作可以为非遗的传承提供强有力的支持，让非遗在当代社会中焕发出新的生命力，推动传统文化的创新性发展。

数字化技术是当下世界科学信息技术发展所产生的新的事物，数字化技术的快速发展，以及其在不同领域和行业中的运用，也不断促进了数字化技术的更新与发展。非遗保护是一个系统化的工程，并不是数字化技术所能解决的问题，而是关乎整个社会的大的文化工程。但是，数字化却又是非遗在当下"转型"的重要手段和方法。

首先，非遗保护需要数字化技术的全面介入。为了确保这些珍贵的文化遗产得以传承和保护，需要借助数字化技术的全面介入。数字化技术，如图像采集、音频收集和视频拍摄等，正在发挥着越来越重要的作用，为非遗保护提供强有力的支持。在非遗保护工作中，数字化技术的介入使得保护工作具有了更加高效的特点。传统的民俗田野工作方法固然能够解决一些问题，但无法达到更好的保护效果。而在数字化技术的辅助下，我们能够更加全面、细致地记录和保存非遗项目的各种信息，包括其历史渊源、文化内涵、传承方式等。这些信息不仅有助于我们更好地理解非物质文化遗产，也能够为后续的研究、保护和传承工作提供宝贵的资料。

通过数字化技术的全面介入，能够以更加高效的方式开展非遗保护工作。例如，利用计算机图像处理技术，我们可以对非遗项目的图片进行清晰、准确地采集和整理，这不仅有助于我们全面了解非遗项目的外观和细节，还能够为后续的研究和展示工作提供可靠的图像资料。此外，利用音频收集技术，可以生动地记录非遗项目的音频资料，为传承人提供更加真实、完整的传承参考。同时，通过视频拍摄技术，我们可以将非遗项目的表演、制作过程等动态过程记录下来，为后人留下珍贵的影像资料。

其次，我们应该清醒地认识到，数字化技术仅仅是非物质文化遗产保护的一种手段，而非最终的保护目标。非遗实际上代表着濒临消亡的中国传统文化，因此需要采取多种手段进行保护。只要是有利于非遗保护的方法，都应该积极采用。在非遗保护的不同层面，数字化技术的介入往往可以提升保护的效率和力度。然而，数字化并不是保护的终点，只是一种保护的方法。真正的保护需要超越数字化层面，进一步采取其他多种措施，实现非遗文化的转型。

数字化为非遗保护提供了更多的保护途径和可能性。利用不同的数字化技术，对非遗资源文化进行复制、出版、再现以及传播等，由此可以发挥非遗文化价值和经济效益，使得民间文化、民间舞蹈、民间音乐以及民间技艺和民风民俗，都有着文化发展，在数字化的非遗产品中，还可以由社会、企业以及个人共同参与非遗的保护之中，形成一个长效的、全面的、系统化的保护机制，同时可以在大数据的环境下，有效地解决非遗保护中的资金问题、人才问题、设备问题以及开发模式等问题。总而言之，数字化保护是手段，非遗的合理保护、全面开发以及持续的创新，才是最为根本的目的所在。

第三节　荆州非遗数字化的价值

21世纪，数字化的时代已全面到来。“数字化生存所以能让我们的未来不同于现在，完全是因为它容易进入、具备流动性以及引发变迁的能力。”[①]数字化给非遗保护带来的不仅仅是技术上的变革，更重要的是改变了非遗的传承方式、传播途径以及非遗资源交流和整合模式。数字化的荆州非遗还将成为荆州文化旅游的重要组成部分，也将为“灵秀湖北”旅游增添新的文化内涵和新的旅游经济增长点，在当下湖北建设全国构建新发展格局先行区中将产生重要的作用。荆州非遗的数字化也具有多重的价值，其主要体现在可以促进传承制度的创新、可以促进传播途径的优化，同时可以带动非遗资源的整合。

一、传承制度的创新

我国已建立起了国家、省、市、县四级非遗名录体系，同时也确定了项目的代表性传承人的认定制度和文化生态保护区的制度。不过，这种传承制度是在国家政策的指导下的传承制度。2003年，中国民族民间文化保护工程国家中心成立，该中心主要是规划统筹民间文化保护工程的专门工作机构，对非遗项目的传承制度进行了探索。此外，关于传承人的认定，也是传承制度的重要环节。从

① [美]尼古拉·尼葛洛庞蒂著，胡泳、范海燕译：《数字化生存》，海口：海南出版社1997年版，第271页。

20世纪90年代对传统工艺美术大师的评定开始，已初步在进行传承人制度的探索了，建立了认定的范围、认定的前提以及传承方式的传承制度[①]。其中，特别提出积极拓宽传承方式，个人、单位、团体都可以传承。时至今日，这种传承方式仍然具有局限性。

有研究者认为，文化本身也是一个生态的系统，就像人类一样具有自身的"生命"。1955年，美国人类学家斯图尔德提出了"文化生态学"的概念。这一概念的提出，为我们重新审视和认识文化提供了新的视野。他在《文化变迁的理论》一书的开篇就提出："文化内部的功能性关系以及不同社会中独立发生之文化变迁的过程都有其规律。"这个提法对我们理解非遗作为一种文化的未来发展规律，不得不说是很有裨益的。非遗作为一种文化，其内部的功能性关系及其在社会中的变迁，都有其内在的规律。政府在传承制度上所作出的政策，当然在非遗作为一种项目的传承上是有一定的帮助作用，至少可以解决经费的问题，但从文化内部的体系而言，非遗项目的传承制度的存在，已失去了原有的文化土壤。

那么，非遗传承制度的创新，特别是对荆州这样的地市级的城市的非遗传承制度的创新，我们需要采取什么样的措施呢？这首先要解决一个理论问题，那就是现有传承制度在荆州非遗保护中的合理性问题。在荆州现有的各级非遗项目上，是以认定传承人作为非遗保护的一种基本模式。但是，这种传承制度失去了原有非遗手工技艺、传统音乐的代代相传的内在"功能性关系"的发展模式。我们在对待非遗传承人的认定上，就不具备传统传承中自然而然而存在的"竞争性"。政府在文化保护上过多参与，使得非遗传承具有了更偏向功利性的文化特征。文化生态学的学者们也十分强调对文化与其产生的环境、内部的变量及其内在的变量关系的研究。对文化的单个因素的研究的同时，也要注重影响文化的各个复杂变量。在荆州非遗传承制度上，要注重荆州城市、地域文化、非遗项目传承的特征等因素。因此，关于创新这一话题就具有了独特的文化空间范围。

基于以上的分析，我们认为，数字化保护是完全可以用于创新非遗传承。现代认定的荆州非遗项目，在传统社会中大多是传统职业，如荆沙榫卯木雕、汉绣等，这类非遗项目有严格的师承制度。中国古代"家有良田万顷，不如薄技在身"

① 王云霞主编：《文化遗产法学：框架与使命》，北京：中国环境出版社2013年版，第283—284页。

的传统思想影响了很多传统技艺传承人，甚至有的还有“传男不传女，只传内不传外”的师承要求。在这种传统文化的影响下，非遗的传承就具有了“脆弱性”。随着时代的变化，传统的非遗项目不再具有过去的功能，存在的价值也只限于文化意义。传统传承方式早已不能很好地传承文化遗产了，非遗项目也濒临消亡。可以利用这些资源，突破传统的时空观念，对传统手工技艺、非遗项目进行全方位的数字化保护，构建新的非遗传承方式。

基于网络信息技术的成熟，可以在非遗传承人制度中建立“网络传承人”“非遗文化传承人”的两级传承的模式。“网络传承人”是指经过网络课程的学习，经传承人考核合格并认定为传承人的学员。“非遗文化传承人”是指经过网络课程的学习，比较系统和全面地掌握了该项非遗项目知识文化，具备了传播非遗知识和文化的学员。数字化后的非遗资源，可依托高校网络课程MOOC教学模式，为非遗传承人录制项目技术课程或介绍性的专题教学片。如荆河戏、马山民歌等急需得到传承的项目，则以免费课程形式进行教学；对于具有极高工艺价值和经济开发价值的项目，如楚式漆器技艺、荆沙榫卯木雕、汉绣等，则可采取收费课程的方式进行教学，打造非遗文化网络传承平台。学员通过网络学习，不受时间和地点的约束。比如，通过MOOC的内在刺激和奖励机制，筛选和确定非遗项目网络传承人和非遗文化传承人，这类人才可从事与非物质文化遗产相关的保护与开发工作，并逐步将此作为人才市场选拔人才的重要依据之一，反过来促进非遗文化传承的积极传承。

二、传播途径的优化

非遗文化的现代传播，是非遗文化融入社会主义新文化中的必由之路。非遗文化的当代传播，不仅可以让人们了解非遗文化，而且可以内化为当下人民生活方式和内在文化品位，也对当下文化建设很有益处。20世纪20年代，西方学术界兴起的文化传播论，是在反对进化论基础上提出来的，并认为人类的文化史本身是由传播所带来的结果①。不同国家、种族的人们的文化特质，很多是从其他民族或区域那里借用而来的。拉策尔、格雷布纳等人的文化学观念，在很大程

① 宋蜀华、白振声主编：《民族学理论与方法》，北京：中央民族大学出版社1998年版，第25页。

度上支持了文化传播论的基本观点。无论是文化中心论或多中心论，都是以传播作为其基本的论述思路。非遗文化的传播至少在目前还没有形成一个较为完整的传播体系。

数字化保护可以为非遗文化的传播创新途径。传统的非遗文化传播需要集中的文化场所和相对集中的受众，同时文化接受也受到时空的限制。例如，荆州的非遗项目沙市盆鼓歌大多只能在丧礼中听到；楚式漆器髹漆技艺则只能在漆器作坊中才能见到，并不具有观赏性，也不在原来百姓娱乐生活文化的中心空间；对于荆河戏而言，过去大多在戏台上表演，是在俗文化的生活中空间中得以展开。然而，现代的荆河戏缺乏集中的戏剧文化空间，因此很难具有传播的可能性。通过数字化保护，可以将原有的物质化舞台变成一个个可视的极端，人们以分散的方式成就了原来聚集的文化空间的演绎。这样，其基本文化功能如娱人、艺术欣赏的功能也就得到了重新的回归。

数字化技术的运用为非遗的传播带来了革命性的变革，彻底地打破了时空地域的限制，使非遗的传播、传承成为一种常态化的文化现象。任何网络连接到网络传承空间的学员，可以通过任何终端设备，深入了解和学习非遗项目的技艺、技术，以及欣赏非遗文化艺术。这种新的传承模式从封闭的私人传承转向开放的社会参与，从个人传承转向群体传承，构建了一种全新的网络传播模式，极大地促进了非遗文化的传承和发展的可能性。

这种超越时空的知识传播方式，完全符合当代知识传播的趋势和学习规律。当代大学生群体经过系统的科学文化知识训练，具有良好科学文化基础，更容易接受新技艺和知识。新的网络传播方式，无疑会极大地吸引大学生群体的参与，使他们在非遗项目的传承与发展中发挥积极作用，成为非遗传承人的重要后备人选。此外，这种传播方式打破了传统知识传播的时空限制，让知识传播更加便捷、快速、高效。当代大学生群体作为数字时代的“原住民”，对新兴科技手段和网络传播方式有很强的敏锐性。因此，新的网络传播方式无疑会吸引大学生群体的广泛关注和积极参与。

非遗项目的传承与发展需要具备深厚的文化底蕴和广博的知识储备。当代大学生群体经过多年的科学文化知识训练，普遍具备了较高的文化素养和知识水平，他们更容易理解和接受非遗项目所蕴含的文化内涵和技艺技巧，从而在参与非遗传承与发展中发挥积极作用。大学生群体作为未来的希望和栋梁，具有强烈的责任感和担当精神。他们不仅愿意在非遗传承与发展中贡献自己的力量，更有可能成为非遗传承人的重要后备人选。通过参与非遗项目的传承与发展，大学生群体可以锻炼自己的实践能力和创新思维，提高自己的综合素质和社会责任感，这对于他们未来的成长和发展具有重要的意义。

三、非遗资源的深度融合

整体非遗文化是指一个区域、一个城市所有的非遗项目的总和。个体非遗文化是指单独的非遗项目。不同的非遗项目共同构成了整体的非遗文化，非遗文化作为现代城市中隐含的城市文化，它们的存在本身就具有零散分布的特点。荆州非遗项目的分布，具有散聚不一、层级有别的特点。这些非遗资源围绕着传承人，在传承人的行为空间以及表演空间中的存在也比较散，并不利于整体非遗文化的发展。比如，荆州三国传说有多家保护单位，通过不同保护单位的三国传说文本的收集、对比与研究，可极大促进三国传说与历史研究的互补与互证，不仅可以在学术界产生影响，同时还可以为各地利用三国历史文化资源提供合作的可能性。

数字化的途径为荆州非遗资源的共享提供了很好的平台，使人们可以通过网络接入共同的平台。在此平台之上，我们不受时间和空间的限制，文化的传播就具有了整体化的特征。不同非遗项目在此平台上得到充分展示，这使得非遗文化具有了融合性的特点。在传统传承的基础上发展而成的各项非遗项目，在数字化的平台上得到了融合，呈现在现代人们的视野中，成为非遗整体文化的另一种文化共享形态。

数字化保护可进一步实现荆州非遗资源的整合和利用。对相同的非遗项目可通过数字化的数据库联动与整合，有助于提升文化凝聚力和影响力。孙正国所提出来的非遗传承人类型化保护，是针对传承人本身的保护。本书进一步认为，类型化保护的概念，也应适用于非遗资源的类型化保护上。在荆州非遗实际保护过程中，还可以对非遗资源进行分类，主要是根据国家非遗名录的分类方法进行归类，对那些相似、相同的资源进行整合，在数字化的数据库中，很容易对这些数据进行对比和分类，从而达到对资源的整合和利用。

数字化保护可以为荆州文化旅游提供丰富的资源条件，为非遗文化与旅游产业的融合提供条件。“旅游最大限度和最广泛地利用物质的和非物质的文化资源，将经济与文化有机结合，形成了越来越强大的产业优势”[①]，如荆河戏作为国家级非项目、湖北省级非遗项目，在荆州、石首都有保护单位，则可通过保护单位之间的联系以及数字化资源的共享，对荆河戏进行资源整合。数字化的非遗资源具有重要的荆州地域文化旅游开发价值，并能丰富“灵秀湖北”的旅游名片内涵。具有荆州楚文化特色的技艺类非遗项目，可作为整体进行数字化展示，并将之作为旅游资源的整体进行利用。青铜器、漆木器以及木雕等，用数字化进行归类式的保护和展示，有利于提升这些非遗项目在人们心目中的印象和地位。

第四节　荆州非遗数字化保护的策略分析

20世纪以来，现代信息技术得到飞速发展，并全面渗透人类社会各个领域。社会的信息化和数字化，使人们对客观世界的接受方式彻底得到改变。在此时代背景下，数字化保护技术也日趋成熟与完善。在荆州非遗数字化保护的这一关键词下，我们重点从数字化的处理认识、荆州非遗数字化资源库的建立以及荆州数字化的博物馆的建立等几个方面，分析探讨非遗的数字化保护的策略问题。

一、非遗资源数字化的体系化

非遗资源的数字化的处理是基础性的工作。非遗资源的数字化的工作任务十分艰巨，因此，在数字化的处理过程中，除了以项目形式进行之外，还要充分利用民间非遗数字化的成果。

华中师范大学国家文化产业研究中心国家级项目《国家非物质文化遗产保护与传承技术体系的构建》对非遗数字化有明确认识，确立了数字化保护的概念、方法和任务。即“采用数字采集、数字储存、数字处理、展示、数字传播等技术，将非遗转换、再现、复原成可共享、可再生的数字形态，并以新的视角加以解读，以新的方式加以保存，以新的需求加以利用”[②]。还有学者将可用于非遗保

① 覃业银、张红专编著：《非物质文化遗产导论》，沈阳：辽宁大学出版社2008年版，第47页。

② 王耀希主编：《民族文化遗产数字化》，北京：人民出版社2009年版，第8页。

护的数字化技术，划分为资源共享、虚拟展示、动漫制作、电子出版四个方面。从信息技术发展成果来看，信息技术已使数字化采集与存储技术、动态三维成像技术、数字虚拟技术、数字舞蹈编排和声音驱动技术成为可能，现代计算机图形学、数字图像处理与虚拟现实等数字复原和再现技术也日趋成熟。

依靠数字化新技术，“采取2D、3D数字动画技术，恢复、再现和解读非遗现象、场景、事件或过程，通过图片、视频、三维动画等形式实现民族文化资源可视化，实现与原物或原事项完全一样的恢复和再现”①，等等，都将成为未来荆州非物质文化遗产保护的方向和方法。如对荆州非遗项目马山民歌的保护，可对民歌舞台表演进行虚拟影像记录，录制演唱者的声音，实现马山民歌3D数字舞台表演的电子资源，作为未来的文化旅游资源加以活化利用。

通过对荆州非物质文化遗产的数字化保护，可以建立一种立体化的数字信息处理渠道。通过利用互联网、移动网络以及各种即时通讯方式，可以构建一个结构化、模块化和标准化的非物质文化遗产信息数据库。这样不仅可以实现非遗资源的信息共享，还可以全方位地扩大受众面，提高大众对非遗保护的自觉意识。同时，这也有助于促进非遗在各地的交流和广泛传播。

在此基础上，主管政府部门的信息可以进一步得到集聚化。将文化局、旅游局、群众艺术馆非遗保护中心等部门的非遗保护信息进行平级互通，并与国家非遗网、湖北省主管部门链接，进一步促进上下沟通，为文化旅游和非遗牵线搭桥，促进沟通交流，加快地方非遗资源发现、保护和有效利用。实现各级非遗项目申报网络化和集中申报制，立体化数字信息处理渠道，将更有利于荆州非遗文化资源的整合。

二、非遗资源库的建立

20世纪90年代以来，设立非遗资源库成为非遗保护最为常用的一种方法。各地非遗资源库设立时间也并不一致。目前，我国31个省级公共图书馆建设有

① 谈国新、钟正：《民族文化资源数字化与产业化开发》，武汉：华中师范大学出版社2012年版，第43页。

"非遗资源库"[①]。非遗数据库具有学术分类、信息存储的功能,覆盖非遗普查、申报等过程,在这些过程中所产生的文字、录音、录像、实物都可存于此。围绕这个大型的数据库,我们可以快速查到非遗资源的相关内容以及保护过程。

基于荆州非遗的数字化保护基础,可尽快建立并完善荆州非遗资源库。目前,荆州非遗的数字化保护主要局限于音频、视频两种保存方式。考虑到想要建立荆州非遗"国家级—省级—市级—县级"四级联动资源数据库,除了对此前数字化的文字文献、图片文献、音频文献以及视频文献进行归纳、汇总和整理之外,还要通过图片扫描、文字识别、音频数字化、视频数字化等方式,对荆州市显在非遗资源和潜在非遗资源进行多种形式的采集和整理。对于保护过程中缺失的内容,采取田野调查法,广泛进行走访,全面摸底,进行抢救式的收集、整理和基础的数字化工作。如荆河戏数据库建设就可包含以下几个方面,即荆河戏历史与现状、荆河戏理论、荆河戏剧目、荆河戏艺术家及传承人、荆河戏表演剧团、荆河戏文化、荆河戏研究等几个部分。荆州非遗资源库的完善,将形成全面而宏大的数字化非遗资源。

全面进行数字化转化,使非遗数字化资源体系化。将现有的单个音频和视频资源进行全面整合,在以保存为基本目标的基础上,进一步发展数字化技术,使其更有利于学术研究、项目传承、文化应用等。通过这种转化可使不同项目数字化成果成为学术研究重要的第一手资料,为项目传承提供可靠的参考依据,还可成为文化应用中文化策划的重要资料来源。通过数字化技术可更方便进行学术研究,提高研究效率和准确性。体系化的数字化资源,可进一步促进文化应用发展,使资源能更好地为社会所利用并发挥更大价值。数字化保护转化对保护历史文化遗产、推动学术研究、促进文化应用等方面,都具有重要意义。从多级非遗项目的体系出发,各市、县的非遗数据库应各自建立,同时不同子数据库之间可以互联互通,实现资源共享。

非遗资源库的建立,其最终的目的是要实现静态保存和动态保护。静态保存与人的动态传承是相辅相成的,静态保存基于抢救性保护,特别是传承人缺乏的情况下,是比较合适的保护方法。过去,在群众艺术馆内所保存的非遗文字、

① 周耀林、赵跃等:《非物质文化遗产档案资源建设"群体智慧模式"研究》,武汉:武汉大学出版社2020年版,第257页。

视频等数字化的材料，是数字化技术早期阶段运用于非遗保护的重要成果。这些成果具有很好的文献价值，可作为当下非遗保护的“原始资料”和“素材”进行再次利用。如原有的图片、录音、录像，在读者和观者进行介入时，因其传统方式受限制，只能以播放机和屏幕作为其“中介”，但是在现当代的数字化技术的配合下，这些数据可以综合起来，在动态传承的基础上，充分利用这些静态保存的数字化资源，在不同的场景、展示以及宣传中加以利用，使得受众从“读者”“听者”“观者”，转变到“体验者”的身份，在非遗文化的保护与宣传中，使人成为文化的直观感受者，并从中得到文化的体验和互动，传统文化的创造性转化和创新性发展，才会产生明显的效果。

以马山民歌的资源库的建立为例，传统的保存方式，主要是CD、音频，数字化之后，立马又转入了新的博物馆式的保存方式。近年来，荆州区群艺馆通过微信公众号的方式，上传了马山民歌的音频，在传播上从屏幕走向手机终端，方便了传播和宣传，但因个体对文化的喜好、公众号的关注，也受到了个体对文化接受的差异性的影响。因而，这种过度信任和依赖民众主动性的情况，仍然使非遗的传承出现很大的形式化的走向。在马山民歌的数字资源库的建立上，借助现代体感技术，参观者可以对马山民歌的不同歌曲进行选择，对马山民歌的参与角色进行选择，然后进行现场学演，体验表演，这样就可以从被动转变为主动参与，也更有利于非遗文化的传承。

三、构建非遗数字化博物馆

博物馆是一个集中的文化展示平台，需要以全新的视野来看待这个平台。博物馆本来是一种公共性的文化机构，负责各类文物和艺术品的管理、展示以及保存工作。这一概念本来是源于古希腊时期，那时的博物馆，既是集会之地，也是读书之地。不过，自18世纪起，博物馆的概念和功能也发生了一些变化。这一时期所诞生和建立的博物馆，都是具有公共和国家性质的。不过，20世纪以来，博物馆开始出现很多不同的类型，全方位地展示着过去人类文化的成就，而且在属性上也开始出现个人和公共博物馆。以河南省洛阳市为例，洛阳也是我国古代的十三朝古城，有着丰厚的历史和文化遗存，洛阳市现共有各类博物馆20余个，主要涉及了古城、文物、金石、民俗、匾额、墓葬、历史地理（古代大运河）

等。博物馆的建立为集中展示地方历史和文化提供了丰富的文化空间和展示平台。相比之下,荆州作为历史文化名城,城市中可供参观的博物馆,仅荆州博物馆、熊家冢考古遗址公园。在基础设施逐步老化等情况下,这些场馆给旅游者所带来的体验感就会有所下降,就需要有所升级和改造。

数字化技术在博物馆建立中的运用,有利于提升博物馆的空间维度和文化内涵。现代博物馆往往可以借助先进的声、光、电技术,使参观者在博物馆空间中获得更为丰富的感观体验,这种感观体验可以深化参观者的研学。如洛阳古城遗址公园就充分利用了"立体成像"技术,展示古代洛阳的建筑,改变了传统的宣传版的平面展示,这样的举措不仅使游客感到了新奇,同时也提升他们的研学和旅游的兴趣,延长他们在城市中停留的时间,从而为旅游业提供更多的客源和时间机会。

在数字化博物馆中,我们展示的不仅仅是传统意义上的博物馆展览,而且是以更为活态的文化展示方式真实直观地展现文物的原始面貌,部分内容可实现实时交互。如民间文学类以微电影、动画形式设计,并配以文学作品的音频;传统音乐类则在有条件的情况下,录制高水平的音频。传统舞蹈、传统戏剧、传统技艺则采取三维动画等手段进行虚拟数字再现,如对楚式漆器技艺的数字化,除进行制作过程展示之外,还对漆器作品进行三维的展示,并附以相应的文字介绍。

综上所述,在数字化技术的引入阶段,我们要加强非遗数字化技术的融入,在充分利用这些技术基础上,建立相应的数字化资源,在资源准备充分情况下,再建立一个个集中的文化展示空间,也即各类非遗博物馆,同时,在博物馆的规划和建设过程中,数字化的技术同样也是不可或缺的手段和展示方法。

第三章　荆州非物质文化遗产利用论

本章将深入探讨荆州非遗资源的利用和开发问题,探究如何充分挖掘这些珍贵的文化遗产,使其在当代社会焕发出新的活力。非遗的旅游开发,已经在20世纪成为发达国家的一种常见做法。例如,日本的歌舞伎、韩国的端午祭以及意大利的傀儡戏等,都已成为具有高度知名度的文化和旅游资源,并成为这些国家在国际旅游中的重要文化名片。

前已述及,荆州作为中国历史悠久的城市,拥有着丰富的非遗资源。这些资源包括但不限于各种传统的手工艺技能、民俗活动、表演艺术以及与当地历史和文化相关的民间传说等。然而由于各种原因,这些非遗资源面临着保护和传承的难题。在当今日益激烈的文化竞争和多元文化合作的背景下,如何在错综复杂的关系中找到自己独特的文化利用之路呢?要解决这个问题,需要明确一些主要的原则和策略,厘清荆州非遗与旅游开发、非遗与城市发展之间的关系,以及内部非遗资源的关系等问题。通过深入探讨这些关键问题,可以为荆州非遗资源的有效利用和开发提供借鉴,为未来文化发展制定战略规划。同时,也可以借鉴其他国家和地区的成功经验,以促进荆州非遗资源的保护和传承,推动城市的文化发展和社会进步。

第一节　荆州非遗的利用及其原则

荆州非遗的旅游开发是一项复杂且长期的任务。在本节中,我们将深入了解和分析荆州非遗旅游开发的可行性问题。对于非遗开发过程中所面临的各种问题,采取有效的思维方式进行归纳和分类,了解荆州非遗文化资源的内在文化价值,明确旅游开发中的重点,把握文化资源开发中的几个重要原则。在开发策略方面，结合荆州市的经济、社会和文化发展实际情况，制定相应的利用策略。

一、荆州非遗的旅游开发价值

非遗作为一种旅游资源，其内在的文化因素是否具有旅游开发的价值，这是一个颇具深度和广度的问题，值得我们高度关注和深入研究。作为旅游资源的荆州非遗，具有多重的价值，主要包括了经济价值、文化价值、生态价值以及精神价值，这些价值之间相互联系、相互促进，共同构成了荆州非遗的独特魅力。应充分认识和挖掘荆州非遗的价值，加强保护和传承工作，推动荆州非遗与旅游的深度融合和发展。

（一）旅游经济价值

非遗文化与旅游之间有着密切的关系，非遗与旅游的协同发展，已成为当下我国各级政府在文化政策上的基本共识。在2014年国务院下发的《国务院关于促进旅游业改革发展的若干意见》的文件之中提出，注重文化传承创新，推动乡村旅游与新型城镇化的结合，利用民族村寨、古村古镇，发展有历史记忆、地域特色、民族特点的旅游小镇，支持发展传统戏剧的排练演出场所、传统手工艺的传习所，特别值得注意的是，在这份文件中还十分明确地提出要依托各地自然和文化遗产资源，建设研学旅行的基地。这其中就包括了对非遗进入旅游业改革领域的文化功能的再认识。在非遗作为旅游资源的开发上，学者们有了大量研究成果，主要集中在非遗保护与旅游开发关系、旅游开发对策、开发模式等几个方面[①]。总体而言，研究者大多很看重旅游开发过程中非遗项目的保护因素，也都很强调非遗和旅游开发之间应有度，不能过于保守，但也不能过度开发，致使非遗失去其原真性。

近年来，荆州市松滋市发展研学教育基地，也取得了一些经验，研学旅游市场也开始得到了起步和发展，松滋远古化石的资源，也得到了有效的利用，并建立了展览馆，为进一步的旅游开发创造了基础空间和坐标。松滋的民俗非遗资源的开发，也在卸甲坪温泉旅游区域中得到了重视和初步的利用。石首在非遗

---

① 雷蓉、胡北明：《国内非物质文化遗产旅游开发研究综述》，《四川理工学院学报（社会科学版）》2012年第4期。

饮食文化的开发上，也十分注重石首笔架鱼肚非遗资源的利用与宣传。这些较好的做法，都是充分重视非遗的旅游经济价值的表现。

非遗文化在旅游中的切入，能提升旅游资源的软实力，增强旅游的吸引力，进而产生数倍于原生态旅游资源的经济利益。非遗项目具有丰富的经济价值。细化来看，手工技艺类的非遗项目具有手工艺品开发的潜在经济价值，如铅锡镂刻技艺，在作为表演、展示性质的文化元素上，就有很大的利用空间，可围绕这些手工技艺，制定、开发出一系列的旅游产品。曲艺和传统音乐类非遗项目，具有文化演艺的经济价值，如荆河戏、汉剧等；民俗类具有旅游附加项目的经济价值，如松滋砂罐茶；名人和文学类的非遗项目可作为剧本、文化产品的设计元素，如三国传说、张居正传说等，也具有很强的可开发性和经济价值。

不同的荆州非遗资源有着不同的经济价值。首先，如手工技艺类的非遗项目，这些项目所衍生出来的非遗产品，其制作工艺和流程复杂、产品具有很强的收藏性，因而其价格就比较高。单就这一点而言，这些产品可以丰富荆州旅游市场的产品展示群，为旅游行者提供更多可供选择的旅游纪念和收藏产品。如木雕座屏、小件的青铜仿制器物、精美的楚式漆器等，都可以成为旅游者青睐的文旅产品。

（二）旅游文化价值

非遗项目不仅代表着一种文化遗产，更是一种独特且珍贵的文化资源。这些资源本身就蕴含着丰富的旅游价值，其价值不仅仅在于历史和文化的层面，更在于其对于现代社会的经济和文化发展的潜在贡献。不同地域的非遗文化对于旅游者来说，就像是一扇扇通往不同文化和历史的窗口，充满了新鲜感和吸引力。

随着旅游业的发展，人们不再满足于仅仅固态地观看这些非遗项目，而是希望以更深入、更活跃的方式参与其中。这种趋势使得非遗项目的文化性特点越来越得到凸显。为了满足旅游者的这种需求变化，我们需要深入挖掘非遗项目的文化特色，提倡文化旅游，让旅游者能够在旅行中获得更为丰富、更为深入的体验。这样做不仅可以让旅游者获得更多的收获，同时也能为旅游目的地带来更大的经济效益。

此外,围绕非遗项目而衍生的著作权、发明专利以及外观设计专利等,更是重要的地方文化资源。例如,围绕荆州的非遗项目,我们可以组织专门的文化机构或企业,申报一系列的发明专利和外观设计专利,使这些文化资源成为荆州市的文化竞争软实力。这些文化价值不仅丰富了旅游体验,也成为旅游中的重要看点。

充分尊重不同旅游目的地的文化特色,保护地域文化特色和民族文化特色,而所谓的特色部分,就包括了非遗项目。旅游是经济性很强的文化事业,又是文化性很强的经济事业,这两者相辅相成,缺一不可。非遗项目的体验基地建设就是这样一种理念的体现,通过这样的方式,我们可以更好地保护和利用非遗项目,同时也能为旅游业注入更多的文化元素和特色。

在荆州的非遗项目中,传统技艺类项目反映了传统手工业的成就,具有丰富的手工业文化资源和精神。这些传统技艺的传承和发展不仅代表着一种技术的进步,更代表着一种文化的延续。传统舞蹈、民间音乐等非遗项目大多具有荆楚地域文化特色,在艺术内容、艺术形式方面都反映出丰富的荆楚文化的特征。这些项目的表演和展示,可以让人们能更直观地感受到荆楚文化独特魅力,为旅游者提供更丰富的文化体验。

(三)旅游生态价值

非遗项目产生于传统文化的土壤中,本身就不是现代工艺和科技文化的产物。荆州非遗的生态价值首先体现在非遗产品的生态性上。在生态性的这一含义上,与荆州饮食文化相关的非遗项目,本身就是具有生态特征的食材,在传统的烹饪方法下,保持着原有的生态和绿色的特点:石首的笔架鱼肚,对鱼材有严格的要求。荆州鱼糕的材料也多取自于江汉平原的江湖之中;其次体现在非遗产品与自然环境之间的融合上。传统技艺的各类材料,大多都来自于自然,而非人工合成的,对自然并不会产生很大的污染,体现出与自然环境有着很好的生态融合性;第三,荆州非遗与荆州历史相整合的文化生态。

在传统音乐、美术曲艺等方面,传统艺术文化都与荆楚文化之间存在很大的匹配度,或者说本身这些非遗项目就是荆楚文化最为直接的文化载体。具有"楚式"特征的技艺类项目相对较多,包括青铜器、漆器、雕刻等类型,都具有悠久的历史发展风格，这些非遗项目或承载着荆楚地域历史元素，或浸润着荆州地方的传统文化和艺术元素，如汉绣、楚绣、插花、蛋雕等，或体现着荆楚古代民俗的遗风，如五虾闹鲇、鼓盆歌、端午节等。因此，滋生和繁荣于荆州传统文化中的非遗项目，本身就具有良好的文化生态。

不过，非遗项目的生态价值，不仅体现在自身文化生态性上，还体现在非遗项目可对当下我国城市、农村的文化进行补充及“修复”。“修复”并非指文化的欹失，而是指传统文化的回归，原本产生于古代城市、乡村的文化，重新回到今天的城市和乡村之中，也是弘扬传统文化的内在要求。新中国成立以后，传统文化的发展与传承面临新的挑战。这些本身就具有传统文化特性的非遗文化，在重构当下传统文化体系的洪流中，具有很强的生态修复的价值和作用。

随着文化旅游的开发，会促进荆州地方生态的提升，对城市环境、景区品级也会产生明显的提升效果。如说鼓子的保护与开发，可使县域文化生态得到重新强化，马山民歌的创新发展，也可使荆州多一张地域文化的名片，文化生态的修复比自然环境的修复更复杂，不仅需要有人来接受这些文化，并在文化的发展和传承中具有文化的自觉性，反过来又可促进非遗文化的保护与传承。而这一过程却是漫长的。

（四）旅游精神价值

旅游作为人类的特殊活动，甚至引起过西方意识形态学者的广泛关注，他们试图通过这种旅游的空间，对游客进行相关意识形态的引导。20世纪60年代，欧洲和北美的“旅游田园曲运动”出现，从这个活动中人们认识到，旅游是可以促进人和人之间的了解以及人的人格的发展，缩小社会阶层和人与人之间的距离，并成为“聚会和对话的工具”①。旅游活动的这一价值，即体现在精神价值方面。

非遗项目代表着中国传统文化精髓的古老艺术和技艺，本身就是散落在当下的璀璨明珠。它们如同一面历史的镜子，映射出中国古代文化的辉煌和传承。在如今世界经济一体化的趋势下，不同文化之间的交流和文化传播的速度大大加快，世界各国已将文化传播视为一种国际竞争的方式，成为新的国家竞争模

---

① [法]罗贝尔·朗卡尔著，陈立春、朱邦造译：《旅游和旅行社会学》，北京：商务印书馆1997年版，第55页。

式。非遗项目中蕴含着中国传统文化的优秀技艺和文化基因,它们被一代又一代的人们精心传承下来。这些技艺和文化基因是中国传统文化的重要组成部分,也是民族文化自信的源泉之一。在荆州非遗项目之中,有很多富有精神文化资源的项目,如在传统技艺类项目中,非遗产品的制作本身就蕴含了丰富的荆楚工匠精神;特别是在民间文学类的非遗项目中,有关于地域历史人物的传说和故事,如张居正传说、伍子胥传说、三袁传说等。历史著名人物的历史事迹往往受到后世人们的追忆,无论是他们的政治成就还是文学影响,都成为荆州历史上的重要精神文化遗产,也是荆州旅游开发中可以利用的重要资源和元素。

非遗项目作为旅游产品的开发,从我国传统文化的传承来看,也是一种全新的传承方式,只是经济利益化给人们带来负面情绪,使得旅游开发也难免于被诟病。在中国古代历史上,对古代传统文化的记载、传承也都各自具有时代的特点,“各民族的风俗、习惯、信仰和民间文学,都是社会的存在,也都是历史的一部分”[①],因此,这些体现各民族的风俗、习惯、信仰和民间文学的非遗项目,不仅具有历史的价值,也承载着历史文化的精神,从而具有了深厚的精神文化价值。

然而,随着社会的进步和经济的全球化,非物质文化遗产项目逐渐被视为一种旅游产品进行开发。虽然这种开发行为在一定程度上为非物质文化遗产的传承提供了资金支持,但从长远来看,这种以经济利益为导向的开发行为也给非物质文化遗产带来了许多负面影响。因此,也有人对这种开发行为提出了质疑和批评,认为这种利益化的行为破坏了非物质文化遗产的原始性和纯粹性。

在中国古代历史上,古代传统文化的记载和传承都有着各自鲜明的时代特点。每个民族的风俗、习惯、信仰和民间文学都是社会的存在,同时也是历史的一部分。这些非遗项目作为各民族风俗、习惯、信仰和民间文学代表,不仅具有历史价值,更承载着历史文化精神。它们不仅是物质的体现,更是一种精神的象征,因此具有深厚的精神文化价值。

二、荆州非遗与创意旅游产业发展

创意产业发展有利于促进地方旅游经济的发展。在全球发达国家中,很多

① 白寿彝:《白寿彝文集·民族宗教论集》(下),开封:河南大学出版社2008年版,第827页。

创意产品、营销和服务吸引了全世界众多的旅游者。创意产业在英国有了很大的发展空间。1997年，英国成立了“创意产业特别工作组”，美国国际知识产权联盟(IIPA)在《美国经济中的版权产业：1999年报告》中指出，美国的创意产业在经济上对美国国内生产总值、就业和贸易做出了很大的贡献。在日本，日本的创意产业有很大的规模，占全世界的10%左右。日本动漫创意产业也成为日本第二大产业。

文创产业已成为颠覆传统经济发展模式、创新经济运行机制、优化产业结构、提升区域竞争力、引导现代生活方式、扩大就业、增加社会福祉、推动人类文化多样性的战略选择。文创产业是经济发展、社会进步到一定阶段的产物，不仅是经济发展的结果，也是社会对文化需求的反映，同时是社会经济和文化结合的最好场域。文化创意产业是“那些从个人的创造力、技能和天分中获取发展动力的企业以及那些通过对知识产权的开发可创造潜在财富和就业机会的活动”[①]。中共十八大首次将文化产业列为国民经济支柱性产业。

国家“十三五”规划就明确提出，要大力发展创意文化产业。创意文化产业的发展，更需要旅游行业与相关行业的深度融合[②]。近年来，北京文化产业增加值占GDP的比重达到13%左右，成为仅次于金融业的第二大产业；深圳为了改变其“文化沙漠”的对外形象，2003年在全国率先提出了“文化立市”的城市发展战略，把文化产业作为高新技术、金融、物流等支柱产业之后的产业培育对象；湖北省的武汉市，建设了光谷软件园、汉阳造广告文化创意园、楚天181文创园等多个园区。至2015年，武汉全市的文创产业的产值达到了789.56亿元，成为武汉市生产总值的又一重要增长极。

荆州历史文化源远流长，博大精深，是中国南方唯一连续不断进化至今的文化中心。楚文化底蕴深厚，三国文化资源丰富，非物质文化资源灿烂，铜铁冶炼、丝织刺绣、漆器制作技术代表先秦最先进工艺水平，楚剧楚舞享誉中外，髹漆楚绣匠心独具，成为独具荆州特色的文化资源富矿。近年来，市委、市政府高度重视，为促进文创产业快速发展，制定了《荆州市文化产业发展三年行动计划》，培育了十八匠公司、关帝集团、荆旅集团、天凤公司等4家省级文化产业示范基地，

① 白远：《文化创意产业与产品贸易》，北京：经济管理出版社2017年版，第2页。

② 陈婕：《全域旅游发展路径研究》，北京：北京工业大学出版社2020年版，第28页。

策划了楚式漆器髹饰技艺创意创新、荆楚特色文化创意产品开发、童话三国全民国漫秀等一批文化创意项目。这些都将成为我市发展文创产业的优势条件和阶段基础。

从相关数据考察可见，以2015年为例，荆州市文化产业增加值36.74亿元，与宜昌市117.49亿元、襄阳市104.35亿元相比，差距很大；在GDP中占比仅为2.31%，低于当年全省2.89%的平均值。文化产业发展总体规划发展目标、发展方向、发展重点还有提升空间。全市文创产业企业不少，但没有重大文创产业项目，没有在全省同行业中处于领先地位的龙头企业。知名品牌带动作用不明显，文化创意、数字出版等新兴业态处于起步阶段，影响全国、辐射全省的文创产业基地和知名品牌有待加快培育和发展，可以为文创产业发展提供技术创新、信息咨询、市场拓展、人才培训、投资融资等完整、多层次、全方位的服务平台有待建立。

荆州非遗是荆州创意产业发展的重要内在文化资源。目前来看，荆州市依托沙市洋码头悠久的历史文化和历史遗迹，将原废弃的打包厂厂房、候船室等老建筑，改造成集文化展示、创意工坊、商务会谈、休闲娱乐、滨江观光、运动健身等为一体、具有商埠文化特色的沙市商埠文化艺术创意产业中心。还应加快文创产业园区建设，依托荆州中学旧址，培育楚文化、三国文化产品研发，以及非遗文化传承创意产业园，并纳入古城保护利用和人口外迁总体规划；依托沙市中学旧址，培育软件开发、动漫制作等科技创意产业园；依托高校人文、空间资源，推动文创产业与高校高科技产业相结合，以政府引导、高校与企业共建的运营管理模式，建设大学文创产业园。

在这样的整体创意开发格局下，荆州非遗资源就可以作为其中重要的文化内在因素而加以开发和利用。加快文创产业创新、示范和孵化基地建设，将成长性能好、市场前景广阔的文创产业集中起来，促进文创产业链的横向拓宽与纵向延伸，发挥集群的集聚效应和辐射带动作用。

三、荆州非遗资源的利用原则

荆州文化具有独特性，在全国非遗保护事业的大背景下，非遗保护工作自然也具有理论一致性、方法趋同性等共性特点。然而，作为特定区域的文化，荆州文化必然拥有其内在特性,实施文化保护工程也必然与其他地区存在显著差异。因此,荆州非遗旅游开发的原则和策略也应具有其独特的个性。在进行荆州非遗旅游开发时,应遵循一些基本原则,以确保不会与其他城市的旅游开发混淆,从而使得非遗与旅游的结合更具时代性和地域文化特色。

(一)本土性原则

改革开放以来,我国城市与城市的发展,对过去传统建筑、传统城市格局都有所打破和改变,使那些过去在城市中所存的文化失去了原有的传统文化土壤。在不同城市的文化建设上,“本土性”的特征就受到了很大的冲击和挑战。在不同的城市中,大部分的城市建筑、城市街道开始走向雷同性,只有一些历史街区、老城区还能体现出一些传统的建筑和城市格局。

荆州非遗的旅游开发,最为重要的原则,即是要遵循本土性原则。在这种利用原则下,对于荆州非遗文化的开发,就是要充分扎根本地、立足本地,注重本土传统文化的土壤。切不能崇洋媚外,片面抄袭和复制他城或他国项目,也不能盲目跟风,要牢牢把握楚文化的命脉,以此来统领非遗文化特色。不容忽视的一个问题是,荆州地下的文物多于地上的文物,地下的“古代建筑”多于地上的“古代建筑”。从实地的调查资料来看,荆州旅游给人最大的印象就是名气大却景点弱。对于这样的一种传统文化现状,一方面我们要注重找回那些失去的传统文化,另一方面我们在利用和使这些传统文化回归的过程中,还要注重将传统与当代的文化进行合理融合,处理好两者之间的割裂和尴尬。

这个阶段的非遗文化的嵌入,必须要有充分的准备,了解非遗文化的文化内涵。首先,对于荆州非遗文化的文化内涵的了解,要结合过去的荆州历史和文化背景。比如,在对楚式髹漆技艺的利用上,要对楚国艺术史、楚国科技史等背景作更为深入的探讨和了解,从宏观上将这技艺还原到历史文化的这个大舞台背景之中。将楚式髹漆技艺与过去楚文化之间的联系建立起来,这样我们在进行旅游开发的时候,才有更多话题和资源可以利用。同时,非遗的传承人也可以在此基础上,深入地了解过去楚国工艺技术的全貌,强化技艺的理论研究,开拓新的技艺手法和新的非遗产品。

非遗文化的存在空间,也需要具有荆州地域文化的特征。现代城市的建筑千篇一律，在钢筋水泥的建筑下，往往不太注重艺术化、政治化的复杂表达，而只是注重建筑本身的功能。荆州古城墙是当今世界上少有的明清古城墙，反映了清朝城市的整体风貌，因而具有很强的文化本土性和地域性。目前，荆州古城墙正在积极开展5A级景区创建工作。作为具有楚式特色的非遗项目，我们要力争营造一些属于楚国时期的建筑和城市的空间。同时，这些非遗项目在文化空间的营造上，也会有一定的文化空间，与楚文化时期的空间构成了一种整体性的特征。在传统戏剧类非遗的展示上，充分借助荆州市现有的一些传统文化空间，如可在沙市川主宫、九老仙都宫等景区，开发实景式的文化演艺空间，在川主宫形成几个经典荆河戏剧目进行表演；在九老仙都宫景区，有原江陵盆景园的小型园林，在此园林内，可实地开展一些具有高雅性的荆河戏实景表演专场，这样既可以形成非遗的文化空间，又可以使得旅游景点的文化内涵得到加强。为荆州传统音乐、曲艺类非遗提供具有传统意味的展示空间，这种空间可以让观众置身于一种具有传统感觉的“严肃”的艺术空间中，得到全身心的体验和感受。

在非遗文化本体与非遗文化空间的结合上，也需要经过精心的考虑和策划。在现代城市文化元素的回归上，文化符号、文化意味的表达具有很重要的价值，同时也是最考验文化开发者的思想水平和境界的。

（二）参与性原则

参与性是文化旅游的重要特色，传统的旅游是“走马观花”，马道不可变，花枝不可攀，这样的旅游形成了一定的固定的模式。参与性就是重视游客的参与和体验，参与体验的程度越高，感受也就更为丰富。全身心投入式的参与，能满足旅游者的喜悦。现代的文化旅游不仅可以“选马”，还可以“种花”，文化的选择性是十分广泛的。

民俗类的荆州非遗，本身就是荆州传统人们生活方式的一种体现，有的是有一定主题的生活场景的再现。对这一类民俗非遗项目的文化因素的选择，并将之作为旅游开发项目的内容，可以很好地丰富旅游目的地的旅游项目，使旅游者能在此停留更长时间，促进更多的旅游产业的发展。比如松滋婚俗，就是一项十分强调参与性的民俗事象。在古代松滋的传统仪礼中，婚礼习俗是最具有特色的，民俗活动事象丰富多样，极具喜庆特色。可在一些旅游景点开设一些松滋婚俗的体验项目，游客不仅可以在此项目中体验一把“结婚”的快乐，同时松滋婚俗作为一种非遗文化，也在当下借助旅游行为得到了很好的传承和传播。

另外，还有一些体现日常生活的民俗类非遗的开发利用也值得注意。在民俗性质的非遗项目上，就要特别注意体现出参与性原则。比如旅游景点中，可以有松滋“沙罐茶”、“毛坝烟”的场景设计，来客可以听一段松滋、公安说鼓子，感受一下“下里巴人”的文化氛围；旅游景区可以有马山民歌的表演者，也可以有荆河戏的大戏台，雅俗共赏，体现出参与性，才能吸引住旅客，招揽更多游人来荆。在不同县市的旅游发展中，可以大力推行民俗类非遗参与性项目的开发，丰富地方旅游项目和增收点。

在手工技艺类非遗项目的旅游开发上，也要充分体现出这一原则。荆州所有的非遗项目中，传统技艺类的项目是十分丰富的。从类别上来看，主要集中在荆州市区，如汉绣、楚玉、葫芦器制作、楚琴、漆器、铜锡刻镂、风筝、酿酒、陶器、楚简等的制作技艺；从其分布的规律来看，荆州市各县市均至少有1项传统技艺类非遗项目；从申报的主体单位来看，有政府部门、也有民间组织和学校等。在这样的传统技艺非遗项目的格局下，对这些手工技艺类非遗的开发，除了要讲求保护性、实行生产性保护之外，还要注重旅游开发上的参与性，如对楚玉进行雕刻、汉绣织制的体验、葫芦器的制作、风筝的制作、酿酒过程的体验、楚式陶器的制作以及楚简的制作与书写等，都可以进行旅游体验式的开发。一方面可以强调体验性，另一方面也可以个性化制作相应的旅游产品，提供私人定制的礼品服务。这样一来，既可以为这一类非遗项目的传承提供丰富的资金支持，同时也为非遗传承人提供了丰厚的物质回报，以此形成良性的资金支持，非遗项目的发展也就具有了很强的发展潜力和后劲。

（三）大众性原则

大众性原则其实主要是涉及非遗旅游产品是否“亲民”的一个利用原则。任何文化产品的开发以及文化创意的成功与否，主要是看这个产品或文化创意是否能达到大多数人的审美标准和要求。对于旅游业而言，满足大多数游客的旅游体验才是最为重要的目的。但是，在此值得注意的是，我们也不能为了满足旅游的消费需求，而使本来具有一定技术性、整体性的非遗项目变得“媚俗”和“盲从”,还是要保护非遗文化的完整性特征。因此,我们可以说,旅游开发不是学术研究,不能曲高和寡,亦不能阳春白雪。阳春白雪的东西当然也要有,却不可太多,要符合大众化的审美原则。不过,我们也要为“雅士”提供更多的品鉴文化的场所。在所有的旅行者中,我们还要为部分具有较高文化层次的人群打造属于他们的文化空间。在这一点上,大众性就具有了一种普遍性,即要满足不同人群对于非遗文化的要求。

大众性原则还体现在要把非遗文化与不同的旅游景点的旅游开发结合起来。在一般的景点里,可以利用景区的一些场地,嵌入一些民俗体验的旅游项目,如民俗游赏、传统技艺体验等。在荆州市楚王宫的景点规划中,我们对楚国民俗、楚国的街巷进行了“文本复原”,把这些民俗类的非遗与旅游项目深入地结合起来,提升景点的特色和内涵。在一些高雅的景点,还可以搭建荆河戏、手工技艺类(青铜器、镂刻、蛋雕等)的展示平台,可进一步提升各景点的文化品位和文化氛围。

非遗项目的旅游开发还要坚持大众性的原则。长江流域在区域性的非遗保护和开发的政策上,已达成了一定的协议。2015年,长江流域11城市共同联系,决定共同在非遗保护合作交流上,建立一定的机制。上海、重庆、西宁、拉萨、昆明、成都、长沙、南昌、合肥、南京和武汉市达成了多项合作协议①。在以流域为中心的非遗保护视野下,大众化必然也会成为其中非常重的一个保护原则。荆州要力争进入这个协议之中。同时,在非遗生产性保护、衍生品开发以及文化旅游相结合的方面,加大城市之间的合作力度。为了达到一个更大区域内的非遗开发的普遍认可结果,特别是在文化旅游领域,就需要有大众化的非遗资源利用的总原则。

第二节　荆州非遗资源的利用策略

在非遗资源的利用策略上,有几点是值得注意的:一是政府与民间的关系;二是保护理念的更新;三是旅游人才的培养;四是整体保护思路的形成。荆州非

① 《中国民族年鉴》编辑部编辑:《中国民族年鉴(2016)》,北京:《中国民族年鉴》编辑部2016年版,第679页。

遗资源的利用，并不是一个单方就可以完成的工作，需要有多方力量共同支持。

一、政府主导，民间主办

非遗的旅游开发是系统性的文化工程。在开发的过程中，本身就受到非遗保护因素的影响和制约。在非遗项目的旅游开发中，必须要有政府的文化部门的牵头和领导，对非遗的旅游开发进行有效的监督，并积极推行地方非遗保护法律法规，使得一切的保护和开发都有法可依、违法必究。经研究者考察研究，荆州地方政府对非遗文化的保护工作，已在以下几个方面开展了工作：一是鼓励学术团体从事非遗保护工作；二是支持非遗宣传，增强社会群体对非遗文化的重视；三是在既有职能部门基础上形成具体负责非遗保护的专门机构。

目前，荆州市政府在非遗保护上已形成了几个基本的工作思路，一是鼓励学术研究；二是加强非遗宣传；三是形成一些非遗保护的专门机构。政府在非遗保护中的定位应该是什么呢？首先，政府应该是非遗保护政策的制定者，同时也是非遗保护的倡导者，在非遗保护工作的推进方面，还应该是非遗保护的实施者。最后，对于非遗保护的工作的考核而言，政府还应在其中有鉴定者和考核者的身份和定位[①]。旅游业在地区经济发展中具有重要作用，这也是政府所看重的。地方旅游业的发展，必须要充分重视经济社会和人的进步，把非遗资源的旅游开发共同放置于社会发展的综合考虑之中。

荆州市及下所辖区、市、县各级政府，对非遗资源的利用也持较为肯定的态度。同时，对于荆州市各县而言，各县的非遗保护纳入了政府整体工作规划，对各县非遗项目的整理、项目的申报等工作，都已形成了一定的规模和格局。虽然在各县市的非遗保护工作中，经费并不是十分的充足。但自2006年以来，每年的荆州政府工作报告都会把非遗的保护列入政府工作之中。多年以来，各县也把非遗的宣传和认定工作，作为一个常规的工作在抓，取得了相对较好的效果。

非遗旅游开发也必须由民间资本进行运作，引入市场的竞争机制才会产生真正的效果。如果只是以政府投入来拉动资金链，也必会使得资金成为一种"补贴"，不能真正发挥其作用。引入企业的竞争机制，需要具有一定的文化资历，从

---

① 李华成：《论非物质文化遗产保护中的地方政府角色——基于湖北省荆州市非遗保护的实证分析》，《太原理工大学学报（社会科学版）》2011年第1期。

业人员要经过当地文化部门的培训和相关高校的培训，切莫使企业成为盲目的“跟风者”，使之失去创新性。如广东省在保护一些古村落上，也存在着资金不足的问题，资金的短缺是古村落保护的重要问题，在政策上要考虑引入民间资本投资的方法①。在浙江宁海，由民间资本打造的温泉、天河、野鹤湫以及前童等景区，成为当地旅游业发展的重要推手。自20世纪90年代末，宁波就大规模地引进民间资本来开发旅游资源，并取得了很好的效果②。在浙江杭州就通过扩大财政投资和财政补贴或减免税等财政政策刺激投资增长，以政府投资为引导，带动民间资本的跟进③。

二、更新理念，多维开发

多维开发的核心是创新。创新是一个民族的灵魂，也是一个地方城市发展的灵魂和核心动力。非遗产品本身就具有很丰富的文化资源，并具有多重经济价值。从旅游开发的策略而言，首先是品牌产品的建立，创立一些醒目的品牌名称，并从中衍生出具有创意的产品，尤其是辅助产品，如艺术欣赏、民俗体验、名人寻踪、荆楚饮食、文化寻根等。

荆州非遗可从以上几个角度进行品牌提炼和产品的研发，充分利用荆州市文化部门、地方高校、文创公司，集聚产品文案策划、产品展示、产品设计等专业人才。艺术欣赏包括曲艺、传统舞蹈、传统音乐非遗项目。在中国古代，不同区域形成了不同特色的区域艺术发展史。对于生活在不同区域的人们来说，异域的音乐往往会与本地的音乐有所不同。这些不同的音乐形式，与人们平常所听到的本地的音乐有着很大的区别，因而这些异域的音乐能给旅游者带来不一样的全新体验。虽然有可能曲艺上的唱词并不能完全被理解，但是那种音乐的节奏、场景以及艺术的表现形式，却可以成为旅游产品中的一个重要开发因素。

---

① 庄伟光、邹开敏、黄晓慧著：《旅游产业创新与发展——以广东为例》，广州：中山大学出版社2014年版，第113页。

② 朱至珍、杨力民：《城市营销：宁波赢得未来的战略方法》，北京：中国旅游出版社2006年版，第313页。

③ 林晔等编著：《情报研究与城市发展——以杭州研究为例》，北京：当代中国出版社2004年版，第278页。

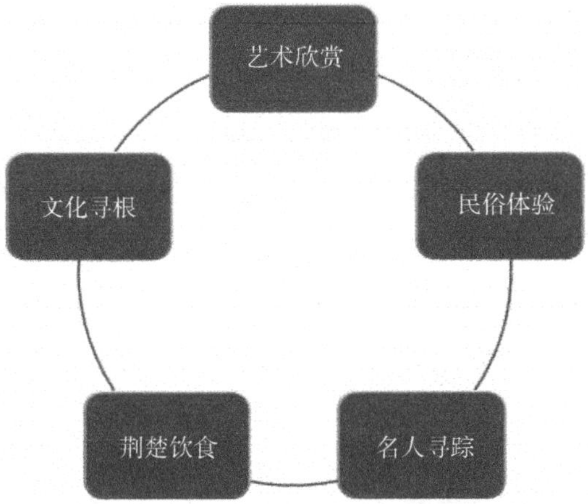

荆州非遗旅游开发多维开发模式

文化寻根可与楚漆器、楚简、楚乐相关非遗项目结合起来。寻根旅游是一个旅游学的概念，是指“按旅游主体的出游动机划分的一种旅游类型”①。楚国姓氏遍布海内外，如危姓、屈姓、熊姓等，都是楚国最为原始的姓氏。当然，作为寻根旅游，姓氏游自然是其中的一个方面，但从更为广泛的社会生活角度而言，楚人所使用过的生活用具、楚简帛以及欣赏过的楚国音乐等，也可以归入到“文化寻根”之中。

荆楚饮食与荆州市的传统美食有着很高的匹配度。饮食文化集中体现了民族文化的特征②。在众多的荆州非遗项目中，有一些传统技艺是与饮食制作相关的，如七星宴、任婆肘子、荆州鱼糕、笔架鱼肚、白云边酒酿造等。这些美食是楚地流传下来的特色菜品，是地域饮食文化的精品，无论是在饮食文化开发，还是在“楚菜”开发上，都是可供利用的资源。在此类非遗项目的旅游开发过程中，可围绕这些非遗名录打造以这些菜肴为主题的楚文化特色餐饮品牌。

在此，有必要简要梳理一下楚文献中所记载的菜肴的名称，或许可以为荆楚饮食的开发提供一些历史经验。第一，先秦时期，楚国的饮食系统基本属华属系统的分支，在食谱内容、烹饪手法上大致与中原诸夏相同。但由于地理环境、当时气候、民族的偏好、楚地食材的不同，楚国的饮食又体现出明显的楚特色。主

① 王志电：《河南旅游地理》，郑州：河南医科大学出版社2013年版，第5页。

② 姚伟钧、张志云：《楚国饮食与服饰研究》，武汉：湖北教育出版社2021年版，第1页。

食、副食的种类，烹饪的口味，加工的技术都有所不同。楚国饮食精美，在当时各诸侯国中也很有名气。在《战国策·楚策三》中，苏秦就说："楚国之食美于玉。"在《楚辞·招魂》中，所展现出来的楚国贵族的饮食就是"食多方些"，是楚国贵族的饮食食谱。

第二，楚人的饮食有主食、副食、肉食类食物。楚人主食为"五谷"，即稻、稷、麦、豆、麻；副食包括蔬菜、瓜果、水生植物、水生动物；肉食类是为最重要的一类，楚国畜牧的种类主要有牛、马、羊、猪、鸡和狗，另外还有通过狩猎获得的禽类和兽类。

第三，楚人酒的品种多。楚人酒的品种很多，有茅香酒、醴酒、瑶浆、琼浆、桂酒、椒浆和楚沥等。其中茅香酒最具特色，是用楚地特有的富有香味的茅香草过滤而成的酒，还用于祭祀祖先；酒的性质多样，有高度酒，也有低度酒；有红酒，也有白酒；有的经过过滤，有的未经过滤，琳琅满目；酒因不同饮用场合也有不同的名称，《周礼·酒正》将酒分为三类：一是事酒，二是昔酒，三是清酒，郑司农注："事酒，有事而饮也；昔酒，无事而饮也；清酒，祭祀之酒也。"楚国饮酒当包括这三类；楚人饮酒方法也丰富多样，楚地暖寒气候较为明显，因而楚人有冻饮酒和温饮酒两种方法。《楚辞·招魂》："挫糟冻饮，酎清凉些。"曾侯乙的冰鉴就有冻饮酒和温饮酒的作用。

第四，楚人亦爱好点心，重视制酱。点心包括糗、餦、炬籹、蜜饵、脯和修。楚人爱多味，调料有盐、梅、醋、酒、椒、饴、蜜等制成的咸、酸、苦、辛（辣）、甘（甜）五味。楚人善制酱，以肉制成的为醢，以主食或果制成的为酱。楚人调料，讲求"春多酸、夏多苦、秋多辛、冬多成，调以润甘"，讲求科学饮食。从后世楚地饮食习惯来看，楚地口味以"咸鲜"最为普遍。

第五，楚人之菜品。《七发》中所记载的楚菜有：牛肉烧笋、狗羹盖石花菜、熊掌调芍药酱、鲤鱼片缀紫苏。丰富多样，开鄂菜之先河。在"二招"中，也记载了大量楚人的菜品，用材包括飞禽走兽、游鱼龟鳖等，异常丰富，这些食材大多在今天的江汉平原可以获得。

第六，楚人的饮食器具十分齐全和考究。类型上看，主要有炊具、食具和酒具三类，每一类下又分为若干品种；器具材料主要有五种，即铜、陶、金、漆木、竹器。餐用器具包括案、禁；餐具包括匕、勺、斗、刀和俎、箸。

第七，楚人的饮食习惯有日食二餐和日食三餐两种。日食二餐为“朝食”“飧食”，时间为上午9点左右和下午4点左右；日食三餐即在“鸡鸣”“日中”“日入”时进餐。先秦贵族多日食三餐，一般人日食两餐。

以上以记载了楚国时期饮食的文献为中心，对楚国的饮食（也即两千年前荆州的饮食）习惯进行了初步探讨。这种探讨的基本用意，是为了将过去荆州的饮食习惯和当下非遗项目中的饮食文化结合起来。同时，这些过去的饮食习惯、习俗以及饮食器具都可以作为饮食非遗开发中所要挖掘的文化因素。在旅游开发中，我们可以根据实际情况，开发楚式的菜品，打造楚菜的品牌，使这些传统饮食非遗项目可以在这些系列菜品中得到“一席之地”。

名人寻踪的旅游开发模式，可与张居正、公安三袁、三国人物等相关。荆州是三国文化之乡，三国人物活动的历史记载和故事十分丰富，在故事的选择上，我们不可以出现单一化的趋向，而是要系统化、全面化。同时，明清时期的地方历史人物，也对当时的政治和文化产生了很深刻的影响。目前，公安县的三袁墓园（只有两袁）的基础设施已经得到了完善，成为公安县的一处重要人文景点；荆州城内的张居正故居、草市的张居正墓园，也为张居正文化旅游提供了很好的空间；荆州城南的关公义园、新南门内的关羽祠以及老南门内的关帝庙，为关公文化旅游提供了相当丰富的旅游景点。名人寻踪的模式是要把荆州市与历史名人相关的一些非遗项目整合起来。讲好名人故事，与这些既有的景点充分进行融合，让这些场所中名人的故事鲜活起来。

民俗体验的开发模式，则与洪湖的湖区传统民俗、公安县平原民俗、松滋县（市）的高山民俗相结合。旅游的开发模式在旅游的发展中有着至关重要的地位。在欧洲卢森堡的阿登地区，就有一处很好的民俗体验馆的案例，馆内建立了14个行业的互动工作坊，有铁匠制作马蹄铁、养蜂人维护蜂群，还有一些古老的养殖场以及牧草种植的展示活动①。2019年，四川省文化和旅游厅公布了171个非遗项目体验基地，这是一项促进文化和旅游深度融合的重要举措。这些基地的建设实际上是充分重视了非遗项目及其文化所具有的旅游文化价值。通过这些基地的建设，能够更好地将非遗项目与旅游线路、景区景点联动起来，为游客

① 《亲历者》编辑部编：《比利时卢森堡旅行Let's Go》，北京：中国铁道出版社2015年版，第261页。

提供更深入、更有趣的旅游体验。

民俗体验在旅游中有着很好的形态，在荆州市不同县市里，在漫长的历史发展过程中，逐步形成了不同地理环境中的丰富民俗事象。这些非遗民俗事象，大多与自然环境、当地的物质条件与生活习惯有着密切的关系。在以各县作为区域旅游的场所的时候，我们就需要充分结合当地的非遗产品，在品牌上下功夫，在项目与景点的契合上下功夫。以各县区域作为中心的非遗项目，不一定是同一类型的，比如在洪湖的湖区，传统技艺汉绣、传统舞蹈五虾闹鲇、端午节凤舟、搭虾子、洪湖渔鼓以及贝雕等，就有着极好的开发价值。在民俗展示、传统艺术展示方面，可以与洪湖市的旅游景点结合起来，丰富景点的旅游项目，也有利于这些非遗项目的传播与传承。

三、以人为本，强化专业

旅游人才，特别是旅游管理人才严重不足，这给非遗旅游的开发带来了严重的后果。非遗旅游资源有自然资源和“人造景观”所不具有的原创性，正如韩国的端午祭一样，本身就是在商业的运作下“重现”的非遗文化生态，商业在其中发挥了重要的作用，而这个过程的推动，主要是旅游人才和管理人才的创新的管理模式和思维方式。旅游人才对于旅游业的发展，具有重要的决定性的意义。原有的旅游人才，对传统旅游业的发展起到了很重要的作用。对当下的荆州旅游业而言，更需要注重旅游人才的文化素质的培养；对于荆州的旅游人才而言，也必须要求这些人才具有荆楚文化的相关知识。

当下高校旅游人才的培养，并不具有针对性，往往是讲授一些并不太实用的知识，而旅游业专业人才往往是与“导游”相联系。在世界范围内，旅游人才的培养，一是依托旅游高等教育的培养体系；二是旅游职业的教育在法律上也得到了保证；三是以职业教育为中心，有多层次的培养体系。旅游企业还与高校结合起来，建立了培训中心或学校，形成了全方位的培训网络[①]。当下而言，旅游人才的引进，要以具备一定传统文化基础的学生为主，同时，对于从事荆州旅游发展的旅游人才，要对他们进行非遗专业知识的培养，与高校合作培育新一代的旅游

① 范德华：《旅游概论》，重庆：重庆大学出版社2016年版，第168页。

人才，以适合荆州市文化旅游发展的需求。在荆的高校，要力争在管理学科里设置旅游学相关专业，与荆州旅游发展的需求相对接，培养地方化、专业化的旅游人才，为荆州旅游的发展储备人才。

荆州市旅游人才尤其应具备荆楚文化的专业背景。荆州地方高校早在20世纪就已开设了楚文化、荆州文化相关的课程。如长江大学、荆州职业技术学院等高校，至今已开设楚文化、荆州文化课程达30余年，已有了较强的研究基础和教育教学实力。在设立旅游相关专业时，应着重考虑与荆州地方旅游发展相关的特色研究方向，直接为地方旅游事业的发展提供智力支持。对荆州引进的高层次的旅游人才，应在职业培训中加入与楚文化相关的文化培训，增加他们的楚文化素养，更有利于工作的开展。

四、整体保护，生态实验

文化生态概念的提出，在整体性上又迈进了一大步。建立文化生态保护区标志着我国非遗保护处于讲求活态保护的新阶段。文化遗产，特别是非遗文化是珍贵的不可再生资源。北京房山对区级非遗资源实施了整体的保护，支持有观赏价值和市场潜力的项目走出辖区，并参加全国的展示活动，搭建平台、开拓市场，协助非遗项目的联谊自治组织，这种整体性的保护具有很好的实际保护效果[①]。全国各省对非遗的整体保护也提出了意见。如早在2011年，云南省在非遗保护的法规里，就规定了非遗的整体保护，在政策的讨论中还主张在新农村建设中，结合非遗保护的行动，在有些村设立非遗保护区，特别是对民族文化比较丰富的村寨，设立民族文化生态保护区进行抢救性的保护[②]。这种做法在实际的操作中是可行的，也是有利于整体保护政策实施的。

这种生态保护的方式很快在全国得到了推广。2014年为止，我国一共建立了17个国家级文化生态保护实验区[③]。文化生态保护实验区的建立，实际上是

---

① 向勇、赵佳琛：《文化立国，我国文化发展新战略》，北京：北京联合出版公司2012年版，第134页。

② 信春鹰主编：《中华人民共和国非物质文化遗产法解读》，北京：中国法制出版社2011年版，第274页。

③ 陈平主编：《中国非物质文化遗产发展报告(2015)》，北京：社会科学文献出版社2015年版，第14页。

基于对文化的整体认识的基础之上的。生态实验的目的也是为了更好地促进非遗文化的整体传承，具有整体认识事物特征的哲学化认识高度。2016年，全国非遗保护已形成了对整体性保护理论的进一步认识。文化部对格萨尔文化、客家文化、铜鼓文化、黔东南民族文化等实验区规划进行论证，支持了18个文化生态保护实验区的传习中心、传习点的建设工作。这些工作意味着整体保护、生态实验的模式已形成了规模。对于荆州而言，生态保护本来也是具有一定的潜力的。洪湖渔业区、松滋民俗区等都是比较好的生态保护区域。

荆州文化生态保护实验区的划定，应该以自然环境作为划分的基础。荆州市区、公安县绝大部分处于平原，松滋属于丘陵、岗地以及高山，石首、监利、洪湖属于平原和湖泊较多的区域，因而在文化生态保护实验区的划分，应充分考虑不同县市的自然环境对各地文化形成的影响，同时在文化生态保护实验区的划定上，也要以自然环境的特色作为生态保护实验区特色来进行开发。

在生态保护上，以物质文化遗产为依托，并将与非物质文化遗产表现形式关系紧密相关的空间地域，如楚文化区（荆州区、沙市区、监利县）、民俗文化区（公安县、松滋市）、渔家文化区（洪湖市）作为文化生态保护的有机的组成部分，在发展旅游的同时，处理好保护与利用、传承与发展的关系，实现文化生态系统的整体性保护的目的。文化生态实验区的建立，也为旅游的空间增添了全新的空间元素。

从当前的国家政策导向来看，文化生态保护是文化自信的实现手段。坚定文化自信、弘扬传统文化，是当下国家对经济、文化、社会、生态建设中较为突出的一个方面。从更为宏观的角度而言，与世界各国之间的竞争转向了文化软实力之争，文化的个性往往能成为一个国家在世界上的一种潜在经济资源。鉴于此，荆州市以及下辖各县应考虑尽快整合行政资源和民间资本，使文化生态实验区尽快得到建立。

那么，结合荆州市本土的文化建设环境，非遗的生态实验应从哪几个方面着手呢？从近10年来荆州市政府的工作报告的解读中可以发现，荆州市政府较为重视文化、旅游、科学技术的发展。当然，这也是我国其他城市所正在关注的问题，这实际上是为非遗的生态实验提供了很好的前期成果和平台。首先，在文化平台上，非遗的生态实验，要重点考虑市境内不同非遗资源的“着床”，也即非遗与当下社会文化、经济发展之间存在的合理性联系。

不同区域内(荆州市、各县)的非遗往往具有一定内在的文化联系,如荆州区的非遗项目就与楚国历史文化有着相当大的内在联系,各县的非遗项目也能充分与各县的自然环境相融合,具有不可复制性。因此,把握不同区域非遗项目的内在文化联系,是进行整体非遗开发、进行生态实验区建设所首要解决的问题。其次,在旅游平台上,旅游与非遗的融合,要突出非遗文化的亮丽,使旅游成为其背后的推手(关于荆州非遗与旅游业的发展问题,将在下节进行论述)。

在科学技术平台上,要充分依靠本地科学实力和科学研究平台,不仅在前两个问题上要有所研究,而且要重点研究和关注非遗的生态实验区建设的相关问题。生态实验区的建设,不能止步于以往那种场地加展板的模式,可以充分利用地方科技优势,重点研究如何使科学技术在非遗保护中发挥其技术作用,推动非遗保护、开发和利用的步伐,极大地方便人们走进非遗、了解非遗,从而自觉地传承和利用非遗文化,使之转化为内在的文化和精神动力。

目前,荆州市正在致力于打造非遗利用新格局,推动非遗融合新发展。充分结合各地实际,创新利用非遗文化资源。打造非遗文化产业园,做大做强非遗产业,形成非遗保护传承和文旅业的互补互助格局。大力支持荆楚非遗工匠小镇建设,着力提升荆楚非遗工匠小镇线上、线下服务能力,使其成为具有国际影响力的融文化、教育、旅游于一体的非遗保护和传承体验中心。支持打造具有特色的非遗产品,并力争形成产业化发展态势。

同时,还要进一步探索荆州非遗与文化旅游的融合机制。按照"宜融则融,能融尽融"的原则,逐步开拓非遗和旅游融合发展的工作路径。提炼乡土文化内涵,力争在"十四五"时期,打造2~3个具有荆楚非遗特色的村落,助力乡村振兴和乡村旅游。打造参与体验传统文化、非遗工艺的特色旅游项目,培育和形成具有荆楚印记、荆州特色、国家水准的知名非遗品牌。非遗资源的开发受多方因素的制约,政府的主导和支持、民间资金的介入以及旅游主体市场的培育等方面都需要有理论意义上的实践尝试。

第三节 荆河戏的旅游开发

荆河戏是国家级非物质文化遗产，是荆州传统文化的典型代表之一。当前学术界对荆河戏的研究并未形成热点，主要集中在荆河戏的介绍、荆河戏非遗传承困境问题，对荆河戏的旅游开发少有研究者关注或提及。因此，荆河戏在社会上的认知和研究还处于初级阶段。该戏既是我国戏曲艺术的精品，又是荆州地方文化的精髓。

国家确定对非遗保护和利用的十六字方针“保护为主、抢救第一、合理利用、传承发展”，要求正确地处理好保护和利用的关系。党的十九大以来，党和国家提倡弘扬传统文化、坚定文化自信。在结合荆州市文化建设的实际的基础上，对我国弘扬传统文化、保护和传承非遗、适当对文化资源加以利用的创新方法进行研究等方面，就具有重要的时代政治和文化意义。

一、荆河戏的文化及艺术价值

荆河戏具有多方面的价值。从其发展历程来看，其最为重要的是文化价值，其次是艺术价值。文化价值表现在弘扬传统文化方面；艺术价值表现在旅游开发方面。

(一)文化价值

戏曲具有丰富的文化价值。戏曲是人的艺术行为，作为一门戏曲艺术，其本身的文化价值是相当丰富的。此处所说的文化价值是狭义的文化。在传统广大人民的精神生活中，戏曲是很受欢迎的文化类型。明清时期，荆州受南、北文化的多重影响，不仅有北方戏曲的传入，也有地方戏曲的繁荣。这些戏曲大多是很符合地域市民的审美情趣的，这些审美情趣被内化到这些戏曲的不同的剧目中，并能充分地体现出人们的传统精神文化。因此，戏曲的文化价值就体现在其本身作为传统文化的载体上。

第一，具有传统市民文化特色。明清时期，社会生产力提高，社会分工扩大，新的经济因素出现，商品经济与工商业逐渐走向繁荣，城市也不断发展壮大，城市生活也变得更为丰富，戏曲在丰富传统市民的生活上具有重要作用。从弘扬传统文化的角度而言，城市市民文化元素也需要得到传统文化的回归。因此，荆河戏作为明清时期荆州城市市民生活的重要内容，有必要对其特色进行归纳和整理，使之能内化为当下市民文化的特色。

第二，是传统地域多样艺术特色的体现。从新石器时代开始，我国南、北文化就开始有很大的区别。在地域生活方式上，南、北区域也有着不同特点。荆州处于南、北文化的交汇之处，因而地域生活中既有南方文化的特色，也有北方文化的体现。荆河戏更贴近明清时期荆州一带的生活方式，其形成与明朝时期城市生活特色有着内在联系。荆河戏形成的最大特点就是使南、北方的戏曲在此有了汇聚和融合。"荆沙早期的戏曲艺人在长期的艺术实践中，传唱高腔，吸收昆腔，创建弹腔（南北路），汇集各种杂腔小调，在流变过程中不断发展，成为'诸腔杂呈'的民间戏曲班社"①，荆河戏充分体现了荆州传统地域艺术特色，是兼容并蓄、南北相容的。

第三，是当代城市文化精神的精品。如今，荆州可以称得上是"帝王之都""宰相之城"，也是"诗词之市"，这些都得益于荆州丰富的精神文化资源。"筚路蓝缕，以启山林"的开拓精神，"三年不鸣，一鸣惊人"的进取精神，"清廉高洁，至死不渝"的屈原精神，"万众一心，众志成城"的九八抗洪精神，以及"东方之星"号客轮翻沉事件处置中的"大义大爱"精神，都成为荆州有别于其他城市的鲜明特征。但是值得注意的是，当下荆州城对传统文化精神的挖掘，更多的是侧重于具有"精神性""政治性"内容，而缺乏"生活性""艺术性"内容。荆河戏的高雅娱乐精神，楚式髹漆、锡铝铜镂刻的工匠精神等，也应得到重视和发掘，而这些文化精神的提炼能更接"地气"。因此，从文化精神和旅游文化的角度而言，荆河戏是当代城市文化精神的精品。

（二）艺术价值

荆河戏作为我国南方地方戏曲的代表，理所当然也具有一定的艺术价值。艺术的发展有其内在的规律，作为传统戏曲艺术，荆河戏有着丰富的艺术文化内涵、丰富的剧目、广阔的传播和接受空间。在当下弘扬传统文化的文化大环境中，荆河戏作为荆州地方传统文化的代表，因而在弘扬传统文化的地方化历程

① 赵玉春、李启斌、王文华主编：《荆河戏史料集》，武汉：湖北人民出版社2013年版，第4页。

中，就有着十分重要的地位。其价值也与其地位是息息相关的。荆河戏的艺术价值，主要体现在作为传统戏曲艺术的“活化石”、当下现代艺术的“灵感来源”以及未来戏剧艺术的“艺术核心”等三个方面。作为传统戏曲艺术的“活化石”是其核心，当下现代艺术的“灵感来源”是其动力，未来荆州戏展艺术的“核心”是其戏展艺术传承和发展的基本方向。

第一，传统地方戏曲艺术的“活化石”。荆楚是一个地域概念，也是一个文化概念。在荆楚大地上，荆楚戏曲有着众多的种类，从文献的整理和研究来看，荆楚戏曲主要有汉剧、楚剧、花鼓戏、黄梅戏、荆楚京剧；在特色的剧种上，还有清戏、灯戏、南剧、曲剧以及傩戏[①]。这些不同的地方戏曲，因其传播的区域不同，因而具有不同的艺术特色。

从地域上来看，这些地方戏曲的分布有所不同。从内涵特色来看，既有荆楚地域特色的，也有外来戏曲。荆河戏作为荆楚地方戏曲艺术中的一种，是荆州地方戏曲艺术的“活化石”。其剧目、唱腔以及表演艺术体现了荆州传统地域戏曲的基本特征。

第二，当下现代艺术的“灵感来源”。艺术的参照和创作的过程其实也是传统艺术在当下的传承过程。艺术的发展具有传承性，在传承性的基础上，每一个时代的艺术风貌都受到这个时代文化的综合影响。在当下党和国家提倡弘扬传统文化的大政策环境下，我们就需要借助这样的政治文化环境，加快资源的整合和利用，调动各方资源和能力，转变发展观念，将经济发展与文化发展结合起来。

当下现代艺术的发展呈现出国际化的趋势。中国戏曲教育的一份调研报告表明，外国的戏曲艺术家已经越来越关注中国古典戏曲艺术，中国戏曲的世界化也成为一种必然的趋势。在世界流行的音乐中，地区性、与各民族相关的内容，所占的比例比较大，这也说明区域性的音乐是现代艺术创作的“灵感来源”。荆河戏作为明清时期湖北、湖南一带的地方戏曲，其艺术生命长达近500余年，作为一种区域性和民族性的戏曲，并不是荆河戏没有艺术、没有生命，而是现代艺术的眼光并没有专注于此，并没有从中汲取艺术营养。

第三，未来戏剧艺术的“艺术核心”。任何艺术的发展都有其内在的文化规

① 程芸等编著：《荆楚戏剧》，武汉：武汉出版社2014年版。

律，人们对艺术形式的接受与否直接影响到艺术形式的发展。当然，从现实情况来看，荆河戏本身自然地失去了受众，但在当下的传统与保护措施下，正重新走回人民群众的视野，未来荆河戏艺术的核心仍然是传统荆河戏。传统荆河戏的“老路”不能全盘放弃，不然就失去了荆河戏艺术的精髓。

二、荆河戏可供开发的旅游资源分析

荆河戏是不同传统艺术文化元素的综合体，这其中主要包括了音乐、色彩、舞蹈、人物。音乐主要是指唱腔、乐器的伴奏；色彩主要是指演出的场所、舞台的布景以及表演衣着等共同反映出来的色彩体系；舞蹈是指舞台上的不同角色的表演动作体系；人物资源主要是指在不同的谱词内容上所体现出来的人物故事、人物形象等内容。

（一）音乐资源

音乐是声音的艺术。“通过有组织的乐音所形成的艺术形象，来表达人们的思想感情，反映社会现实生活的一种时间艺术、听觉艺术。”[①]瓦克斯曼认为，音乐的声音有4个方面的表现：一是声音的特征；二是人对外来声音的反应；三是人对声音的选择和辨认；四是音乐行为与接受行为的关系[②]。他对音乐声音的表现的分类具有科学性。在此我们重视的是音乐的声音特征这个方面，不过，其他三个方面也是我们探讨声音特征、选择具有特点的声音的参照。

荆河戏的声音特征，应体现为京剧、昆曲中所没有的声音特征。作为旅游文化开发的资源，应具有地域性、唯一性。在当下传统戏曲的回归与传承之中，我国的京剧、昆曲都走出了一条较好的回归之路。荆河戏作为荆州地方的戏种，要找出其具有代表性的文化资源，才能使其具有较高的辨识度，而不至于与其他戏种高度重叠。

在清代，刘竹荪《沙津竹枝词》：“汉腔偏是客帮重，调爱荆河本地哥”，就反映了荆河戏的本土特色，体现了荆河戏在本土受欢迎的情状。清朝同光年间，荆河戏还与汉剧争胜，这也反映了荆河戏的独特性和艺术魅力。荆河戏的声腔包括

---

① 王小琴：《音乐伦理学》，北京：光明日报出版社2011年版，第27页。

② 管建华：《音乐人类学导引》，南京：南京师范大学出版社2013年版，第39页。

了昆腔、高腔和弹腔,并以弹腔为主。从这个声腔来看,荆河戏是吸取了不同戏曲的声音特征,弹腔是其特点。弹腔又分南路、北路两大腔系,同时还存在“南反北”(定南路弦唱北路腔)的做法。因此,对“南反北”腔调的研究,应在对荆河戏谱的点校、整理与音乐简谱化、五线谱化的基础上[①],尽可能在音乐上还原“南反北”的腔调,也可以使现代荆河戏的文化艺术特色更为明显。

荆河戏的高腔也应是一个重点音乐资源。高腔是“一唱众和,其节以鼓”,这种音乐的风格,是极具楚地风格的。早在先秦时期的楚国,楚人就有“和歌”的民俗,一人唱、众人和,体现了大众性和参与性。现在荆州的非遗项目马山民歌就是这样的艺术形式,这并不是一种巧合,而是共同组成了楚文化的遗存。在唱高腔时,一人唱后,众人和之,然后唢呐以及乐器伴奏出现,这样的形式应是未来荆河戏里的一个重要资源和可供利用的元素。

荆河戏中的一些特色唱腔也值得注意,这些特色唱腔具有很强的地域文化特点,是旅游开发中所需要重点关注的问题。如“唢呐二黄”“苦平调”“呔腔”以及杂腔小调[②],也可作为荆河戏的一些剧目的音乐创作范式。这些调式产生于荆州一带的剧目中,因而打上了很深的荆州文化的烙印,极具有旅游开发的价值和意义。

荆河戏生、旦、净、丑的发音和用嗓也不相同。生大多用“边嗓”“沙嗓”,这种嗓音实际上是有点沙喉咙的声音特点,小生、旦角用的是假嗓,净行用的是“本带边”,小丑和老旦用的是本来的嗓音。早期的荆河戏多用荆州本地的方言,这一点是很值得注意的,虽然到了后期逐渐向南发展,有了湖南的方言特征,但是作为荆河戏的音乐资源,我们还是要重视用荆州本地的方言来唱荆河戏的做法,这样才能使荆河戏更具有荆州本土的特色。

(二)色彩资源

荆河戏的色彩资源,主要集中在表演者的服装之上。服装的最主要功能是表演,但是在荆河戏的旅游开发上,色彩是最为重要的开发资源。首先,荆河戏的传统服饰很有特点。荆河戏传统服饰的特色,并没有得到系统文献记载,湖南

① 赵玉春、李启斌、王文华主编:《荆河戏史料集》,武汉:湖北人民出版社2013年版,第146页。

② 赵玉春、李启斌、王文华主编:《荆河戏史料集》,武汉:湖北人民出版社2013年版,第141页。

地方文史研究中有这么一段记载："纱帽、盔头，形大质硬，帽翅较短；王帽、公子巾小巧轻便；高方巾和软罗帽的帽腔都较软……服装的水袖很短。"[①]这可看作是对荆河戏服装的一段描述，其中"沙帽""盔头""高方巾""软罗帽"就是荆河戏中色彩各异的戏曲服饰中的代表。

荆河戏的戏服与大多南方戏曲的戏服相一致，色彩丰富，包括了我们所能看到的戏曲服装中的大多色彩。不过，如果把全部的颜色作为荆河戏旅游开发的色彩，这恐怕是不可取的，原因是没有特色，当京剧的服装、昆曲的服装以及荆河戏的服装放在一起没有任何的区别，那也是不可取的。在荆河戏旅游开发上，应该在色彩的选择上下一番功夫，这个功夫就是色彩选择的地域化，或者说是要选择具有地域化特色的色彩。

在楚人具有特色的社会习俗中，有尚赤的习俗。从文化学角度来看，楚人的色彩观和楚国人的远祖拜日信仰有关，并通过五行学说得到进一步加强。徐风诚认为，尚赤兼有文化意识和社会生活的双重特征[②]。从楚国绘有颜色的出土文物来看，红色就占了很大比重。江陵马山1号楚墓中出土的衣物，虽然有丰富多彩的颜色，但总体上还是以红色为主。楚庄王爱穿红袍，宫殿也多用赤漆彩绘。楚国君臣的车、马以及旗帜也多以饰红色。时至今日，楚人尚赤之习俗在荆州乃至全国仍有着旺盛的生命力。一直到现代的春节，人们仍多以红色作为节日的主要装饰色彩，这也不得不说与楚地的习俗有密切关系。

同时，为了突出红色，楚人又多以黑色作底、黄色作辅来共同加强红色的神秘感。因此，荆河戏作为旅游资源的开发，就应该以红、黑、黄作为三个主要的颜色，在演出服装上，要着重考虑这三种颜色的重比例关系，突出荆楚文化的地域特色。这种变化虽然不太符合"尊重传统"的观念，但是旅游开发中的个性化，的确是更为重要事情。因此在这一点上，传统就得做出一定程度的让步。

（三）舞蹈资源

荆河戏的人物分生、旦、净、丑四类，不同的人物在舞台上的表现也各不相

---

① 政协澧县学习文史委员会主编：《澧州文化之旅丛书·地方风俗与民间艺术》，长沙：湖南人民出版社2005年版，第120页。

② 徐风诚：《楚人尚赤源流说略》，载方培元主编《楚俗研究》，武汉：湖北美术出版社1993年版，第21页。

同。对于地方戏曲而言,旅游开发最为重要的是不能雷同:不能同于京剧,不能同于楚剧,不能同于昆曲,也不能同于粤剧,要具有自己的特色。生、旦、净、丑这四类比较普遍的传统当然不能打破。不过,在这些角色所扮演的人物上,荆河戏就具有了其他地方戏曲所没有的人物资源。

荆河戏的剧目保留下来的有500余个,高腔戏、弹腔戏、昆腔戏也各有分类。值得注意的是,这些剧目大多与汉剧、巴陵戏等剧目相同。研究认为,荆河戏中的《反武科》《御街打子》《百子图》《南阙刺君》《贵妃显魂》是荆河戏所独有的剧目[①],这些剧目中的舞蹈资源是最值得我们挖掘的。

首先,武戏的舞蹈资源剧目中的人物并不能很好地体现出荆州本地的特色,楚国人物、三国与荆州相关的人物形象在表演中的武戏,应是荆河戏中重点应关注的资源。如刘备、关羽、张飞是荆州三国文化中的重要历史、文化和文学人物,在全世界范围内具有很高的知名度和匹配度。因此,荆河戏的旅游开发,要做到“看关羽戏,到荆州”的心理暗示。从荆河戏的剧目来看,“打打杀杀”的多、“你侬我侬”的少,对于那些能打动人心的“悲剧式”的戏曲冲突,在荆河戏中反倒并不是很多。

其次,作为文戏的舞蹈资源,最大的弊病可能就是“眉毛胡子一把抓”。不同人物的表演要通过专门的归纳和整理,并从中分析出最具有代表性的人物的动作。

昆曲中的杜丽娘在《原来姹紫嫣红开遍》:“原来姹紫嫣红开遍,似这般都付与断井颓垣。良辰美景奈何天。便赏心乐事谁家院!”[②]就受到了戏曲艺术家梅兰芳的喜爱,也受到了后世人们的喜爱。那么,荆河戏中的文戏,可从屈原投江、刘备招亲的题材进行深入挖掘。屈原的行吟、刘备的喜悦等,这些主题的表达都是很有接受空间的。另外,在楚国发生过的一些浪漫的爱情故事,也可作为荆河戏开发的重要资源。

① 中国戏曲志编辑委员会、《中国戏曲志·湖北卷》编辑委员会:《中国戏曲志·湖北卷》,北京:文化艺术出版社1993年版,第78页。

② 梅葆琛等编撰:《梅兰芳演出曲谱集》(第1卷),北京:文化艺术出版社2015年版,第496页。

三、荆河戏的旅游开发创新策略

荆河戏的旅游开发是一个具有系统性的文化工程，其开发首先要讲求创新性，创新性是旅游开发成功的重要因素。荆河戏旅游开发的创新策略，主要体现在戏曲音乐的现代创作、现代转型以及品牌的当代培育等三个方面。

（一）戏曲音乐的现代创作

首先，要尊重传统荆河戏的戏曲特点，进行传统剧目的“复苏”。戏曲音乐的现代创作并不是无本之木、无源之水。荆河戏音乐的现代创作，应在符合大众审美的前提下，尽可能走高雅的艺术发展路线。从高雅艺术的发展上来说，经典荆河戏音乐的现代转化、经典剧目的重新编剧，是荆河戏音乐现代创作的重要途径之一。前已述及，荆河戏的剧目十分丰富，对传统老艺人所表演的这些剧目，要进行经典的还原，充分挖掘这些经典剧目中所包含的永恒的艺术元素、令人难忘的精神，使其传统性得到最大限度的发挥和接受。

其次，合适地、有度地融入现代音乐元素，对传统艺术进行现代“移植”。现代音乐元素表现手法多样，对于节奏、乐器的组合也开始多元化、复杂化，人们对音乐艺术的接受，也不断地进步和翻新，过分追求个性和创意，使得现代音乐元素过时也很快。不过，这些趋势反映了世界音乐发展的方向，而在已有音乐的基础上进行音乐的发展，更符合现代人的音乐需求。因此，适当的在荆河戏资源的开发中引入现代音乐元素，创新出新的音乐作品是可行的。

以流行音乐的创作为例，在世界受欢迎的流行音乐，主要分为“爵士乐及摇滚乐”“各国各民族的社交舞曲和民间舞曲”“流行的地区性音乐”“古典音乐中的轻松活泼的乐曲、舞曲、标题小品等”“实用性的影视音乐、背景音乐等”几类[①]。同时，我们还可以借鉴一些比较成功的流行音乐的创作手法，如《花田错》《霍元甲》《北京一夜》等流行音乐，都与传统音乐元素有比较完美的融合，而且深入人心。在荆河戏的音乐现代创作中，要有“俗—雅”的创作引导，要善于用当下的文化来进行艺术的“移植”，这样才能更好地传承和发展荆河戏，宣传荆河戏，使其成为现代音乐的一部分，并以此来促进未来荆河戏的旅游开发创新。

① 蒋蓉蓉编著：《音乐基础》，广州：广东高等教育出版社2014年版，第121—122页。

（二）戏曲艺术的现代转型

现代转型实际上是可以表述为“古戏新唱”。古戏新唱并不是一个全新的提法，在中国古代文学和戏曲的发展中，古人往往以古代的文学艺术、戏曲歌曲作为当代文学和戏曲艺术创作的源泉，如汉代的赋、唐代人的诗、宋人的词、元人的曲、明人的小说，都是有传统艺术的内容，可谓“古戏新唱”。

荆河戏是湖北、湖南地方的一种传统戏曲，正因为其传统，所以在当下并没有得到很好的接受和传承。其原因在于其“古”，已经不太符合现代人的审美要求了。对于政府行为而言，对传统文化的保护与发掘，虽然是其政府职能所决定的。但是，对于文化的自然选择而言，荆河戏在当下没有为大众所选择，这是文化发展的自然规律所决定的。

那么，要想让当代的人们接受荆河戏，就像江浙一带的人们接受“新昆曲”一样，还需要我们“新唱”，这个“新唱”，在理论上就可以表述为“现代转型”。从这个方面来讲，古戏新唱的创新策略主要体现在以下几个方面：

第一，要充分认识、了解荆河戏的传统剧目。从目前来看，荆河戏传统剧目还是一块“处女地”，对于老艺人来讲，也并不可能对所有剧目进行研究和表演；对于研究者来说，有的看过剧目，但是看不懂；有的甚至没见过剧目，纸上谈兵。这种保护和传承很容易成为浮于表面的形式主义保护。因此，当下政府主导下的文化保护，要分清保护工作的步骤，首先就是要把这些剧目给整理出来，让唱戏者有戏可唱，让想戏者有戏可想。荆河戏传统剧目现已得到了一定程度的整理，荆州市群艺馆也出版了相关的剧目清单。下一步我们需要对这些剧目进行全面的、系统的整理，对那些有价值的剧目、具有开发价值的荆河戏剧目进行有步骤的研究，在充分认识、了解荆河戏传统剧目的基础上，我们才可以对其进行创新和改编，才能进而走出创新的道路。

第二，在了解传统剧目的基础上，还要选择一些符合荆州地域文化特点的剧目。从荆州地域文化特点来看，荆州是楚文化的发祥地，作为旅游目的地，必须要有一个明显的文化特色以吸引游客。如西安的唐代风格、北京的明清特色、上海的民国特色，这些都是不同城市旅游文化的“名片”。在传统戏曲上，西安的秦腔、北京的京剧、上海的昆曲、广州的粤剧，又自然而然地成为游客所津津乐道的内容。那么，未来的旅客来到荆州，所应想到的内容应与荆州传统有关联。首先应该是楚国。楚国以荆州为核心区域，楚文化影响深远。从现有荆河戏的剧目来看，以朝代来分，涉及内容从殷商到明清，有比较完整的内容体系；从内容来分，主要体现了每个朝代的一些精彩的历史故事，应选择与荆州地域相关的内容作为后续开发的重点，如“屈原投江”“桃园结义”“刘备招亲”等；从传统荆河戏的常演剧目来看，有“三杀”“五图”“十二山”，这些或以小说故事为主题，在明清时期本身就是为了迎合大众的“俗”的审美，大多不具有鲜明的特色。其次应该讲好荆州故事。讲好地域城市的历史故事，有助于城市旅游文化走内涵式的发展道路。在荆州古代不同历史时期中，我们要对与荆州相关的历史人物、历史故事进行筛选，在不同时代都要找到数个历史人物以及他们背后的故事。围绕着这些故事进行荆河戏新剧目的开发与创作，这也是创新出符合现代人审美剧目的第一步。

第三，创新符合当代大众审美的荆河戏艺术。大众审美是一个学术话题，也是一个现实问题。法国音乐家德彪西认为，“人民对一般艺术的鉴赏力，特别是对音乐艺术的鉴赏力”[①]，是很值得重视的问题。艺术的创造本身就是要考虑人民，也即音乐的接受者的鉴赏力。在荆河戏的旅游开发上，我们永远不能脱离当代大众审美这个话题，要分析不同年龄层次的人们的艺术接受水平和能力，创造出大众喜闻乐见的戏曲形式，既要与社会主义新文化建设相关联，又与艺术本身发展的规律相符合。

（三）戏曲品牌的当代培育

戏曲品牌的培育首先要注重戏曲人才的培养，人才的培养是所有传统戏曲生存下去的重要内在力量。以秦腔人才的培养为例，20世纪80年代，陕西省委、省政府就对秦腔人才的培养十分重视，以文化周、艺术节、电视大赛的形式，举行秦腔的宣传、表演以及大赛[②]，近40年以来，秦腔的人才结构清晰、传承脉络重新显现，形成了老、中、青的人才体系。对比这一点，荆河戏人才的培养基本是处于

① [法]克洛德·德彪西著，沈志明编，张裕禾译：《热爱音乐：德彪西论音乐艺术》，北京：北京燕山出版社2012年版，第68页。

② 中国艺术研究院戏曲研究所《戏曲研究》编辑部编：《戏曲研究》(94)，北京：文化艺术出版社2015年版，第2页。

停滞的状态。

戏曲品牌的培育还在于戏曲作品的打磨。随着人民群众艺术鉴赏水平的提高，艺术鉴赏力与艺术作品的匮乏成为当下艺术发展的主要矛盾。对于戏曲而言，品牌的形成，除了人才的培养之外，还亟待引进一些戏曲，让大家进行戏曲的创作。昆曲为何能重新回归大众视野并成为世界级的戏曲，主要原因还是昆曲所演唱的曲目，均是当时的一些名家名词，如汤显祖的《牡丹亭》，影响至深至远。荆河戏没有一些戏曲大家的作品，当下的一些荆河戏剧目，大多都是一些演出者自编自演的作品，因而不具有社会影响力，荆河戏里也有《牡丹亭》，在不同戏曲的不同版本上，也可以下深功夫，做出自己的特色。在提炼荆河戏剧目、经典化剧目的过程中，邀请国内、外戏曲大家编、改、演荆河戏，使之成为一个时代的经典，或以荆河戏之唱腔，演绎一些经典的爱情题材、三国题材的作品，那么荆河戏的品牌就会具有文化的内发力。

四、荆河戏旅游产品的设计与开发

荆河戏旅游产品的设计与开发，实际上是一个"空想式"的研究模式。荆河戏旅游产品的开发，在现在的荆州市内，仍属于一个空白的领域。因此，在荆河戏作为荆州地方旅游文化资源开发之前，做一些有益于开发的设想与设计，对实际意义上的旅游开发以及旅游产品的设计等，都应是有其指导意义的。在荆河戏旅游开发中，我们从实践上要注重荆河戏文化符号的运用、系统产品的开发两个方面的开发思路与路径。

（一）文化符号的运用

文化符号的研究体现了现当代学者对人类的全新研究，这些成果很有助于本课题的部分研究。人类的世界充满了符号，我们人类创造、使用和解释符号的过程，也是文化产生、发展与传承的过程。文化符号包括了一些概念、法则以及可视的符号。生理学研究认为，人类大脑的"前额叶扩展最巨、成熟最晚"[①]，文化符号的信息以及哲理、诗意和观念都在这个部分发生。人类的想象力和创造力都来源于这个区域，可以说这个区域对人具有主宰作用。文化符号的接受对

① 陈定学：《破解大脑之谜——精神分子论》，北京：群言出版社2005年版，第229—230页。

人也会产生很重要的影响。因此，文化符号的运用，是指导荆河戏旅游产品设计理论的重要依据。文化符号的运用方法主要有以下几个方面：

其一，设计荆河戏的标识。因为符号的传播意义十分强大，那些简单、明了的符号能使人快速记忆、联想到与标识图案相关的内容。苏联心理学家、生理学家巴甫洛夫(Ivan P.Pavlov)经典条件作用理论认为，条件作用的发生与初级条件作用下的无条件刺激有着直接或间接联系①。荆河戏的一系列的标识可以使荆河戏很快地成为城市旅游场所的一个重要标志，使不同游客有共同的文化视觉体验，有利于荆河戏旅游产品的接受和认可度的提升。

其二，设计荆河戏音乐文化符号。人类的耳朵分辨声音的时间为0.1秒，对于人类短时间内的影响，要想达到最好的效果，就需要声音的组合更具有艺术特色。荆河戏中的“沙嗓”、具有高分辨度的荆沙方言，是荆河戏音乐文化符号中所应具有的文化符号。这些音乐文化符号只是一种短时间的艺术品，不能太长，要具有特色，可以是一个剧目中的高潮部分的一段声音。这些音乐文化符号，可以在电台进行传播，也可以与荆河戏的短视频一同传播。具有很高辨识度的荆河戏音乐，使得听者可以很快记住荆河戏与荆州城市之间的内在联系。同时，为荆河戏的旅游开发与文化接受奠定坚实的群众基础。

(二) 系列产品的研发

围绕着一个文化主题的一系列旅游产品的开发，可以使人获得一种十分完整的精神文化空间。这一系列的产品，可以从荆河戏的音乐出发，也可以从荆河戏的色彩资源出发，也可以从荆河戏的人物形象、人物脸谱、特殊演出道具等出发；可以从不同的材质考虑，如布艺、陶艺，还可以与青铜器、漆器这些具有荆楚艺术特色的工艺制作技艺相结合。使得不同的文化品种之间，有一种内在的融合，这样的系列产品才具有一种丰富的文化内涵，才会在旅游市场有其一定的地位。

其一，荆河戏音乐产品。荆河戏作为戏曲艺术，其最为重要的艺术元素是其音乐和表演者的声音。其主要是开发并出版荆河戏音乐CD。其中应包括：传统荆河戏音乐、现代创新性荆河戏音乐。传统荆河戏音乐应选择部分经典剧目，

① 王大顺、张彦军主编：《发展与教育心理学》，西安：陕西师范大学出版总社2015年版，第135页。

在现代音乐体系下，使经典更加经典。现代创新性荆河戏音乐，应聘请国内知名的艺术家进行谱曲、作曲并进行艺术指导，使荆河戏更具有艺术和旅游价值。荆河戏的音乐产品，应注重荆河戏传统剧目的翻唱，在不同时代、不同题材的荆河戏的剧目中，选择一些具有代表性的折子，使之形成经典。

其二，荆河戏表演产品。荆河戏是表演艺术，其艺术的综合性主要体现在荆河戏的视觉、听觉上。在新荆河戏的创新创作过程中，出版并发行荆河戏的视频，使这些视频在不同层次的电视台的传播，有利于荆河戏深入人心。如荆河戏《牡丹亭》《桃园结义》《屈原沉江》等，这些表演产品具有独立的篇目，不仅有文化的衍生性，也具有地域的匹配性，不仅可在专门的大型舞台上进行表演，也可以嵌入到不同的旅游景点进行融合与表演，具有直接的旅游商业价值。

其三，荆河戏平面产品。平面设计是不同艺术的重要表现形式，这种形式最大的特点，是在平面的空间里给人多维的视觉传达。这其中不仅包括了大量与荆河戏相关的海报，还包括了与荆河戏相关的图书、荆河戏的艺术图册。荆河戏的艺术图册，应以高校、群艺馆为主体，在整理、传承和发展荆河戏的过程中，制作出精美的艺术图册，以作为宣传的重要资料。对于荆河戏的研究和整理，应以高校为中心，组织专班对荆河戏的历史、荆河戏的音乐、荆河戏的表演等进行研究。近年来，长江大学楚文化研究院的科学研究中，荆河戏的研究已成为一个重要的领域，其研究成果可作为产品开发的重要资源。

其四，荆河戏衍生产品。以荆河戏作为创新元素，利用不同艺术形式对荆河戏进行表达。如可利用剪纸的形式，把荆河戏的系列人物形象表现出来，另还可以利用丝织物，在其表面绣上经典荆河戏的剧目人物、传统荆河戏的戏台以及传统荆河戏表演艺术家的形象；开发并生产荆河戏人物的卡通形象的布艺娃娃、生活用品、艺术装饰品、荆河戏脸谱等，都是荆河戏旅游开发的一些可供实施的做法。

第四节　荆州非遗旅游产品开发模式探索

旅游产品的开发，主要还是要看产品所体现出来的文化内涵。产品是载体，文化才是灵魂。旅游产品开发的成功与否，与其所承载的文化及其模式有密切关系。关于非遗开发模式，有研究者归纳为“民俗节庆事件”“美食”“主题公园”

"舞台演艺""旅游商品""博物馆"等几个类型[①]。民俗节庆事件作为旅游产品，其最大优势在于空间文化和场景，游客可沉浸在文化空间之中，美食、舞台演艺、旅游商品等，则更易于民俗节庆事件之中汇集。无论哪种旅游产品开发，都需要充分结合地方非遗文化资源进行开发模式探索。

一、楚辞新声：马山民歌非遗产品的开发

马山民歌的非遗产品开发，对当下荆州市文化旅游发展具有多重的价值。"在保持荆楚风韵的基础上，融入了本地民风习俗和地方语言音调，形成了结构多变、田野风格独特的音乐旋律"[②]。在表演形式上，马山民歌为多人参与艺术活动，正反映楚歌"相和"的特点。马山民歌由非音乐专业的劳动人民口头创作，但集中地表现了荆州人民的审美理想和追求，在荆州有着长久艺术传承的历程。

马山民歌可看作是"楚歌"在后世的传承形态，马山民歌具有楚国民歌的基本特点，有着丰富、重要的历史价值。在楚国时期，"阳春白雪""下里巴人"是指楚国音乐。在宋玉《对楚王问》这篇文章中，记载了这样一个故事：楚襄王问宋玉，为什么从来都没有听到过民众称赞他的德行。宋玉回答说，《下里》《巴人》这两首广泛流传的巴蜀地区的民歌，曲调简单优美，连楚国民众都会唱。当有人在纪南城里唱此曲时，跟着他唱的纪南城内的民众就有好几千人；后来当他唱《阳阿》《薤露》时，跟着他唱的人倒也还有几百个；当他唱《阳春》《白雪》之时，跟着唱的就只剩几十个人了。可见歌曲的难度越高、曲调越雅，会唱的人就会越少。宋玉以此向楚襄王强调雅俗之间的差距，认为是世人不理解自己的才德。宋玉的这个恰当的隐喻式解释，为自己进行了合理的辩解。从另一个侧面我们也可以看到，到战国时期，楚国纪南城中的文化艺术整体发展得比较好，我们大致可以概括为：雅俗共赏、丰富多样。

在春秋战国之时，"阳春白雪"原来分别是《阳春》《白雪》两首曲子。相传，此两首古曲为晋国师旷所作，本是用古琴、琵琶进行演奏的曲目。楚人音乐的类型

---

① 赵悦、石美玉：《非物质文化遗产旅游开发中的三大矛盾探析》，黄先开《旅游管理论丛》，北京：中国经济出版社2014年版，第78页。

② 汤彬：《马山民歌与荆楚文化渊源考究》，载文化部艺术服务中心《中国民间文化艺术之乡建设与发展初探》，北京：中国民族摄影艺术出版社2010年版，第329页。

主要包括雅乐、其他诸侯国音乐以及楚地民间音乐三类。楚人爱雅乐，雅乐往往与宫廷相提并论。《楚辞·远游》："张《咸池》奏《承云》兮，二女御《九韶》歌。"这些雅乐是周朝宫廷雅乐的组成部分，也是春秋战国时期荆州音乐艺术的高雅之调。在屈原与宋玉的帮助之下，莫愁女将此二曲合二为一，并开始在楚地传唱此曲。此曲高深难懂，为古代音乐史上受人追捧和研究的名曲。时至今日，"阳春白雪"这个成语，仍泛指高深的、高雅的文艺作品。

《下里》《巴人》本是巴蜀地区的两首民歌。春秋战国时期，巴蜀地区地处偏远，多山岭盆地，交通闭塞，经济、政治、文化与中原地区的交流也相对较少，但是这两首民歌却为楚国人所喜爱。后来，"下里巴人"这个成语又作"巴人调""巴人下里""东野巴人"，泛指通俗的文艺作品。宫廷音乐的盛宴上也少不了楚国民间音乐的参与，《楚辞·招魂》云："女乐罗些。陈钟按鼓，造新歌些。《涉江》《采菱》，发《阳荷》些。"以乐器来辨，钟鼓合鸣、竽瑟交织，有楚人细腰，有郑舞风姿，令人眼花缭乱，叹为观止。像屈原所作《湘君》《湘夫人》《东皇太一》《国殇》等，也都是由楚地的民歌收集整理而来。

楚人也十分喜爱充满不同个性的异域音乐。如郑国和卫国的音乐，虽然北方儒家认为郑、卫的音乐没有高雅格调，《论语·阳货》记载孔子"恶郑声之乱雅乐也"，深为诟病郑国之音乐，但楚国宫廷里却常常响起"郑卫之音"，《楚辞·招魂》："二八齐容，起郑舞些"，《楚辞·大招》"代秦郑卫，鸣竽张只"，反映了楚人对其他诸侯国音乐的接受，并不以政治论调择之。

在马山民歌进行民间演出之时，听众也多附和其中，每段唱词开头和结尾齐唱，这完全与楚国郢都"和音"形式一致，体现了郢中"下里巴人"的文化场景。在马山民歌的唱词上，马山民歌多以四句五言、四句七言为主要的音乐唱词形式，朗朗上口、易记易唱，与以楚语写成的《楚辞》有着内在的相似性和一致性。在唱词中，每句词的尾音具有变化，与楚辞中的"兮"音有着异曲同工之妙，流传甚广的马山民歌因而具有长久的艺术生命力。楚国民歌重要经典文本楚辞，是世人所共识文学经典，因而在马山民歌非遗旅游产品的开发过程中，可以将其与楚辞结合起来，并赋予其"楚辞新声"的时代特征，也并非是哗众取宠之事。

既然马山民歌与楚辞有同源关系，在开发模式上就要注重将其与楚辞联系，可以擦亮并提升马山民歌的文化底蕴。在马山民歌的艺术创作上，可考虑引入楚辞经典篇章,以这些篇章作为创作的基础和元素,用新的艺术形式展现楚文化经典,提升马山民歌非遗项目的文化内涵和文化张力。2016年,荆州区群艺馆、非物质文化遗产保护中心出版了《荆州马山民歌选》。在这个专辑中,既有传统的剧目,也有新创作的剧目。特别是新创作的一些剧目,应更贴近民众生活,更贴近当代荆州农村生活,符合荆州农村的大众审美。但是,此专辑在青年人群中所产生的反响并不太大。因而在马山民歌的创作上,既要体现传统性,也要体现现代性,才能使其在新时期焕发新的生命力。中国民歌数量极多,演唱技巧、旋律等都是可资利用的音乐元素。传统音乐进入流行音乐,早在20世纪30年代即已开始产生①,如《一无所有》《黄土高坡》《信天游》等,都是以西北民族音乐作为素材的流行歌曲,另外戏曲、器乐也都成为流行音乐创作的素材。在马山民歌的现代艺术创作上,应尽可能融入现代音乐艺术元素,使马山民歌具有更大的接受空间。

二、荆州昆曲:荆河戏非遗产品开发模式

昆曲是中国第一批世界级文化遗产,是中国最早的非物质文化遗产。昆曲也是地方戏剧,当下登入世界高雅艺术的殿堂,其对非遗保护、发展与旅游的开发有着十分成熟的经验。荆河戏是荆州市10个国家级非遗项目之一,荆河戏代表了明清时期荆州城市大众娱乐文化的特点。

对荆河戏的开发,首先要充分重视其历史发展渊源。清末民初,除荆州荆河戏盛行之外,荆州所属县包括石首、公安、松滋都有荆河戏科班演出。20世纪初,由于时局混乱、经济萧条等原因,一直扎根于沙市的荆河戏"三元班""泰寿班"先后在沙市散班。专业戏班虽然比较散,但留居荆州城和沙市的荆河戏班的艺人们却为荆沙培育出了大批荆河戏人才。沙市街区组成了"过街楼""青龙观"等多个"围鼓班",或"坐唱"(清唱),或"花玩"(挂衣演出),演唱活动不停。建国初期,荆河戏"新华班"落户荆州的石首县(市),成了县剧团,20世纪80年代剧团撤销。1950年,沙市文化馆将沙市的几个"围鼓班"七八十个人组织起来,成立了非营利性的"沙市业余荆河戏剧团",利用节假日开展演出活动。历史的发展

① 孙倩:《音乐创作理论与形态研究》,北京:新华出版社2021年版,第76页。

到此为止，接下来就是我们的传承与创新。

对荆河戏的开发模式，还需要经历“传承—创新—传播”这三个阶段。荆河戏的剧目整理是我们首要解决的一个问题。荆河戏的传统剧目有很多，据相关史料的收集和整理，剧目的题材，上至殷商，下至明清，均有体现[①]。数量之多，没有办法再现。一般而言，可采取经典题材，这些题材大众大多耳熟能详，易激发文化的共鸣。如西安华清池文化演艺以《长恨歌》作为创作元素，上海张军昆曲艺术中心则以《牡丹亭》为中心，创作当代昆曲《春江花月夜》，2015年该戏在上海首演时，三场演出近五千张戏票售罄，大剧院破例加座仍供不应求，火爆程度在戏曲演出市场实属罕见。

但是，对荆河戏传统剧目的整理和研究，是比较迫切的一个问题。传统剧目的整理和研究，有利于把握经典荆河戏的一些重要艺术特点。在把握这些艺术特点之后，我们可以根据这些传统剧目改编、改演出新的荆河戏剧目，使这些剧目具有当代的文化生命力。因此，我们要出版一些经典的荆河戏剧目以及故事集，这些故事集可以结集成册，也可以单册出版。

任何艺术形式都需要有时代人的支持和喜爱。当下中国人到底需要什么样的艺术形式？恐怕这个问题还不是一个简单的问题。对于市民而言，那些熟悉的历史人物，特别是荆州地域历史人物，往往能激发他们的爱乡情绪，如楚庄王、屈原、张居正等，这些人物具有很高的知名度。因而，我们可以围绕他们创作出新的剧种，如《屈原投江》就可以作为传统荆河戏剧目而广受欢迎。那些经典的《牡丹亭》荆河戏也可以作为传统剧目而存在。世人所知昆曲《牡丹亭》，却不知荆河戏也有“牡丹亭”，相同的艺术内容，用不同的艺术形式来表达，往往可以收到很好的效果。当今时代的审美，不是一代人的审美，而是好几代人的审美。因此我们在当下文化快速发展和变化的时期，要使荆河戏成为荆楚大地上的经典之作，使其具有长久的艺术生命力。把握了现代人的审美观念，我们就可以利用现代人所喜爱的形式，创造出属于这个时代的荆河戏的表现形式。表现形式与时代相联系，才具备了大众接受的良好的艺术土壤和文化环境。

荆河戏的开发，仍要放置在不同层级的开发主体共同开发的模式下。荆河

① 赵玉春、李启斌、王文华主编：《荆河戏史料集》，武汉：湖北人民出版社2013年版，第59—100页。

戏作为荆州国家级非遗项目，具有很高的文化旅游开发的价值，作为荆州地方政府而言，应适时建立相关的艺术剧院作为文化部门下属的事业单位，并面向全国招募专业人才，组建新的艺术剧院，并将其作为地方文化的一个重点来进行建设。与荆州地方相关文化部门、地方高校艺术学院共同合作，进行资源整合。

荆河戏文化产品，包括附加于荆河戏表演的导演、演员、剧本、音乐以及服务表演的一系列工作人员和表演空间。荆河戏的导演可聘请国家级导演或戏曲国家级一级艺术演员担任；演员也应从专业演员或从曲艺专业毕业的大学生中选拔；剧本的创作以地方高校、艺术院校的教师为主，荆河戏传承人可作为传统音乐的教学者，高校音乐教师可作为新曲目的创作者，工作人员可从荆州地方招聘，也可有效解决荆州地方就业问题。

荆河戏传承人大多年岁已高，对于他们而言，时间最为重要，因此荆河戏的开发模式，还要注重以数字化的手段促进其数字化资源的采集与利用。目前，数字化技术中的3D成像技术已经十分成熟，对于舞台表演的3D成像数据的收集和VR旅游产品的研发具有重要的作用，对后期开发“参与式”的旅游体验产品也可以作好相应的前期准备。

三、上善若水：传统技艺类非遗产品开发

传统技艺类的非遗项目的研究，也成为学术研究的重要领域和方向。据数据统计，2014年所立项的国家社科基金项目中，以传统技艺类项目为研究对象的，就达到了13项之多，其中年度项目4项，青年基金项目1项，艺术学项目8项，从理论体系、艺术学研究等方面进行了深入研究，体现了此类项目所包含的重要学术价值和文化价值，也代表着学术界的研究倾向[①]。在学术专题研究上，自2009年以来，研究者对此类非遗项目有着较高的关注度，至2014年开始，论文发表数量得到迅速增长。同时，从旅游产品的角度来说，传承人的现场技艺表演也与体验式旅游有着很高的契合性，这种展示很自然地就吸引了旅游者，具有潜在的旅游价值。

---

① 宋俊华主编：《中国非物质文化遗产保护发展报告（2015）》，北京：社会科学文献出版社2015年版，第230页。

（一）项目及其特点

首先来看看荆州市以及下属各县非遗项目中的传统技艺项目的情况。前已对技艺类的主要代表项目进行了本体式的论述。从地域上来看，主要集中在荆州市，共有16项，其中荆州市12项。荆州市属的非遗项目中，有2项为国家级传统技艺类项目，分别是铅锡刻镂技艺、楚式漆器技艺。在楚式漆器技艺中，髹饰技术为国家级项目，楚式漆器修复技术也是该手工技艺的一个部分，但是修复技艺属于省级项目。不过，在实际的旅游开发过程中，修复技艺也可看作是旅游资源的重要组成内容。这些技艺类旅游资源有着多重旅游开发价值。

第一，传统技艺类非遗项目代表了我国传统手工技术的最高水平，体现出传统技艺类非遗项目的历史文化价值。我国的手工技艺发展历史十分悠久，从新石器时代开始，人们就已经开始学会制作不同类型的玉石器、陶器以及青铜器。对于荆州区域而言，新石器时代的荆南寺遗址中，就已出土了青铜器制、玉石器，还有不同形制的陶器[①]。至楚国时期，楚人的青铜器、漆器的制作手工技艺，已达到了当时世界先进水平，另外，在青铜冶铸、铁器、金银器、玻璃制造方面，也有着比较完备的技术体系[②]。出土的大量的青铜器和漆器的文物，经过修复，可以很好地了解当时荆州区域内传统手工技术的发展水平。秦汉时期，荆州区域内的手工技艺，沿袭楚国传统技艺而来，手工技术也融合了北方文化，开始进入新的发展阶段。宋元时期，荆州成为商业型城市。明清时期，荆州府除了作为政治分藩制的城市功能之外，商业功能也成为此时期城市的重要功能。在此时期，荆州的手工业也得到了很大的发展。传统技艺类非遗项目深厚的历史文化底蕴，为旅游开发提供了丰富的历史文化资源。

第二，传统技艺类非遗项目，有着可供欣赏的、物质化的实物载体。具有历史文化价值的传统技艺，承载着一个区域、民族、国家的历史记忆。这种记忆的物质载体就是非遗传统手工艺品。而对于这种传统手工艺品的旅游开发，以及非遗文化能否成为一种可开发和利用的资源，不同领域的人们有着不同的观点，

① 荆州地区博物馆、北京大学考古系：《湖北江陵荆南寺遗址第一、二次发掘简报》，《考古》1989年第8期。

② 后德俊：《楚国的矿冶髹漆和玻璃制造》，武汉：湖北教育出版社1995年版。

主要分歧在于非遗的经济性及其原始性问题之上。2012年，我国文化部在《文化部关于加强非物质文化遗产生产性保护的指导意见》文件中，就十分明确地找到了经济性、原始性中间的“度”，文件中说：

> 在有效保护和传承的前提下，加强传统技艺、传统美术和传统医药药物炮制类非物质文化遗产代表性项目的生产性保护，符合非物质文化遗产传承发展的特定规律，有利于增强非物质文化遗产自身活力，推动非物质文化遗产保护更紧密地融入人们的生产生活；有利于提高非物质文化遗产传承人的传承积极性。①

文件中的这段内容，十分明确地提出了“有效保护和传承”的前提，并认为在这种前提下的“生产性保护”的合理性和有效性。生产性保护中的“生产”，实际上成为非遗保护的一种合适、合理、合规的手段。生产性保护是尊重传承者的自我意愿和能力所及的一种方式，是非遗的“自我造血”②。

在这一点上，传统技艺类非遗对旅游者心理也有着影响。这些非遗项目对观察者所产生的旅游效应，实际上也可以提升旅游资源的层次。同时，也是旅游者接受历史文化的过程，是一种文化的体验、回归和感悟。如荆河戏、马山民歌，是最能代表着明清时期荆州地区的雅、俗艺术的特色的。铅锡镂刻是南北文化交融的结果；楚式髹漆技艺是楚地手工艺传承的结果，这两种技艺既可以在空间上为旅行者展示空间文化，同时也为旅行者历史地展示了荆州历史文化。在旅游者的物质获得上，也可为旅游提供相当丰富的旅游产品。

第三，荆州传统技艺类非遗，具有极高的荆楚艺术审美价值。当然，在全国范围内的传统技艺类非遗，也都有着极高的艺术审美价值。但是，从地域文化——荆楚文化的角度而言，荆州的传统技艺项目，能很好地体现出荆楚地域艺术、楚艺术的审美价值。在荆州市现有的16项传统技艺类非遗项目中，与楚文化相关的项目就占到了7项之多。其中涉及玉器、木制乐器、漆器、青铜器、陶器、楚简的制作技艺。楚玉琢磨是由荆州市荆楚非遗传承院所申报的项目，其他

① 文化部非物质文化遗产司主编：《非物质文化遗产保护法律法规资料汇编》，北京：文化艺术出版社2013年版，第61页。

② 邱春林：《生产性保护：非遗的“自我造血”》，《中国文化报》2012－2－21(3)。

则均是由荆州市主持申报。这些项目都充分体现了楚艺术的特点。

另外,从湖北省整体旅游情况来看,荆楚文化是湖北省的旅游文化名片,荆楚文化的研究成果也蔚为大观,为旅游资源的开发打下了坚实的基础,《楚学文库》《荆楚文化丛书》《世纪楚学》等大部头的丛书,对楚文化的各类文化都有了较为全面的研究,留下了丰富的文献资料和研究成果。各级政府对各行政区域内的楚文化元素十分重视,如武汉、荆州、潜江、宜昌等。荆州作为楚文化的发祥地,楚文化的遗存最为丰富,这其中包括了物质文化遗产(建筑、文物),也包括了此处所论及的楚国传统技艺。

目前,荆州市提出,在"十四五"期间,要加强非遗保护与传承工程的建设,启动"中国漆艺之都"创建工作,将荆州建设成中国漆器文化与实物展陈最有丰富内涵的城市,中国漆艺传承与创新发展最有强大动能的城市,中国漆元素产业最有发展空间的城市;围绕国家级、省级非遗项目,推广"非遗+职教"传承模式,建好国家级非遗工作站;开办文物修复研习班,培养文物保护人才;鼓励和引导相关企业开发传统工艺精品和衍生品,加快非遗与旅游市场的深度融合。

冯骥才从非遗保护的理论视角,提出了城市的传统工艺和广大农村的乡土美术[①]。其实这里面既包括了传统美术,也包括了此处所讲的传统技艺。对于中国传统技艺生存的城市和乡村的两大空间,其生命力存在着可能性,城市空间的存在可能更加迫切需要采取措施。对于那些具有荆楚艺术审美价值的非遗项目,尤其是亟待得到抢救性的发掘和保护的项目,可以此来抢救和挽回传统技艺的生命力。

技艺类非遗项目的旅游开发,是一个较为系统的工程,需要多方组织,共同行动,形成默契的工作局面。从政府、教育机构、企业、个人等多角度要有所策划,才能在非遗文化和旅游之间寻找到契合点。

诚如研究者所言,政府主导下的非遗保护,的确可以引导传统文化"华丽转身"。冯骥才提出,在民间文化的保护之中,专家和政府都不可或缺,而政府在其中的角色,应是掌握财力和人力的资源,实施保护。而专家则需要在考察、甄别及认定方面,提出保护的方案[②]。这对于政府的重视与主导有着很好的借鉴作

① 冯骥才:《文化先觉:冯骥才文化思想观》,银川:阳光出版社2014年版,第260页。

② 冯骥才:《文化先觉:冯骥才文化思想观》,银川:阳光出版社2014年版,第327页。

用。这就有赖于政府根据不同地方的经济和文化发展情况，制定符合当地实际的保护政策。2006年以来，荆州市全面启动非遗保护工作，也制定了一系列的非遗保护文件和政策。多年以来，荆州市在非遗保护上取得很大的成绩。

2017年，文化部副部长项兆伦到荆州调研非遗传统工艺情况，并为荆州传统工艺工作站揭牌。荆州传统手工艺发展面临瓶颈，建立工作站目的是提高荆州传统工艺传承实践水平和发展水平，让传统工艺从为当时的生活而作到为当代的生活而作。这一调研活动充分体现了荆州市政府在非遗保护中的一个阶段性的成果，为政府主导未来非遗保护工作提供了很好的平台。

教育部门较为集中地聚集了人才资源，因此地方高校在地方文化的研究以及非遗文化的传承上，就具有得天独厚的条件。教育部门参与非遗文化的保护与传承，也越来越成为当下社会非遗保护中的一个重要场域。

荆州市荆楚非遗技能传承院也主持申报了荆州市级楚绣、剪纸—雕花剪纸，该院也在传统技艺类非遗保护上有所贡献；长江大学省级非物质文化遗产研究中心也设立了荆河戏的传承基地，为荆河戏文化遗产的传播、展示与传承，打造了很好的平台。长江大学目前已申报1项非遗项目，名称为荆楚插花。至2018年，长江大学又申报成功了3项非遗项目，分别是：浅浮木雕技艺、青铜器铸镶技艺、金镶木技艺，充分注重发挥高校在地方非遗保护和传承中的作用。

教育部门在技艺类非遗项目的开发上，可以提供较为充足的传承场地和优质传承人。在高校里，非遗传承人可以通过学校的教育资源，为学生提供一个学习和交流的平台。在这个平台上，非遗项目传承人不仅可以在此展示其项目的技艺，同时还可以向在校学生提供非遗项目的传播。在青年学生中的传播，能使我们青年一代对非遗项目产生极大的兴趣，可以通过不同的公开的形式，吸引学生学习技艺类非遗项目，一方面可以使非遗项目传承人获得更多的经费以支持项目的创新与发展，另一方面可以在文化最为活跃的高校内，使非遗有一个传承的空间，也有利于非遗本身的保护与传承。

（二）技术类项目的开发模式

传统技艺类非遗传承人在传统技艺产品的开发上具有一定优势。在中国古代科学技术发展史上，手工业者是推动科学技术发展的主体。《国语》所说的“工商食官”,实际上指的就是古代的手工业群体。手工业的发展有其自身规律性。《周礼》中就有《考工记》篇章,这是对中国古代手工技艺的一部总结性的文献。这部文献总结出古代兵器、礼器、制车、炼染、建筑等的设计与工艺的规范,同时,还包括了木工、金工、皮革、染色、刮磨、陶瓷等30多个工序的手工技艺。《考工记》在后世的手工业发展等方面,都有着很长时间的影响和作用。

在对荆州传统技艺产品的开发上,要充分把荆州非遗与中国古代技术史理论结合起来。在此点上,我们还是需要充分挖掘荆州技艺产品的古代文化信息,使得传统技艺有更为细化的知识展现,丰富其内在文化内涵。荆州传统技艺产品大多具有很强的传统文化的特征,青铜铸造也好,髹漆艺术也好,都具有漫长的工艺发展历程。在开发的过程中,要把这些项目的工艺发展历史与旅游产品的开发结合起来,使其艺术的展示不至于只停留在技艺展示层面。传统艺术文化的“回归”,使得这些项目具有了更为广阔的开发空间。

传统技艺类非遗传承人的技艺的传统性,就体现在这种手工艺的沿袭和传承上,而创新就相对比较薄弱一些。从市场调查来看,荆州的非遗传统技艺项目的手工艺产品,一般是仿制和复制古代器物,并没有创新。由此来看,传承人群体对传统技艺产品现代开发及创新有所欠缺。对于传统技艺而言,一般只是从以前的传承人处传承而来;对于古代传统技艺而言,创新往往是需要好几代人共同努力才能形成的。因此,创新必须要引入不同领域的专业人才,使非遗传承者实现团队化和可持续化,并由传承人做团队带头人,使不同学科领域的人才在非遗传承人的带领下,对非遗产品的设计、开发等形成体系化的程序。如此一来,传统技艺产品就会呈现出崭新的面貌。

民间资金运作的最大优势,就在于其具有灵活性。民间正式金融机构,比国有金融制度更适合体制外产出增长的金融需求①。民间投资者对投资一般持有谨慎的投资态度,投资眼光也比较敏锐。近年来,民间资金在非遗保护工作中也正发挥着重要的作用。在政府咨询决策方面,吸纳民间资本进入非遗保护工作,成为各地非遗保护的重要措施之一。

其实,早在2012年,文化部就发布了《文化部关于鼓励和引导民间资本进入

① 史晋川、叶敏:《制度扭曲环境中的金融安排:温州案例》,《经济理论与经济管理》2001年第1期。

文化领域的实施意见》，意见首次提出文化领域全面向民间资本开放，并明确提出国有和民营一视同仁。意见首次明确了鼓励民间资本参与国有文艺院团转企改制，还鼓励民间资本参与公共文化服务体系建设、投资文化产业发展、投入非物质文化遗产传承保护、积极参与对外文化交流和文化贸易。2016年，国家文化部开始探索引入民间资本进入非遗领域，并颁发评选“薪传奖”，这实际上是借助民间力量传承和保护非遗文化的重要举措。

非遗保护和开发模式，在学术界已有所总结。一般认为，对非遗开发的模式，主要有产业化开发模式、旅游开发模式2种。在产业化开发模式方面，辛儒等认为非遗作为文化遗产，具有很巨大的经济价值，对非遗的开发和利用，有利于把文化遗产转化为文化生产力，保护文化个性为根本，实施保护、管理、开发三位一体的发展策略，在文化产业的发展上，形成规模化的经营格局[①]；旅游开发模式中，注重非遗和旅游开发之间的内在关系，并提出了非遗商业化的旅游开发方式，并注重旅游体验。

在生产性保护模式的理论总结和不同城市和地域的非遗保护中，非遗保护逐步产生了“武汉模式”，该模式以尊重和发展非遗精神及经济价值为核心理念，以政府、企业、传承人三方为中心，以主体权利义务为内容构成利益共同体，三大基本要素交互重叠、互动互济形成发展机制，推动非遗文化产业可持续发展。同时，还有针对旅游开发而形成的“专题模式”“文化生态保护区模式”“主题公园模式”“旅游纪念品开发生产模式”等，这些模式都为非遗保护提供了公众认同的可能性，并为非遗项目的发展创造了充足的民间动力[②]。

传统技艺类非遗项目具有很强的观赏性。荆州的传统技艺类非遗项目，大多有着十分复杂的工序，如铜锡刻镂、楚式漆器髹饰、楚简制作、楚玉琢磨、楚绣、木雕、泥陶制作。这些非遗项目的制作过程，本身也是可以作为观光旅游资源来进行开发的。

荆州传统技艺类非遗的数字化成果可以显现为不同类型。要想在旅游的空间中展示这些非遗项目的技术，就必然需要借助艺术化的视频手段，使得这些技艺具有视觉上的艺术效果。这种展示可以充分地利用旅游者的碎片时间，使他

① 辛儒、王释云：《非物质文化遗产产业化内涵解读与策略探析》，《中国集体经济》2010年第1期。

② 荣跃明主编：《文学与文化理论前沿》，上海：上海社会科学院出版社2016年版，第318页。

们在旅游的时空内，获得更多的文化元素，从而丰富他们的旅游感受。还可以借助先进的虚拟现实技术，使得非遗技艺具有充分的全浸入式的感受，使游客可以在这些场景中，全方位地感受到荆州非遗技艺的艺术魅力。

对于手工技艺类的荆州非遗项目，其最大的旅游开发价值就在于能围绕非遗文化元素，创新一大批手工艺品。手工艺品是文化旅游中最为重要的文化元素，对促进地方旅游发展、宣传地方旅游文化都具有重要的作用和意义。前已述及，荆州传统技艺类非遗项目具有楚文化特色，因而要突出这一特色，可用具有楚文化特点的“上善若水”来进行文化内涵的提升。

关于传统技艺非遗项目的旅游开发，有学者提出“静态开发”“动态开发”“综合开发”“旅游商品开发”等几种模式，并进行了相关调研①。实际上，传统技艺类非遗项目的开发模式并不具有相似性，也不能放之四海而皆准，其与不同区域、不同经济水平、不同旅游人群等因素之间的关系更密切。综合来看，传统技艺类项目与其他类型项目相似，都存在非遗与旅游融合不足、创新不足的情况。

前已分析了荆州非遗项目中，传统技艺类非遗项目具有楚工艺特色。楚文化的物质文化三大支柱中，就有青铜器、漆器以及丝织刺绣。这三个方面在当下的荆州非遗中都有所体现。铜锡刻镂、楚式漆器髹饰、楚简制作、楚玉琢磨、楚绣、木雕、泥陶制作这些非遗产品，本身就和楚文化有着密切的关系。20世纪以来，荆州青铜器铸造及漆器修复等技艺已是国内领先，这当然与后世区域手工艺承袭楚手工艺技术有关。当下，邹传志是楚式漆器髹饰技艺的第四代传承人、国家级“功勋式非遗大师”，是省级非物质文化遗产传承人，在髹漆技艺的传承与发展方面，成效卓著。除了仿制楚国时期的器物之外，邹传志还以楚国器物的材质、楚国工匠的技艺为依托，创新出新的、符合时代审美特色的楚式器物。这些器物既具有楚国器物的文化元素，但又并不是完全是古代的器物。邹传志开发的文创产品“曲水流觞”入选“湖北十大创意礼品”榜单。在本人调查汉绣非遗项目时，与传承人进行交谈，传承人说她所遇到的最大的问题，就是艺术的创作问题，因为作为老一辈的老艺人，只注重了传统样式复制，却没有创新表达。

围绕非遗项目的衍生产品，我们应申报国家发明专利、实用新型专利以及外

① 石美玉等：《北京传统技艺类非物质文化遗产旅游活化与消费者参与研究》，北京：中国旅游出版社2018年版，第99页。

观设计专利。对于自产研发的非遗产品，我们应积极申报国家专利，让非遗重新回到我们的现代艺术生活中来。

四、荆楚人家：荆楚非遗与旅游空间塑造

空间在人文地理学视野下包括生产生活空间、社会空间以及文化空间。旅游空间属于文化空间，是获得旅游体验的重要场所，又有微观空间和区域空间的区别。在旅游空间塑造上，要注重“节点”“通道”“域面”等要素的塑造[①]，完善旅游空间的组织形态。

非遗代表性项目产生的地域，也是非遗传承人所在地，这在很大程度上决定了该项目的文化特征和区域特色。非遗项目根植于一定地域中，因而具有地域文化特色，是过去传统文化空间中的重要元素。文化空间具有系统性，具有稳定的演变发展的特征[②]。其不仅是过去传统文化的历史记忆，而且是文化记忆本身。无论是集体记忆、文化记忆，都可为非遗保护提供文化土壤和思想基础[③]。在现代荆州城市的更新、旅游项目的落地，以及文化空间塑造方面，作为文化资源的非遗，就具有很高的利用价值。比如，铅锡刻镂作品、楚式漆器、榫卯木雕、民间刺绣、洪湖贝雕、楚简、帛画、楚式古琴等艺术作品，都蕴含着丰富的荆楚文化元素，这些艺术品的视觉色彩、独特造型、艺术形象，都可成为荆州旅游景点、城市公共空间、展览空间、口袋公园等的运用元素。文化元素本身具有图像、造型的象征意义，用其代替大量过于明显和杂乱的城市标语，可以极大提升城市文化品位。

自古以来，任何高雅的、具有长久生命力的艺术形式，最后都流行于民间，成为人民群众喜闻乐见的艺术产物。先秦民歌至汉代成为经典，汉代诗歌并非主流，却在唐代成为高雅艺术。唐代的词并不入流，却在宋代成为高雅艺术种类。宋代小说只在瓦肆之间，至明清却大受欢迎而终成经典。

高雅艺术形式往往缺乏广泛的受众基础，然而荆州非遗却以其贴近现代老百姓生活的特点而广受喜爱。例如，公安、松滋的说鼓子，以及荆州区马山民歌等艺术形式，均采用当地方言进行演唱。一些具有江汉平原特色的民俗、传统舞

---

① 李跃军：《浙江省特色小镇旅游空间生产研究》，北京：科学出版社2021年版，第3页。

② 郑冬子：《休闲文化与空间》，北京：中国商务出版社2020年版，第270页。

③ 程振翼：《文化遗产与记忆理论：对文化遗产研究的方法论思考》，《广西社会科学》2014年第2期。

蹈，可以在旅游空间中进行展演，打造节日的特色和氛围，进而吸引大量的外来旅客。有些非遗文化的展示比较灵活，既可以在田间地头进行表演，也可以在戏台剧院进行展示，从而使其成为一种接地气的文化形态，更易于被大众所接受和喜爱。再如名人故事之类这些产生于民间、发展于民间的非遗项目，其产生、流传的空间，本身就是在街头巷尾，劳作之余，或者是茶余饭后。因此，这些荆州非遗项目，在未来旅游空间中作为文化元素、场景元素以及空间元素时，就具有很强的适用性。

但需要注意的是，传统的非遗表演已不能满足当下人们的审美需求，因而需要创新内在形式和内容。创新的形式和内容可以与城市更新、城市现代化结合起来。在县域旅游发展过程中，应选择那些具有创新可能的非遗项目，结合美丽乡村旅游、城市特色旅游等项目的开发，加强文化旅游的顶层设计，在旅游空间、线路以及项目的设计上，利用好丰富的荆州非遗文化元素。

比如，端午节是中国人所深深喜爱的民俗节日。荆州端午节的赛龙舟活动、洪湖湖区的赛凤舟活动[①]，正是创新端午习俗的重要突破口，也是提升端午民俗旅游价值的重要切入口。举办荆州龙舟、凤舟的比赛，应是全球都能见到，但又合情合理的节日习俗，必将能成为荆州未来旅游的又一亮点。

或许，还可以通过建立荆楚民俗文化园，展示荆楚民俗非遗项目，构建民俗文化核心空间。游客可以在此旅游空间中吃、喝、玩、乐，沉浸于荆楚民俗文化空间之中，体验荆楚文化、感受荆楚文化。其大致思路是，以现有的景点为媒介，嵌入非遗文化资源，围绕文化空间进行一系列旅游产品的研发。民俗文化具有可变性、多样性。随着现代社会的发展，民俗文化也产生了很大的变化。“儿时记忆”“外婆菜”都已很难寻觅。此外，屈原、伍子胥、张居正、公安三袁为荆州地域的历史文化名人，这些文化名人，除了在文献中有记载、历史画卷中可以看到他们画像之外，荆州旅游市场还比较少见到这些历史人物的卡通产品，如围绕张居正故居，可设计张居正的卡通人物形象。当下，年轻旅游者日益增多，是旅游市场的主体，景点应迎合旅游者的心理，如张居正人物形象的设计，不仅可以使景点具有轻松的文化气息，还能借此设计张居正布艺人物、带有张居正人物形象的

---

① 陈连朋、王岗：《凤舟竞渡的起源、流变及其体育价值释义》，《首都体育学院学报》2019年第3期。

标识(LOGO),帮助旧有旅游景点升级。拍摄与张居正有关的短片或动画片影视作品题材时,可取材非遗项目张居正传说,丰富旅客的旅游体验。在此基础上,根据历史人物的故事,拍摄具有一定艺术水准的电影作品,也是精神类非遗能得到传承和发展的重要模式。

参考文献

[1] 冯天瑜等:《中华文化史》,上海:上海人民出版社2010年版。
[2] 刘玉堂、赵毓清主编:《中国地域文化通览·湖北卷》,北京:中华书局2013年版。
[3] 刘玉堂主编:《湖北文化省情·资源篇》,武汉:崇文书局2005年版。
[4] 周积明主编:《湖北文化史》,武汉:湖北教育出版社2006年版。
[5] 钟敬文主编:《民俗学概论》,上海:上海文艺出版社1998年版。
[6] 乌丙安:《非物质文化遗保护理论与方法》,北京:文化艺术出版社2016年版。
[7] 田兆元、敖其主编:《民间文学概论》,上海:华东师范大学出版社2009年版。
[8] 苑利、顾军:《非物质文化遗产保护》,北京:社会科学文献出版社2013年版。
[9] 苑利、顾军:《非物质文化遗产保护前沿话题》,北京:文化艺术出版社2017年版。
[10] 康保成主编:《中国非物质文化遗产保护发展报告(2011)》,北京:社会科学文献出版社2011年版。
[11] 康保成主编:《中国非物质文化遗产保护发展报告(2012)》,北京:社会科学文献出版社2012年版。
[12] 康保成主编:《中国非物质文化遗产保护发展报告(2013)》,北京:社会科学文献出版社2013年版。
[13] 宋俊华主编:《中国非物质文化遗产保护发展报告(2014)》,北京:社会科学文献出版社2014年版。
[14] 宋俊华主编:《中国非物质文化遗产保护发展报告(2015)》,北京:社会

科学文献出版社2015年版。
[15] 宋俊华主编:《中国非物质文化遗产保护发展报告(2017)》,北京:社会科学文献出版社2017年版。
[16] 陈平主编:《中国非物质文化遗产发展报告(2015)》,北京:社会科学文献出版社2015年版。
[17] 皮道坚:《楚艺术史》,武汉:湖北教育出版社1995年版。
[18] 乔晓光:《活态文化:中国非物质文化遗产初探》,太原:山西人民出版社2004年版。
[19] 王文章主编:《非物质文化遗产概论》,北京:文化艺术出版社2006年版。
[20] 周耀林等:《非物质文化遗产档案管理理论与实践》,武汉:武汉大学出版社2013年版。
[21] 乔晓光主编:《交流与协作——中国高等院校首届非物质文化遗产教育教学研讨会文集》,北京:西苑出版社2003年版。
[22] 刘红婴、王健民:《世界遗产概论》,北京:中国旅游出版社2003年版。
[23] 高福民、周秦主编:《中国昆曲论坛2003》,苏州:苏州大学出版社2003年版。
[24] 王文章主编:《非物质文化遗产保护与田野工作方法》,北京:文化艺术出版社2008年版。
[25] 刘守华:《非物质文化遗产保护与民间文学》,武汉:华中师范大学出版社2014年版。
[26] 覃业银、张红专编著:《非物质文化遗产导论》,沈阳:辽宁大学出版社2008年版。
[27] 苑利、顾军:《非物质文化遗产学》,北京:高等教育出版社2009年版。
[28] 杨正文、金艺风主编:《非物质文化遗产保护"东亚经验"》,北京:民族出版社2013年版。
[29] 王晨、王媛:《文化遗产导论》,北京:清华大学出版社2016年版。
[30] 马力:《非物质文化遗产保护的理论与实践》,哈尔滨:黑龙江教育出版社2014年版。

[31] 魏崇周:《非物质文化遗产保护与国民价值观培育研究》,郑州:河南人民出版社2016年版。
[32] 张洁:《非物质文化遗产法律保护研究》,北京:中国法制出版社2018年版。
[33] 国家文物局编著:《文化遗产保护地方法律文件选编》,北京:文物出版社2008年版。
[34] 董新中:《非物质文化遗产私权保护理论与实务研究》,北京:知识产权出版社2016年版。
[35] 罗宗奎:《非物质文化遗产的知识产权保护——以内蒙古自治区为例》,北京:中国政法大学出版社2015年版。
[36] 王鹤云、高绍安:《中国非物质文化遗产保护法律机制研究》,北京:知识产权出版社2009年版。
[37] 赵方:《我国非物质文化遗产的法律保护研究》,北京:中国社会科学出版社2009年版。
[38] 刘红婴:《非物质文化遗产的法律保护体系》,北京:知识产权出版社2014年版。
[39] 韩小兵:《中国少数民族非物质文化遗产法律保护基本问题研究》,北京:中央民族大学出版社2011年版。
[40] 李秀娜:《非物质文化遗产的知识产权保护》,北京:法律出版社2010年版。
[41] 高轩:《我国非物质文化遗产行政法保护研究》,北京:法律出版社2012年版。
[42] 魏磊:《行政法视野下非物质文化遗产保护研究》,北京:中国书籍出版社2013年版。
[43] 杨璐源:《中国非物质文化遗产的传承与法律保护》,昆明:云南科技出版社2014年版。
[44] 李墨丝:《非物质文化遗产保护国际法制研究》,北京:法律出版社2010年版。
[45] 王淼:《把根留住:浙江省非物质文化遗产保护的前列思考》,杭州:浙

江大学出版社2006年版。

[46] 王松华等编著:《非物质文化遗产保护与开发的经济学研究——基于上海弄堂文化的研究》,成都:西南财经大学出版社2009年版。

[47] 白慧颖:《知识经济与视觉文化视野下的非物质文化遗产保护与开发》,北京:北京理工大学出版社2012年版。

[48] 祁庆富等主编:《少数民族非物质文化遗产研究》,北京:中央民族大学出版社2015年版。

[49] 潘年英:《非物质文化遗产保护与本土经验》,贵阳:贵州人民出版社2009年版。

[50] 肖远平等主编:《中国少数民族非物质文化遗产发展报告(2015)》,北京:社会科学文献出版社2015年版。

[51] 王纪、王纯信:《最后的木屋村落:长白山满族非物质文化遗产保护研究》,长春:吉林文史出版社2005年版。

[52] 谭志国:《土家族非物质文化遗产研究》,广州:世界图书出版广东有限公司2013年版。

[53] 邹珺:《民族非物质文化遗产保护与传承》,长春:吉林大学出版社2016年版。

[54] 汪欣:《中国非物质文化遗产保护十年(2003—2013年)》,北京:知识产权出版社2015年版。

[55] 宋俊华等:《非物质文化遗产保护研究》,广州:中山大学出版社2013年版。

[56] 王文章:《非物质文化遗产保护研究》,北京:文化艺术出版社2013年版。

[57] 刘锡诚:《非物质文化遗保护的中国道路》,北京:文化艺术出版社2016年版。

[58] 向云驹:《非物质文化遗产的若干哲学问题及其他》,北京:文化艺术出版社2017年版。

[59] 李荣启:《非物质文化遗产保护研究文集》,北京:文化艺术出版社2016年版。

[60] 汪欣:《传统村落与非物质文化遗产保护研究》,北京:知识产权出版社2014年版。
[61] 李爱真等编著:《音乐类非物质文化遗产保护概论》,徐州:中国矿业大学出版社2011年版。
[62] 李爱真:《非物质文化遗产柳琴戏的保护与教育传承》,徐州:中国矿业大学出版社2011年版。
[63] 田青编:《音乐类非物质文化遗产保护的理论与实践——个案调查与研究》,合肥:安徽文艺出版社2012年版。
[64] 叶鹏:《中国非物质文化遗产保护机制研究——基于文化与科技融合视角》,北京:中国社会科学出版社2016年版。
[65] 马文辉主编:《民间文学类非物质文化遗产保护研究》,北京:中国社会科学出版社2015年版。
[66] 刘坚:《云南省少数民族传统体育非物质文化遗产保护与传承研究》,北京:北京体育大学出版社2016年版。
[67] 王耀希主编:《民族文化遗产数字化》,北京:人民出版社2009年版。
[68] 郑巨欣等:《文化遗产保护的数字化展示与传播》,北京:学苑出版社2011年版。
[69] 周明全等:《文化遗产数字化保护技术及应用》,北京:高等教育出版社2011年版。
[70] 谈国新、钟正:《民族文化资源数字化与产业化开发》,武汉:华中师范大学出版社2012年版。
[71] 黄永林:《文化传承与文化创新探析——黄永林自选集》,武汉:华中师范大学出版社2013年版。
[72] 彭冬梅:《非物质文化遗产数字化保护与传播研究——以剪纸艺术为例》,济南:山东人民出版社2014年版。
[73] 李欣:《数字化保护:非物质文化遗产保护的新路向》,北京:科学出版社2011年版。
[74] 杨红:《非物质文化遗产数字化研究》,北京:社会科学文献出版社2014年版。

[75] 李昕:《非物质文化遗产保护与文化产业发展》,南京:江苏人民出版社2010年版。
[76] 张魏:《非物质文化遗产旅游开发系统的动态仿真研究》,南昌:江西人民出版社2014年版。
[77] 易小力:《文化遗产旅游管理研究》,北京:中国旅游出版社2014年版。
[78] 肖锋编著:《非物质文化遗产的保护与产业研发》,北京:人民日报出版社2016年版。
[79] 曾芸:《贵州非物质文化遗产保护与产业开发研究》,贵阳:贵州人民出版社2013年版。
[80] 赵东:《历史文化资源数字化保护与开发研究》,西安:陕西旅游出版社2014年版。
[81] 杨红:《非物质文化遗产展示与传播前沿》,北京:清华大学出版社2017年版。
[82] 朱运海:《汉江流域非物质文化遗产保护性旅游开发研究》,武汉:华中科技大学出版社2017年版。
[83] 吕德生:《面向孔庙祭祀的文化遗产数字化保护研究》,北京:中国文史出版社2013年版。
[84] 姜敬红编著:《中国世界遗产保护法》,成都:西南交通大学出版社2015年版。
[85] 仲富兰:《民俗资源论》,上海:复旦大学出版社2015年版。
[86] 蒋万来:《传承与秩序:我国非物质文化遗产保护的法律机制》,北京:知识产权出版社2016年版。
[87] 方培元主编:《楚俗研究》(第3集),武汉:湖北美术出版社1999年版。
[88] 孟修祥:《楚歌研究》,武汉:湖北人民出版社2017年版。
[89] 朱梅梵:《中国民族民间音乐》,武汉:武汉大学出版社2014年版。
[90] 郑振铎:《中国文学史》,北京:中国文史出版社2015年版。
[91] 王筱云等:《中国古典文学名著分类集成23·戏曲卷》,天津:百花文艺出版社1994年版。
[92] 湖北省《松滋县志》编纂委员会编:《松滋县志》(内部发行),湖北省《松

滋县志》编纂委员会1986年版。
[93]《公安县志》编纂委员会编:《公安县志》,上海:汉语大词典出版社1990年版。
[94]《中国曲艺志》全国编辑委员会等编:《中国曲艺志·湖北卷》,北京:中国ISBN中心2000年版。
[95]《中国曲艺音乐集成》全国编辑委员会等编:《中国曲艺音乐集成·湖北卷》,北京:中国ISBN中心1992年版。
[96]蔡靖泉:《楚文学史》,武汉:湖北教育出版社1996年版。
[97]陈建宪:《荆楚民间文学》,武汉:武汉出版社2014年版。
[98]华觉明等:《中国冶铸史论集》,文物出版社1986年版。
[99]国务院法制办公室编:《中华人民共和国法规汇编2014》(第29卷),北京:中国法制出版社2016年版。
[100]中国民间文学集成全国编辑委员会等编:《中国谚语集成·湖北卷》,北京:中央民族大学出版社1994年版。
[101]冯光钰主编:《中国少数民族音乐史》(第3卷),北京:京华出版社2007年版。
[102]郭沫勤等主编:《中国非物质文化遗产·2006》,北京:中国文联出版社2007年版。
[103]荆州市沙市区地方志编纂委员会编纂:《沙市区志(1994—2004)》,武汉:湖北人民出版社2007年版。
[104]中国曲艺家协会湖北分会编:《湖北小曲》,中国曲艺家协会湖北分会1983年版。
[105]《中国民间故事集成》全国编辑委员会:《中国民间故事集成·湖北卷》,北京:中国ISBN中心1995年版。
[106]徐华龙:《上海风俗》,上海:上海文艺出版社2009年版。
[107]《中国民族民间舞蹈集成》编辑部编:《中国民族民间舞蹈集成·湖北卷》,北京:中国ISBN中心1995年版。
[108]程芸等编著:《荆楚戏剧》,武汉:武汉出版社2014年版。
[109]徐慕云:《中国戏剧史》,长沙:湖南大学出版社2014年版。

[110] 蔡丰明主编:《中国非物质文化遗产资源图谱研究》,上海:上海社会科学院出版社2016年版。
[111] 韩致中等编著:《荆楚神话传说》,武汉:武汉出版社2013年版。
[112] 荆州地区地方志编纂委员会编纂:《荆州地区志》,北京:红旗出版社1996年版。
[113] 黄中骏:《荆楚音乐》,武汉:武汉出版社2014年版。
[114] 冯骥才总主编:《中国非物质文化遗产百科全书·代表性项目卷》,北京:中国文联出版社2015年版。
[115] 陈日红:《荆风楚韵·湖北民间手工艺研究》,北京:文化艺术出版社2015年版。
[116] 杨匡民、李幼平:《荆楚歌乐舞》,武汉:湖北教育出版社1997年。
[117] 苑利、顾军:《非物质文化遗产学》,北京:高等教育出版社2009年版。
[118] 赵玉春、李启斌、王文华主编:《荆河戏史料集》,武汉:湖北人民出版社2013年版。
[119]《中国戏曲志》编辑委员会等编:《中国戏曲志·湖北卷》,北京:文化艺术出版社1993年版。

后　记

这部书稿是我关于荆州非物质文化遗产的初步思考，也是湖北省社科基金一般项目（后期资助项目）（项目编号：2020218）、湖北省教育厅人文社会科学重大项目（项目编号：13ZD015）最终成果，本专著的出版也受到了长江大学荆楚文化研究中心的资助。

感谢长江大学楚文化研究院徐文武教授、长江大学非物质文化遗产研究中心桑俊教授的帮助和支持。本书的出版还得到了湖北人民出版社胡涛编辑的鼎力相助，她的耐心和细致是本书得以出版的保障，在此一并表示感谢。受本人学识、研究条件及研究时间限制，写作虽花费了数年，但并不令人满意，难免会有错误之处，还请诸君批评指正。

卢川

2024年2月26日于荆州古城